基础设施企业国际化战略再造：理论与实践

刘俊颖　宋东升　主编

中国建筑工业出版社

图书在版编目（CIP）数据

基础设施企业国际化战略再造：理论与实践 / 刘俊颖，宋东升主编 . — 北京：中国建筑工业出版社，2022.5（2022.9 重印）
ISBN 978-7-112-27354-6

Ⅰ.①基… Ⅱ.①刘… ②宋… Ⅲ.①企业管理—国际化—研究—中国 Ⅳ.①F279.24

中国版本图书馆 CIP 数据核字（2022）第 072332 号

　　基础设施是国计民生的基础，我国是具有基础设施全领域和全产业链的国家之一，占全球建筑业三分之一份额，基础设施行业"走出去"对世界经济和中国经济都具有深远影响。经过四十多年的发展，尤其是乘资本"走出去"和"一带一路"建设东风，中国基础设施行业的国际竞争力逐年攀升，对外工程承包以全球四分之一的份额稳居世界第一。鉴于百年未有之大变局，基础设施行业"走出去"面对新挑战，进入大浪淘沙时期，整个行业亟需战略反思和战略再造。本书以六家基础设施企业为典型案例，梳理、对比和分析其国际化历程，总结其经验和教训，并对基础设施企业国际化战略的理论进行探索，以期对基础设施行业国际化之路进行战略反思和战略再造提供参考和借鉴。

责任编辑：毕凤鸣　封　毅
责任校对：姜小莲

基础设施企业国际化战略再造：理论与实践
刘俊颖　宋东升　主编
*
中国建筑工业出版社出版、发行（北京海淀三里河路 9 号）
各地新华书店、建筑书店经销
华之逸品书装设计制版
北京君升印刷有限公司印刷
*
开本：787 毫米×1092 毫米　1/16　印张：17½　字数：322 千字
2022 年 6 月第一版　2022 年 9 月第二次印刷
定价：68.00 元
ISBN 978-7-112-27354-6
（39151）

序　言

中国改革开放的历程,也是中国企业逐步国际化的进程。自2000年我国实施"走出去"战略以来,境外工程承包持续快速发展。2013年我国提出"一带一路"倡议,其中基础设施的互联互通是优先领域,使得中国企业获得了难得的发展机遇。许多企业在推进"一带一路"倡议实施的过程中,加速成长为具有全球影响力的国际化、全球化企业。目前,中国工程企业已基本实现在全球交通、能源、水利、通信等各类型基础设施的点网交织、全面覆盖,并持续转型升级。

回首40余年的发展历程,国际通行的对外投资理论,包括国际生产折衷理论、跳板理论、"链接—杠杆—学习"模型、乌普萨拉模型,为解释中国企业国际化的驱动因素提供了有益的视角,可概括为寻求市场、寻求效率、寻求自然资源和寻求战略资产。但中国企业国际化的独特性,使得如果仅依赖已有理论分析中国企业走出去的动因、策略及进程,与我们的管理实践有差异,可能还是由中国人自己来总结所走过的路更加恰当。

我曾于2014—2017年在商务部分管对外投资工作,参与了一些海外大型项目的设计和实施,也结识了一些中国国际工程企业的领导人,中水电的宋东升先生就是其中的一位。我们曾经一起出访过不少国家,有一次在埃塞俄比亚,我们俩还共同攀上中国企业参与建设的风力发电项目70多米高的风叶塔顶。他不仅是中国走出去战略和企业国际化的实践者,也是一位善于思考的人,特别是对于中国企业在海外的管理,他提出的国有企业海外管控"18问"可以说浸透着多年的汗水和心血。离开一线岗位后,他与长期从事国际工程研究的天津大学刘俊颖教授担任主编,并与金晓剑、王绍锋、李玉彬、康虎彪等作者共同撰写《基础设施企业国际化战略再造:理论与实践》一书,其中有很多从实际中总结出来的真知灼见,读来觉得十分亲切。

中国企业国际化存在起点低、基础差的特点,这是与发达国家企业的重要区别，也是分析研究中国企业国际化道路所不能忽略的重要阶段性特征。从20世纪60年代起，一些中国企业开始从事国家对外经济援助的工程建设，改革开放后，这些企业便以窗口公司的名义进入国际市场，通过竞标承揽中小型现汇工程。在走出去的初始阶段，许多中国企业都选择在项目整体要求较低、基础设施刚刚起步且对华友好的国家，先行开展一些技术含量较低且国内技术成熟度较高的项目。

后来者都有一个学习和借鉴的过程，这很自然。中国企业认识和了解国际市场工程项目，实际上是从20世纪80年代世界银行在中国的水电项目招标开始的。正是这场"鲁布格风暴"引发了中国企业的"头脑风暴"，开始了解和思考国际市场和国际规则。刚开始参与国际市场竞标时，正如中国海油工程说的，"标书总比别人'薄'，包装总比别人差，回答具体技术要求总是不精准"。这是实际情况，"在国际优胜劣汰的残酷竞争中体会到，要想真正在国际市场站稳脚跟、跻身世界强手之林，就要拿别人的标准来衡量自己。自身不硬，是没有出路的"。既然是在国际市场上竞争，就要"按市场规则办"和"按国际惯例办"，这是走出去的两条硬道理。中机公司在开拓马来西亚电力市场过程中，对标合作伙伴阿尔斯通公司，努力提高项目管理经验和专业化水平。几年里，通过上万封公文函件，几千次沟通协调会，磨练造就了一支过硬的项目执行团队，逐步得到合作方的认同。

如今名扬四海的华为，可以用"跌跌撞撞"形容自己国际化之旅。根据当时自身能力和外部市场环境，华为选择先进入技术壁垒较低的发展中国家，站稳脚跟后再循序渐进进入发达国家。发展中国家的基础网络设施相对较差，门槛也比发达国家低得多，但竞争也非常残酷。华为的市场攻略被称为"土狼战术"：靠研究开发的高投入获得技术和性能价格比的领先优势，通过大规模的席卷式的市场营销，在最短的时间里形成正反馈的良性循环，充分获取"机会窗"的超额利润。然后，不断优化成熟产品，驾驭市场上的价格竞争，扩大和巩固在战略上的主导地位。事实证明这一策略是成功的。

"走出去，天地宽。"中国实行改革开放政策，使得中国企业利用"两个市场、两种资源"成为可能。三峡工程走出去之路就是在国内三峡工程设计建设任务完成后开始的。企业的巨大体量无法继续单独依赖国内市场，只能尝试着走出国门。经过几十年的努力，收益是显著的：在服务国家战略的同时，自身获得了更大的发展空间，带动了中国水电产业"走出去"，提升了企业国际化经营能力。

随着中国改革开放进程的深化，国际化战略成为越来越多中国企业可持续发展的内在需求。招商港口的核心业务是码头运营，企业发展与中国经济、贸易发展高度相关。面对国内港口市场增长放缓的趋势，开拓海外市场成为招商港口的必由之路。与此同时，国际化战略也成为培养企业国际竞争力的需要。作为中国最大的码头运营商，招商港口自然希望成为全球领先的港口运营商。中国加入WTO、与东盟建立自贸区、与其他国家开展双边贸易关系，降低了企业国际化的成本，为包括招商港口在内的中国企业海外发展提供了新的机会。

企业在海外运营的风险大于国内市场，风险管控决定着企业国际化经营的成败。在全周期的国际工程项目中，因内容复杂、工程周期长、项目要求高以及包含服务型贸易等特点，其过程注定不会一帆风顺。很多中国企业走出去交的第一笔"学费"，往往来自风险控制，中机公司孟加拉国煤矿项目发生的突水事故和自燃事故就是一个典型案例。也正是在应对突发事故和不断加强风险管控的过程中，中国企业打造出一批"特别能吃苦、特别能忍耐、特别能战斗、特别能团结"的优秀海外项目团队。

境外不少发展中国家基础设施匮乏，又没有足够的建设资金投入，基础设施建成后缺乏运营管理技术与人才。这就要求企业需要根据目标国实际情况，适时采用投资、建设、运营一体化的建设管理模式参与境外工程项目。而且，由于全球基础设施开发模式的转变，市场竞争加剧，中国企业的体量和市场地位等因素决定了不能停留在承包商或EPC层面，必须向开发商、承包商和运营商一体化的综合性建设投资集团转型升级。在这种背景下，中国政府从2015年开始，推动有条件的国际承包企业向"投、建、营一体化"转型。这种转型是一个大的趋势，但不可能一蹴而就，也不是所有的企业都能做到或者都需要去尝试走这一条道路。我很高兴地看到，近年来越来越多的企业加快推动国际工程承包业务转型升级，推广"投贷结合、建营一体化"模式，努力实现承包和投资业务的融合与互动，并取得了实质性进展。

由于历史的原因，我国很多大型国际工程企业都是国有企业。国有企业的海外运营管理与国内相比有很大不同，需要"因地制宜"，其中集团化管控是难点。中国电建提炼出"五个统一"的基本原则，即统一战略规划、统一品牌管理、统一市场布局和营销、统一履约监管、统一风险防范，是实践经验的总结，具有一定的适应性。当然，所有企业管控模式和体系都不可能是完美的，需要在实践中不断加以检验和完善，关键是企业的高层管理者需要认识到国际市场的复杂性和竞争的严峻性，努力理解和把握海外企业管控的内在规律，尊重和重用企业国际化人才，在与时俱进的同时，注意保持企业管控模式和组织框架的稳定性，珍惜来之不易的企业海外品牌效应。此外，作为国有企业，如何在国际市场进行资产运作，盘活存量资产，多元化获取投资收益，实现国有资产的保值增值，也是未来需要研究的重要课题。

在中国企业走出去的过程中，有一个痛点是无法回避的，那就是内部恶性竞争。由于低端市场竞争激烈，在基础设施领域经常出现几家中国企业同时竞标，部分企业为了拿到订单，采取低于成本价的策略，造成严重内耗和恶性竞争。尽管在政府的指导下，采取了很多办法加强企业的行业协调，取得了一些成效，但并没有完全消除这种顽疾。我们有理由相信，随着中国企业国际化水平的提高，竞争方式也将更加规范。从历史的角度看，一方面应当理解企业当时所面临的恶劣竞争环境，不苛求于前人；另一方面也应该认真总结教训，避免重蹈覆辙。

经过几十年的努力，中国企业凭借国内大型基础设施项目开发、建设、运营的雄厚基础和在海外工程项目中的拼搏努力，积累了良好的口碑，赢得了"基建狂魔"的称号。中国的装备、技术、资金越来越受业主、合作各方及国际社会的认可，中国企业在交通工程、电力工程、房屋建筑等领域的业务份额不断提升，并已逐步实现门类齐全的纵深发展。大国重器走出国门，项目规模、技术难度、服务附加值等方面快速提升。设计能力、管理能力、技术能力、交付能力已成为中国企业在国际市场中的核心竞争力。

当然，与世界一流国际企业相比，中国的工程企业仍然存在一定的差距和不足。总体来看，企业国际化水平还处在初级阶段，企业制度比起发达国家的全球化企业还有不少差距，企业治理结构仍然有很大的改进空间。

当前全球政治经济格局正处于深度调整期，经济增速放缓、新冠肺炎疫情等使得全球价值链融合放缓，产业链脆弱性暴露，逆全球化思潮泛滥，贸易保护主义抬头，国际规则重构竞争加剧。站在"两个一百年"奋斗目标的历史交汇期，面对世界政治经济百年未有之大变局，我们坚信"和平和发展"仍然是世界的主题，中国经济必将与世界经济进一步深度融合。基础设施将继续对各国经济发挥重要的拉动作用，对社会发展起到基础支撑作用，中国企业走出去仍然处于大有可为的时期。

立足新发展阶段，中国企业需要把握世界经贸发展大势和行业发展新趋势，立足国内、放眼世界，科学制定市场拓展新策略，优化组织管理模式，提高把握国际规则和开拓国际市场的能力，防范国际市场风险，不断提升自身国际竞争力，努力实现可持续发展，促进国内国际双循环，在国际经贸新格局下实现高质量发展目标。

2022年1月

前 言

中国基础设施企业践行"走出去"战略，落实"一带一路"倡议，推动基建引领、产业聚焦、经济发展、民生改善的综合经济发展效应，打造属于中国企业的亮丽名片。中国基础设施企业始终是全球基础设施建设的积极参与者，中国对外承包工程自1979年拉开序幕以来，经过四十多年发展取得了长足的进步，中国基础设施企业的国际业务规模不断增长，国际化经验日渐丰富，已经跻身世界市场第一梯队。

站在我国国民经济和社会发展第十四个五年规划时期，也是"两个一百年"奋斗目标的历史交汇期，高质量发展成为中国企业国际业务开展新的"指挥棒"，从"做大""快做"到"做优""做强"，中国基础设施企业需要新的国际战略布局。党的十九大报告提出"培育具有全球竞争力的世界一流企业"，需大力支持中国企业深入开展国际化经营。故在此时探讨我国企业国际化的议题切合时宜，具有很强的现实意义。近期国务院国资委发布《关于开展对标世界一流管理提升行动的通知》，指出新时期加强企业管理体系和管理能力建设的重要意义。该《通知》特别提到企业应该加强战略管理，提升战略引领能力。针对当前企业存在的战略管理意识不强、投资决策不科学、主责主业不突出、国际化经营水平不高等问题，进一步强化企业战略管理意识，紧紧围绕落实国家战略和提升企业核心竞争力的要求，结合企业实际科学谋划战略定位、主攻方向和业务结构，切实强化战略规划的刚性约束和有效落实。

聚焦国际基础设施行业，新时代的中国企业面临全球经济复苏缓慢，多边经贸体系遭遇冲击，国际市场开发细度、深度提高，国际经营环境不确定性提升等挑战，项目开发从政府主导为主转向商业主导的趋势，中国企业的转型升级压力和挑战并存。同时，以新冠肺炎疫情为代表的突发性公共卫生事件对现有的全球供应链、产业链、价值链体系造成了严重冲击，进一步加大了企业对自身国际化战略的反思与对未来何去何从的迷茫感。如果说过去项目管理所强调的"Doing things right"是基础设施企业竞争优势的来源，那么当下战略管理的核心"Doing right things"将会决定企业未来的道路是否正确。因此为获取和保持竞争优势，综合考虑基础设施项目的重大意义与国家高质量发展战略，企业需要更加谨慎研判形势、更加前瞻性地分析趋势、立足更新视角制定企业战略，科学化、精准化制定国际化发展举措。面对新时代新命题，中国基础设施企业的战略规划需要反思回顾和对标提升。本书一是瞄准头部企业，对标ENR250强前10名的国际承包商，二是对标六家中国代表性基础设施企业。

  本书的主体内容包括三大部分：第1部分，包括第1章，简述国际工程行业的更迭，并对国际化战略理论进行系统性梳理；第2部分，包括第2到7章，各章分别全面、系统、深入分析六家代表性基础设施企业的国际化战略制定与实施的案例，关注企业国际扩张、多元化战略、组织学习、跨国治理、竞合关系、后疫情时代等问题，选取兼具特色化与代表性的案例、深层挖掘理论实质；第3部分，首先通过案例对标，对基础设施企业国际化战略见解进行总结。进而，围绕一带一路、投建营一体化、风险管理等关键议题进行论述，以期找到新时期基础设施企业国际战略的一般性和指导性意见。本书以战略理论为基石，汇集企业实例，呈现一线经验。通过中国工程行业最具标杆性、引领性的真实案例，为行业提供鲜活的、可复制的、可探讨的实践经验。

  中国电力建设集团有限公司、海洋石油工程股份有限公司、中国机械进出口（集团）有限公司、华为技术有限公司、中国长江三峡集团有限公司、招商局港口集团股份有限公司是中国项目开发、建设力量的典型代表，在全球投资或建设了大量的基础设施项目。而且宋东升、金晓剑、康虎彪、王绍锋等业界领军人物更是中国国际工程辉煌成就的缔造者和中国国际工程发展战略的引领者，他们经历了中国国际工程从小到大、从弱到强，从国际工程的跟随者崛起到与国际主流承包商同台竞技、密切竞合，对国际工程的竞争力塑造、企业国际化战略有着深刻的体会。本书一方面通过六家标杆企业的纵向单案例剖析，阐述中国基础设施企业各具特色的国际化发展历程与战略管理体系；另一方面遵从多案例对比研究的思路，从各异的发展路径中提炼相似的国际化战略管理要点和思维。全书秉持个性与共性并存、企业国际化整体发展脉络与管理者战略思想互相交融，期待能够为业界与学界提供一部生动的国际化战略发展史。书稿审阅期间，很多业界朋友反映书稿直面企业当下的问题与挑战，令人拭目倾耳。

  文中观点是各专家对中国基础设施企业国际化历程、前景的独立分析与评判，并不代表政府部门在相关问题上的态度和立场，仅用作分析交流之目的。同时，东道国制度环境、行业竞争形势及企业发展状况存在差异，本书以六家企业为分析样本，判断所依据的基础信息可能存在局限。加之编撰者能力所限和主观影响，难免存在不足与缺陷，恳请广大读者不吝指正。

书稿完善的过程，得到了学者与业界专家的襄助校对，我们深感荣幸，在此谨向他们致以深深的谢意。他们是：夏波（昆士兰科技大学）、金峰（中国石化）、张振宇（国机集团）、张惠波（中技公司）、张育彬（招商公路）。此外，感谢关新雅、杜雪瑶、王一威同学在书稿修订过程中的工作。本书研究工作获得了国家自然科学基金项目71972143和国家社会科学基金项目20BGL131的支持。

本书是天津大学管理科学与工程双一流学科主力研究方向"面向重大战略需求的全球工程经营与管理"的研究成果之一，也是天津大学复杂管理系统实验室[教育部哲学社会科学重点实验室（培育）]近期重要的成果。

目 录

第1部分

基础设施企业
国际化全景分析

本部分首先借鉴企业国际化的主流研究，提出企业国际化过程的三大核心问题，即国际化动因、国际化进程及国际化战略与治理，从理论层面揭示我国基础设施企业国际化的普遍性与特殊性；其次，通过美国《工程新闻记录》（Engineering News-Record，ENR）（简称 ENR 榜单）① 《财富》世界 500 强两大权威榜单，对行业进行初步介绍，提出打造世界一流企业的愿景，勾勒出基础设施企业国际化战略管理全景图；进而，聚焦我国基础设施企业"走出去"四十年的历程，剖析基础设施建设的机遇与挑战，强调重塑国际化战略对当前我国基础设施企业的重大意义；最后，介绍了本书案例的选择标准、六个企业的概况与拟解决的关键问题。

---

① ENR（Engineering News-Record）每年发布的榜单，是工程界公认的、较为全面反映年度全球工程市场发展状况的权威排名，具有极高的权威性和广泛的影响力。其中，"国际"业务榜单不包括该企业在母国的营业收入，"全球"业务榜单则指全球范围（包括母国及国际）的营业收入。

本书中包括四项不同的 ENR 排名：ENR "全球最大 250 家国际承包商"（早年为 225 强），ENR 全球工程承包商 250 强，ENR 国际工程设计企业 225 强，ENR 全球工程设计公司 150 强。在文中相应表述为：ENR "国际承包商 250 强" 榜单，ENR "全球承包商 250 强" 榜单，ENR "国际设计公司 225 强" 榜单，ENR "全球设计公司 150 强" 榜单。

第1章　理论基石与全球实践

　　2021年，我国对外投资合作平稳发展。全行业对外直接投资9366.9亿元人民币，同比增长2.2%（折合1451.9亿美元，同比增长9.2%）。经济全球化和企业国际化给中国带来了经济的高速发展、技术的重大进步，资本在国际更为频繁更具规模地流动，国家间的经济依存度更加紧密，企业在全球范围内配置资源的效率更加提升。美国《工程新闻记录》(Engineering News-Record，ENR) 显示2020年中国国际工程承包企业在海外市场的营业收入到达1075亿美元，占据全球国际工程业务的25.6%。中国基础设施企业的国际化水平日渐提升，国际市场竞争力更加强劲。2021年中国对外承包工程完成营业额9996.2亿元人民币，同比下降7.1%（折合1549.4亿美元，同比下降0.6%）；新签合同额16676.8亿元人民币，同比下降5.4%（折合2584.9亿美元，同比增长1.2%）。当今，在未来全球基建领域增速可能放缓、国家间关系影响新兴市场基建投资、实施成本保持高位的形势下，中国基础设施企业更需要深入评估自身能力和资源，系统分析市场发展趋势，认真思考战略定位和目标。本章的主要目的是以经典国际化理论研究为基础，分析基础设施企业国际化实践现状，对标国际承包商，刻画基础设施企业国际化路径，探索中国基础设施企业可参考的国际化战略再造路径。

1.1 企业国际化理论基础

　　为探索基础设施企业国际化战略的再造路径，需要了解行业既有实践及理论总结。企业国际化是企业由国内市场向国际市场扩张的渐进演变过程，现有国际化研究主要回答了三大问题，即企业为什么需要国际化，企业如何实现国际化，及企业如何进行跨国管控。本章节追溯经典理论，为我国基础设施企业国际扩张的动因、国际化行为（如市场选择、进入模式、跨国治理等）及战略选择与制定提供理论基础。

1.1.1 国际化动因：国际生产折衷理论

理论界关于企业国际化动因的研究源远流长。西方学者以发达国家企业的跨国经营作为研究对象，从外生动力与内源动力两个视角，剖析企业国际化的驱动因素。对外生动力的研究可以追溯到对国家间相对资源禀赋的探讨，如比较优势理论、产品生命周期理论等解释了企业国际化的本质是在国际范围内进行生产要素优化组合和合理配置，使之达到最低成本，并取得经济效益和社会效益最大化的过程。对内源动力的研究，传统的企业国际化理论主张，发达国家企业国际化的重要前提是具有竞争优势。特定优势理论和企业内部化理论解释了企业凭借垄断或者内部合理配置资源获得优势，成为企业对外投资的真正动因。

基于前人丰富的研究成果，国际化研究的学者试图勾勒出企业国际化动因的全景图，其中最具代表性的为Dunning的"国际生产折衷理论"（1989）。该理论是对其以前的企业国际化动因研究的一次整合，被广泛运用于国际化的研究中，时至今日仍然保持着旺盛的生命力。其具体将上述外生与内源动力提炼为三个维度：

（1）所有权优势，即企业所具有的有形资产和无形资产占有所产生的优势、生产管理上的优势和多国经营的优势。如中国国际工程企业相较于其他国家的工程企业，首先有着优越的国家政治、产业环境作为资源基础。包括国家走出去战略、中国资金的支持、"一带一路"倡议，国内丰厚的资源基础、较低的人工成本与基础设施领域完整的产业链。其次，企业在国内多年的基础设施建设中，积累了丰富的管理和技术经验。

（2）区位优势，即东道国所拥有的要素禀赋、政策及市场环境优势。如相较于国内市场，海外工程市场更为广阔、竞争激烈程度较低、利润率较高。

（3）内部化优势，即相较于通过市场进行交易，企业通过设置海外分支机构，从而带来市场交易成本降低、交易风险减少的优势。随着采购模式升级，工程企业可以将设计、建设、运营等价值链活动融入公司内部，更好地控制项目实施和各类风险，增强营销能力，提升利润和市场份额。

可见，源自对发达国家企业的国际化理论研究，在一定程度上可以解释中国企业国际化的动因。但发达国家企业国际化理论忽视了企业战略资源寻求的动机，这需要进一步参考对发展中国家企业的相关研究。近年来，基于发展中国家企业的快速国际化以及后发者追赶的实践，学界提出了跳板理论和链接—杠杆—学习（Linkage-Leverage-Learning，LLL）模型。跳板理论[①]是指企业通过积极大胆的战略决策，获得资产和抓住战略机遇，快速提高全球竞争力，追赶或超过国际化的强大对手。同时，在决定进入发达国家时，发展中国家企业受益于东道国市场更加有利的制度环境。LLL模型[②]重点关注来自新兴经济体中的大型公司，其中的第一个"L"关注企业如何通过伙伴关系获取外部优质资源来克服自身的资源短缺；第二个"L"指的是企业利用上述外部资源的杠杆作用；第三个"L"是指重复学习和提升的过程。在上述模型中，战略资产的寻求，如知识、技术、人才等，成为发展中国家的企业国际化又一重要驱动因素。如中国国际工程企业逐步从亚非拉市场，辐射走向欧美发达市场，并逐步尝试跨国绿地投资与并购。企业国际化进程中在体制、机制、理念、人才方面的差距，可以通过并购快速实现跨越；而成功的并购过程中文化碰撞、机制磨合、人才交流、能力涌现可以帮助基础设施企业实现转型升级。

综合发达国家与发展中国家企业国际化动因理论研究成果，可以将企业国际化动因综述为以下四点：

（1）市场寻求型：企业希望利用自身优势，包括复制其在母国的成功经验，进入规模较大的海外市场[③]。

（2）效率寻求型：企业基于生产过程的地理分散，旨在利用国家之间熟练和非熟练劳动力禀赋的差异[④]，以建立更有效率的全球生产链。

（3）自然资源寻求型：企业希望利用东道国的资源优势，尤其以能源和矿产领域的国有企业为典型代表，获取自然资源。如以"工程换资源"，即所在国政府以矿产资源为对价，由投资方或建设方开发矿产资源获取收益，从而支付基础设施投资，这样可以获取矿产资源股权，生产经营权与产品包销权，打造"工程—资源—贸易"闭环产业链的类资源公司。

（4）战略资产寻求型：企业希望获取先进技术、研发能力、品牌等资源和能力，采取并购等国际化途径进入海外市场，以获取专有技术、知名品牌、管理诀

① Luo Y. & Tung R L. International expansion of emerging market enterprises: A springboard perspective[J]. Journal of International Business Studies, 2007, 38（4）: 481-498.

② Mathews A J. Competitive advantages of the latecomer firm: A resource-based account of industrial catch-up strategies[J]. Asia Pacific Journal of Management, 2002, 19（4）: 467-488.

③ 吴先明，胡翠平. 国际化动因、制度环境与区位选择：后发企业视角[J]. 经济管理，2015, 37（5）: 51-62.

④ 黄群慧. 世界一流企业管理——理论与实践[M]. 北京：经济管理出版社，2019.

窍等战略资产[①]。

1.1.2 国际化进程：渐进式国际化、追赶理论

企业的国际化扩张是一个对资源投入逐步加深的过程，被归纳提升为渐进式国际化理论。而发展中国家企业快速发展产生的追赶现象，在国际扩张中呈现出不同的特点，推动了新理论的产生。

基于企业行为理论及企业成长理论，20世纪70年代中期，以Johanson和Vahlne为代表的北欧学派根据对瑞典企业国际化过程的观察研究，提出渐进式国际化理论——乌普萨拉模型，他们认为国际化是一个企业系列递进决策的结果，其国际化进程遵循渐进主义。该模型率先提出了"心理距离"的概念，即阻碍市场信息流动的因素的总和，比如在语言、教育、商业惯例、文化和工业发展上的差异，该学派认为母国和东道国之间文化和语言的差异同样会决定对外直接投资的模式。因此，该理论分别从内外两条路线发展：①关注企业的战略和决策。认为随着市场知识的积累，企业会经历从偶然出口、依靠代理商出口、建立销售子公司出口到最后建立海外生产基地四个阶段的国际化过程。②关注"心理距离"即文化等环境因素对企业对外直接投资模式的影响。该理论认为母国与东道国之间文化距离越大，企业就越有可能会选择合资或新建投资而不是收购。随着快速国际化企业、天生国际化企业等新现象不断涌现，心理距离对企业国际化的抑制效应在减弱，但模型的演变机制保持不变，即通过学习来降低风险、增加机遇意识。国际化进程理论提出之后，大部分国家国际化企业的发展过程及相应研究成果支持了渐进主义进程理论。

需要注意的是，企业的战略决策并非仅仅由企业自身管理因素所决定，还会受到外部经济、政治等环境因素的影响，而这些因素也会在不同时期呈现出不同的特点。因此战略管理领域的权变理论（Contingency Theory）的概念被广泛应用于企业国际化的研究[②]。

中国基础设施企业国际化进程开始基本遵循渐进式国际化理论，表现为一个循序渐进的过程，企业在这一过程中逐渐提高外国市场投入，采购模式多元化，并逐步提升国际市场占有份额。但随着国家战略和各种内在驱动力加强，实现了

[①] 田志龙，邓新明，樊帅. 从500强企业看中国企业国际化进程[J]. 中国软科学，2007（9）：88-96.

[②] Lawrence P. & Lorsch J. Organization and Environment[M]. Boston：Harvard Business School Press，1967.

快速国际化。这些驱动因素可进一步细分为国际化需要、国际化机遇和国际化能力^①。因此，在下述的跨国管控环节，企业面对不同业务、市场呈现出差异化的国际扩张特征，本书将在第八章的对标中进行详细阐述。

1.1.3 战略与治理：全球价值链与本土化

国际化在价值分工观点中被认为是全球价值链分工的体现。哈佛商学院的迈克尔·波特教授于1985年在其《竞争优势》一书中首次提出"价值链（Value Chain）"概念，认为企业创造价值的过程可以分解为一系列互不相同但又相互关联的"增值活动"，每一项增值活动就是价值链上的一个环节，其总和即构成企业的"价值链"。当突破单一企业的界限，将视角投向不同企业之间的经济交往，就出现了价值系统（Value System）。20世纪80年代以来，全球外包、海外外包与转包等产业链分工的不同形态陆续出现，并得到飞速发展。在此基础上，Gereffi（2001）^②提出全球价值链（Global Value Chains，GVCs），指价值链中的价值增值活动不应再局限于一个国家，而应分散到多个国家甚至全球范围，每个国家在某种商品的特定阶段从事专业化生产活动，形成国家之间的产业链和产品体系内垂直分工。这进一步解释了企业在全球范围内配置资源的动因以及应该如何配置资源。发展中国家的企业在加入全球价值链后，不仅可以通过构建核心竞争力来实现价值增值，而且可以通过与价值链中的领先企业互动，获得学习机会，提升技术能力和管理能力，逐步进入高附加值环节，最终实现产业升级。

根据企业在向海外扩张时必然要面对的双重环境压力，Doz和Prahalad（1984）提出"全球整合（Global Integration）—当地响应（Local Responsiveness）"范式，提出企业要采取全球整合的方式来协调海外分支机构的资源和活动以提升效率和竞争优势，同时还要根据所在国的法律规制、竞争环境和市场需求等情景来组织其全球经营管理活动，平衡这两者间关系是企业取得全球化经营成功的重要前提。以全球整合与当地响应两个维度为标准，企业国际业务战略可以划分为四个阶段（图1-1）。

（1）国际化战略，即企业以本国市场为核心，将国内市场的资源、运作方式复制到国际市场，使产品能够最快速地适应国际需求。

---

① 薛求知，朱吉庆. 中国企业国际化经营：动因、战略与绩效一个整合性分析框架与例证[J]. 上海管理科学，2008（1）：1-5.

② Gereffi G., Humphrey J., Kaplinsky R. & Sturgeon T J. Introduction: Globalisation, value chains and development[J]. IDS Bulletin, 2001, 32（3）: 1-8.

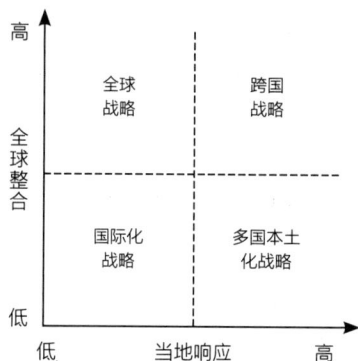

图 1-1 跨国公司战略类型

来源：Bartlet 和 Ghoshal（1989）[1]

（2）多国本土化战略，即企业识别各海外市场的不同特征，确定多样化的战略，表现为各海外子公司相对独立地经营。

（3）跨国战略，即国际业务在企业占有关键地位，企业将全球市场看作一个单一市场，提供标准化的产品。企业从全球视野关注产品研发、生产、销售、售后服务全链条的整体布局，旨在提供一整套产品与服务流程，寻求和保持全球"最佳成本"优势，知识转移通过全球范围内的知识开发和运用来实现。

（4）全球战略，即综合了全球整合压力与当地响应压力的平衡战略。全球战略下企业通常通过采用去中心化的组织结构，将业务组合在当地进行生产和销售。

综合考虑平衡全球整合和当地响应，发展了两种较为成熟的组织结构模式[2]：

（1）双层地区总部模式，指集团层面的地区总部负责管理事务，而公司层面的地区总部则负责生产、营销和价值链管理等活动，以有效解决全球整合和当地响应之间的矛盾，并且具有明显的绩效增进作用；

（2）地区管理中心模式，指地区总部自行开展管理、生产经营活动。公司结合自身特点决定具体采用哪种组织结构模式[3]。

值得注意的是，无论是国际化还是全球化，任何一种战略的制定都不能脱离

---

[1] Bartlett C A. & Ghoshal S. Managing across Borders：The Transnational Solution[M]. Boston：Harvard Business School Press，1989.

[2] 刘燕，赵曙明. 全球整合——当地响应范式应用研究回顾与展望[J]. 外国经济与管理，2010，32（9）：16-22.

[3] Lopes，T.，Casson M.，& Jones G. Organizational innovation in the multinational enterprise：Internalization theory and business history[J]. Journal of International Business Studies，2019，50（8）：1338-1358.

企业所在的环境，即东道国的制度、经济、社会及自然环境，母国的制度、经济及社会环境，国际组织等[①]。战略也有可能是一把双刃剑，它在为企业设定明确发展方向的同时，可能会存在忽略环境变化的弊端，"群体思维"导致组织模式化从而丧失思想的多样性。

1.2 基础设施企业的国际化

根据联合国及经济合作与发展组织相关定义，基础设施是一个国家或地区内的公共工程系统。世界银行（1994）对基础设施的定义是[②]为社会生产、居民生活提供公共服务的工程技术设施和公共服务设施，包括经济性基础设施与社会性基础设施。全球关于基础设施对经济的拉动作用、对社会发展的基础支撑作用已经达成共识。国际金融危机后国际经济复苏乏力，新兴经济体在世界经济格局中的地位不断提升，诸多发展中国家以及新兴经济体基础设施建设存在资金缺口。全球对基础设施的重视程度上升到前所未有的高度，联合国"2030可持续发展议程"的十七项目标中，至少有十项和基础设施直接相关，并强调加强基础设施建设对于促进经济增长、增加就业和消除贫困有着直接的联系[③]。在梳理企业国际化战略相关理论的基础上，本节聚焦基础设施企业国际化实践。对标基础设施建设主要参与方，即ENR全球最大250家国际承包商榜单上排名前十位的企业。进而，提出打造世界一流企业的愿景，在与理论结合的基础上探索性提出中国基础设施企业国际化的蓝图。

1.2.1 ENR"国际承包商250强"榜单

主流国际承包商的业务特征与其特有的成长路径密不可分，其整体的成长历程大致可划分为5个阶段[④]：

① Marano V., Arregle J L., Hitt M A, Spadafora E. & van Essen M. Home country institutions and the internationalization-performance Relationship[J]. Journal of Management, 2016, 42（5）: 1075-1110.

② 世界银行. 1994年世界发展报告：为发展提供基础设施[M], 北京：中国财政经济出版社, 1994.

③ 杨博. 联合国2030可持续发展目标与"一带一路"倡议比较研究[J]. 未来与发展, 2021（2）: 6-10.

④ 周建亮, 吴跃星, 孙鹏璐, 陆建中. 国际工程承包公司的成长模式探析[J]. 国际经济合作, 2014（3）: 12-17.

（1）成立阶段。遵循专业化的业务发展模式，实行差异化的营销手段，并塑造融洽的客户关系。

（2）快速发展阶段。通过设立分支机构等方式在主营业务领域追求最大市场份额，或多元化经营开拓海外业务，或重视技术研发以获得规模更大、难度更高的工程项目，以规模效应及良好声誉打败竞争对手，同时快速占领市场份额以取得行业领先优势。

（3）海外扩张阶段。开始在海外设立分支机构，并伴有少量海外并购，同时实行多元化战略。此外，许多企业选择上市融资，进而为日后大规模兼并收购奠定坚实基础。

（4）全球化阶段。一般采用兼并收购等方式进入目标国家，也有企业开始尝试运营模式的创新，提供"一站式"服务以抢占市场先机。

（5）战略调整与重组阶段。巨型工程企业采取战略调整和重组策略，集中核心业务并注重成本控制，以化解多元化经营与全球化扩张蕴藏的经营危机，并应对建筑业利润率下降影响，同时关注社会可持续发展和合规经营。

根据近十年的ENR榜单，顶级国际工程承包商都表现出较为典型的业务特征[1][2]，主要包括：

（1）海外收入比例高。海外业务比例高可有效规避单一建筑市场对公司业绩的严重影响，如西班牙ACS集团，国际业务高达86%。

（2）国际业务分布重点突出，如韩国现代建设深耕中东市场。根据ENR对全球发包额的统计，顶级承包商的国际业务基本集中于亚太、欧洲和北美地区三个成熟市场。

（3）涉及行业多元化。ENR榜单将国际工程市场分为十大行业，顶级国际工程承包商大多兼跨数个行业，如法国万喜同时推动特许经营及承包业务。

（4）主营业务优势明显。顶级国际工程承包商一般都有贡献突出的主营业务，以带动相关业务协同发展，促进布局结构优化调整，如AECOM通过咨询业务带来丰厚的承包合同额，中国交通建设集团在交通行业、中国电力建设集团在电力行业、中国建筑股份有限公司在建筑行业优势突出。

据2021年度ENR"国际承包商250强"榜单统计，上榜企业的海外业务已

---

[1] 李文娟，周建亮，陆建忠. 我国国际工程公司核心能力分析与评价 [J]. 建筑经济，2015，36（4）：103-108.

[2] 杨金林，陈传，王守清. 顶级国际承包商的业务特征和发展模式 [J]. 建筑经济，2008（S1）：129-132.

覆盖超过全球140多个国家和地区。受疫情和国际形势影响，250家上榜企业2020年的国际新签合同总额为5204亿美元，较2019年下降17%；国际营业总额为4204亿美元，较2019年下降11.1%。其中，在2020年度与2021年度连续两年上榜的229家企业中，36.7%的上榜企业国际营业额有所提升，63.3%的企业国际营业额出现下滑。登陆ENR"国际承包商250强"榜单的78家中国企业在2020年实现国际营业额1074.6亿美元，同比下降8.9%，占250家上榜企业国际营业总额的25.6%，较上年提升0.2个百分点，继续位居第一；10家西班牙企业国际营业额以626.06亿美元位居次席，占比14.9%；3家法国企业国际营业额以459.87亿美元列第三位，占比10.9%；5家德国企业国际营业额以333.33亿美元排第四位，占比7.9%；11家韩国企业国际营业额则以214.18亿美元列第五位，占比5.1%；41家美国企业国际营业额位列第六。表1-1中对ENR"国际承包商250强"前十位企业的营业收入、国际营业额、国际营收比例、排名、利润、资产、股东权益、员工数进行对比分析。

1.2.2 《财富》世界500强中十大国际承包商

根据2021年的《财富》世界500强排行榜，中国内地（含香港）上榜公司数量连续第二年位居榜首，达到135家，比上一年增加11家。加上台湾地区企业，中国共有143家公司上榜。位于《财富》世界500强前十大的国际承包商企业有六家，分别是法国万喜集团、西班牙ACS集团、法国布依格集团、中国交通建设集团有限公司、中国电力建设集团有限公司、中国建筑股份有限公司。通过对六家企业的利润（图1-2）、营收（图1-3）、总资产（图1-4）等方面比较可以看出发现有关特征：中国建筑股份有限公司的三个指标都远高于其余几家企业，但其高利润的背后是高营收、高资产规模，其利润/营收占比约为0.016。中国交通建设集团有限公司和中国电力建设集团有限公司表现出来的特征也基本相似。与之相对，法国万喜集团、西班牙ACS集团、法国布依格集团三家企业的利润金额虽然不高，但他们的利润/营收占比均高于前述三家中国国际承包商，如法国万喜的利润/营收占比为0.28，实则较为高效。在坚守主业的前提下，西班牙ACS集团实行多元化发展战略，精准并购并有效整合使其成为国际巨头。法国万喜集团牢牢把握高附加值环节，特许经营业务与工程承包业务的双轮驱动。法国布依格集团强调多元化、国际化经营，善于利用资本市场，强调可持续发展、研发与创新、风险管理。

表1-1

10家顶级国际承包商对标表

	西班牙ACS集团	德国HOCHTIEF集团	法国万喜（VINCI）集团	中国交通建设集团有限公司	法国布伊格（BOUYGUES）集团	奥地利斯特伯格（STRABAG SE）	中国电力建设集团有限公司	瑞典斯堪斯卡（SKANSKAAB）集团	中国建筑股份有限公司*	法罗里奥（FERROVIAL）
ENR全球最大250家国际承包商排名	1	2	3	4	5	6	7	8	9	10
母国	西班牙	德国	法国	中国	法国	奥地利	中国	瑞典	中国	西班牙
国际营业额	36 687	27 536	23 463	21 348	17 284	15 936	13 008	11 342	10 746	10 154
国际营收占比（%）	87	96	47	21	54	84	20	78	5	75
世界500强排名	295	—	214	61	299	—	107	78	13	—
营业收入	39 967	22 954 百万欧元	50 270	106 868	39 607	14 750 百万欧元	78 487	160 344 百万瑞典克朗	234 425 百万人民币	6 341 百万欧元
利润	654	427 百万欧元	1 415	1 165	793	399 百万欧元	689	9 897 百万瑞典克朗	3 578 百万人民币	359 百万欧元
资产	45 689	6 307 百万欧元	111 568	306 555	49 714	12 134 百万欧元	161 989	125 631 百万瑞典克朗	338 033 百万人民币	23 128 百万欧元
股东权益	4 318	963 百万欧元	25 532	21 702	12 654	4 108 百万欧元	14 072	38 717 百万瑞典克朗	24 890 百万人民币	5 072 百万欧元
市值	8 435 百万欧元	5 620 百万欧元	49 916 百万欧元	121 634 百万人民币	15 700	3 996 百万欧元	121 729① 百万人民币	87 000 百万瑞典克朗	208 566 百万人民币	21 100② 百万欧元
员工数（单位：人）	150 265	46 644	217 731	213 438	129 018	74 340	180 883	30 000	356 864	80 119

* 营业收入、利润、资产、股东权益及员工数表自财富500强，统计口径为中国建筑集团公司，其余统计口径为中国建筑股份有限公司。

① 2021-09-10查询

② 2021-09-11查询

注：1. 表中未标注单位的金额，单位为百万美元，考虑到汇率波动问题，没有把来自不同数据源的金额折算成统一货币；

2. 数据均保留到整数位

来源：a：国际营业额和ENR250强排名数据来源于2021年度美国《工程新闻纪录（ENR）》杂志发布的"国际承包商250强"榜单，https：//www.enr.com/toplists/2021-Top-250-international-Contractors-Preview

b：营业收入数据来源于2021年《财富》世界500强，http：//www.fortunechina.com/，及企业官网，具体如下：

HOCHTIEF 其他数据来源：

https：//www.hochtief.com/investor-relations/hochtief-share（利润、市值、股东权益、利润）

https：//www.hochtief.com/sustainability/corporate-sustainability/key-figures（员工人数）

中国交通建设集团有限公司其他数据来源：兴业证券2020年中国交建研究性报告（市值）

STRABAG SE 其他数据来源：

https：//www.strabag.com

https：//www.strabag.com/databases/internet/_public/content.nsf/web/EN-STRABAG.COM-aktienchart.html（市值2021年9月10日查询）

VINCI 其他数据来源：https：//www.vinci.com/vinci.nsf/en/item/finance-stock-market-stock-data.htm

SKANSKAAB 其他数据来源：https：//group.skanska.com/investors/financial-information/key-figures/

FERROVIAL 其他数据来源：

https：//www.ferrovial.com/en/ir-shareholders/financial-information/integrated-annual-report/

https：//informeanualintegrado2020.ferrovial.com/wp-content/uploads/sites/6/2021/02/ferrovial-integrated-annual-report-2020-consolidated-financial-statements-3.pdf

https：//www.gurufocus.cn/stock/OTCPK:FRRVF/summary

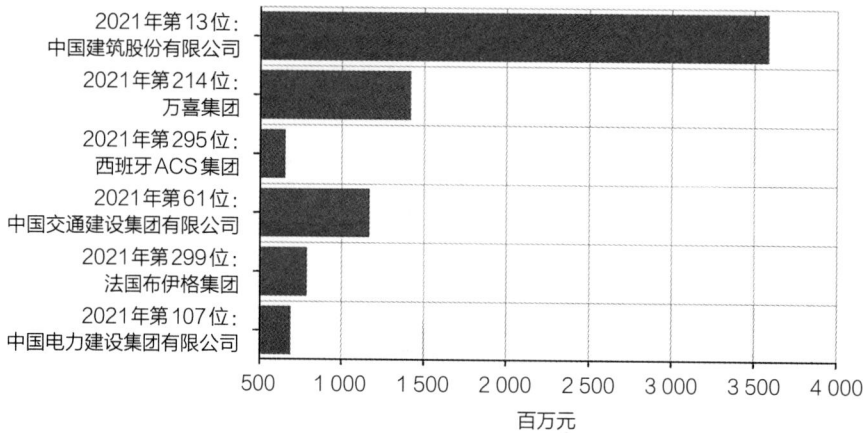

图1-2 利润比较图

来源：http://www.fortunechina.com/

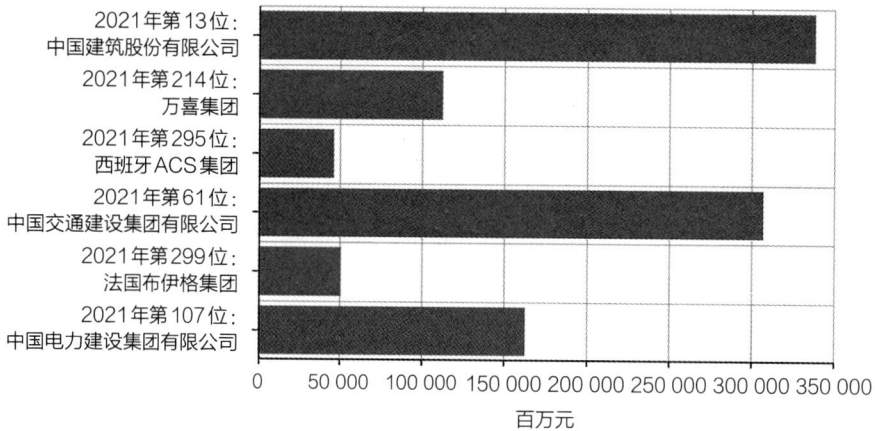

图1-3 营收比较图

来源：http://www.fortunechina.com/

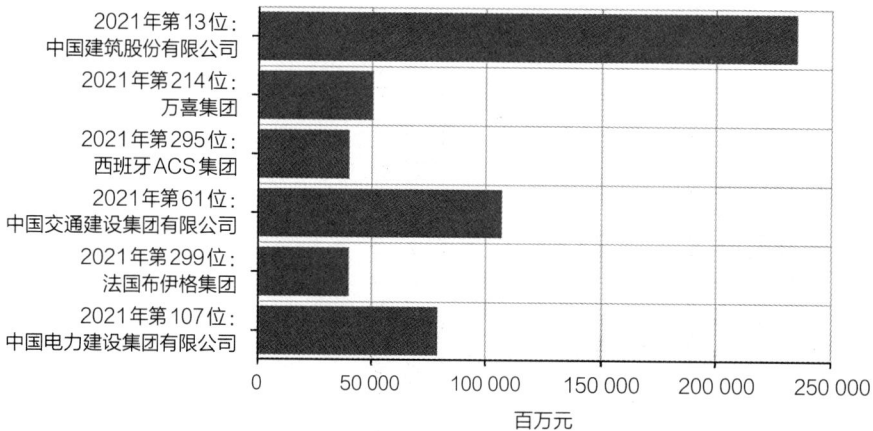

图1-4 总资产比较图

来源：http://www.fortunechina.com/

为成为世界一流企业，中国基础设施企业需要从"活下来、活得好"向"做得大、做得强"发展。根据黄群慧[①]和德勤（2019）研究[②]表明，企业成为具有国际竞争力的世界一流企业的演化路径的关键要素包括：

（1）资源基础。世界一流企业的发展需要众多的资源要素来支撑，其发展历程也表现在对现有资源的利用以及对核心资源开发的动态平衡状态中。

（2）价值导向，战略柔性。价值导向会因企业的目标导向和任务差异而存在不同，包含员工、组织、客户、社会等多个主体的目标和价值。具有国际竞争力的世界一流企业的显著优势在于能够在不断变化的环境中，基于对外界环境因素、内部资源和能力的认知理解，为了业务长期可持续的增长和最终经营目标的实现，不断修正和更新企业阶段规划，形成合适的战略导向来指引企业的经营活动。不囿于以财务指标追求商业价值，而致力于完成具有挑战性的历史使命。

（3）动态能力，稳定持续。作为一个能力的集合体，企业构建、积累、整合和重塑能力的组织活动将最终决定企业竞争优势。秉持一贯使命，灵活调整战略与组织设计，业务架构转型是发展常态；具有全球化资源高效配置和管理能力的治理结构，为企业可持续发展提供坚实的制度保障；推行紧密化的集团管控，并推动管理创新活动，能够把握重大机遇与克服组织惰性；推行战略型与价值型的财务管理。

（4）独特定位，以"文"化人。企业核心价值观驱动企业定位，打造独特优势。强大的企业家精神，激发员工的奉献精神与创造力，使知识、经验、技能与人才在全球共享，通过追求长远价值和优秀品质成为全球知名品牌并获取良好声誉。

（5）持续竞争优势：世界一流企业很难完全依靠某种单一要素来获得持续的竞争优势，而是能够在不同的阶段，在各要素间形成有效的复杂交互来构建自身的核心竞争力，从而保证竞争优势的持续。

基于世界一流企业的演化路径的关键要素，中国基础设施企业应根据自身禀赋明确战略定位，通过系统战略规划和实施，来增强基础设施项目开发、投融资、建设、运营等多元化经营、多业态联动、多环节集成的动态能力，形成持续的核心竞争优势。

---

① 黄群慧.世界一流企业管理——理论与实践[M].经济管理出版社，2019.

② 德勤华永会计师事务所.对标具有全球竞争力的世界一流企业[R].德勤华永会计师事务所，2019.

1.2.3 基础设施企业国际化战略管理全景图

2020年中国建筑业总产值为26.4万亿人民币，占中国GDP的26%，占全球建筑业总产值的三分之一。同时，中国国际工程企业从2009年以来一直位居ENR"国际承包商250强"榜首（除2012、2013两年第二），入选企业的国际营业额占全部250家企业国际营业额的25%。从国际化程度上看，2021年度上榜78家中国企业的平均国际营业额为13.78亿美元，平均国际业务占比（国际营业额/全球营业额）为9.6%。从市场布局上看，中国企业在非洲和亚洲市场继续保持领先地位，份额分别达到61%与49%，在中东市场，中国企业市场份额取得较大增长，达到34%，位居首位。而中国企业未能进入欧洲、美国、加拿大市场的前10强榜单。从利润率看，中国企业整体利润率较低。如中国交通建设集团有限公司的市值为121 634百万人民币，利润率为1.1%；中国电力建设集团有限公司的市值为121 729百万人民币，利润率为0.9%。从高端业务发展情况看，我们在设计咨询行业的市场份额很小，2020年占全球国际设计咨询市场的5.7%，国际化质量尚待提高。从资金方面看，我们对中国资金有较强的依赖性，未能充分整合国际金融资源。体现为融资渠道单一，其中90%的融资来自国家出口信贷，完全直接的项目融资很少。我国对外承包工程企业对中资银行借贷依存度过高，从而形成高负债经营状况，资产结构极不合理。

基础设施企业的国际化路径总体符合已有国际化的理论研究，但因面临来自环境、项目干系人和项目自身的风险[①]而呈现出行业特色。第一，国际工程的生产过程在海外，也就是基础设施企业必须在一个文化、法律、经济、人文环境、自然条件有差异的环境生产制造产出其产品。第二，国际工程的生产过程更强调和当地政府、业主、工程师、社区等打交道，而不能像工厂一样把自己封闭在车间里，其项目干系人管理更加复杂。第三，国际工程受到全球供应链风险的影响相较国内工程企业更大。

基于上述研究，本书在此初步给出基础设施企业国际化战略管理全景图（图1-5），即优秀的战略管理是为了实现多维度的绩效评价指标（财务、非财务），确保其战略指导下的行为决策（国际扩张模式、跨国治理及风险管理）与所处情景（企业所处的区域及行业环境）的匹配，并不断对其现有战略进行反思、再造。在后续章节的讨论后，将对本图进行进一步深化、解读。

---

① 刘俊颖等.国际工程EPC项目风险管理（第二版）[M].北京：中国建筑工业出版社，2019.

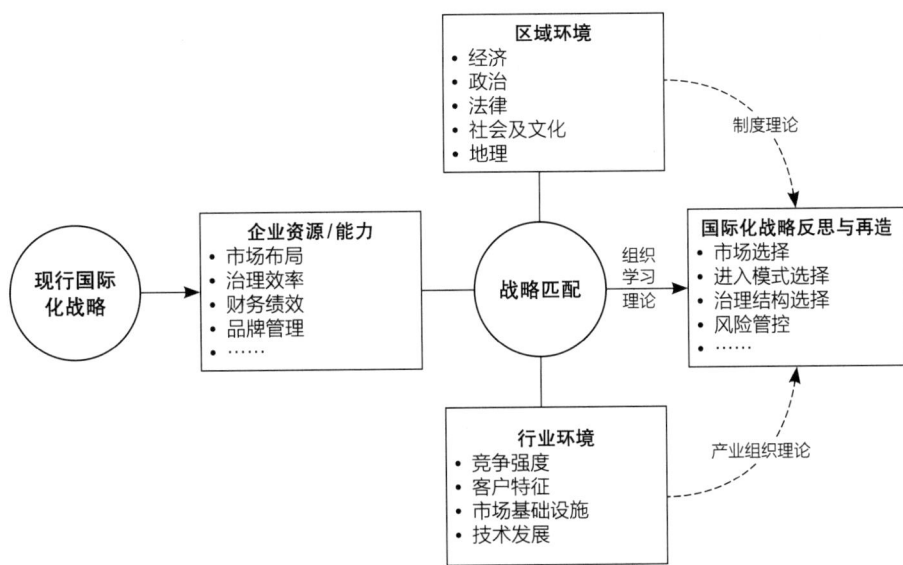

图1-5 基础设施企业国际化战略管理全景图

1.3 "走出去" 四十年回顾

德勤在《中国建筑行业2020年度回顾及未来展望》[①]提出"国际化"和"多元化"是中国建筑企业近年发展的两个关键词。对于基础设施企业而言,国际化过程是企业扩展市场规模机会的过程,融入全球供应链实现价值分工和自我战略规划的过程,适应国际化合作和创建生态圈的过程,熟悉国际商务规则和国际化标准学习的过程,提升履约能力和增强"全球整合—本地响应"能力的过程。企业通过定位升级最终树立核心竞争力。本节主要讨论中国基础设施企业如何快速实现国际化扩张,如何在VUCA时代面对机遇与挑战,如何评判自身的优势和劣势。

1.3.1 历程:市场扩张与商业模式演变

在过去40余载,我国基础设施企业国际业务快速发展和提升的主要原因包括:

(1)良好的全球宏观环境。21世纪初开启的新一轮全球化、全球经济高速发展以及大宗商品价格持续走高等因素推动了国际工程行业在2003—2013年的全

---

① 德勤华永会计师事务所. 中国建筑行业2020年度回顾及未来展望[R]. 德勤华永会计师事务所,2021.

球国际工程黄金十年，ENR"国际承包商250强"国际营业额从2003年的1500亿美元增长到2013年5438亿美元（历史最高），复合增长率接近14%（图1-6）。

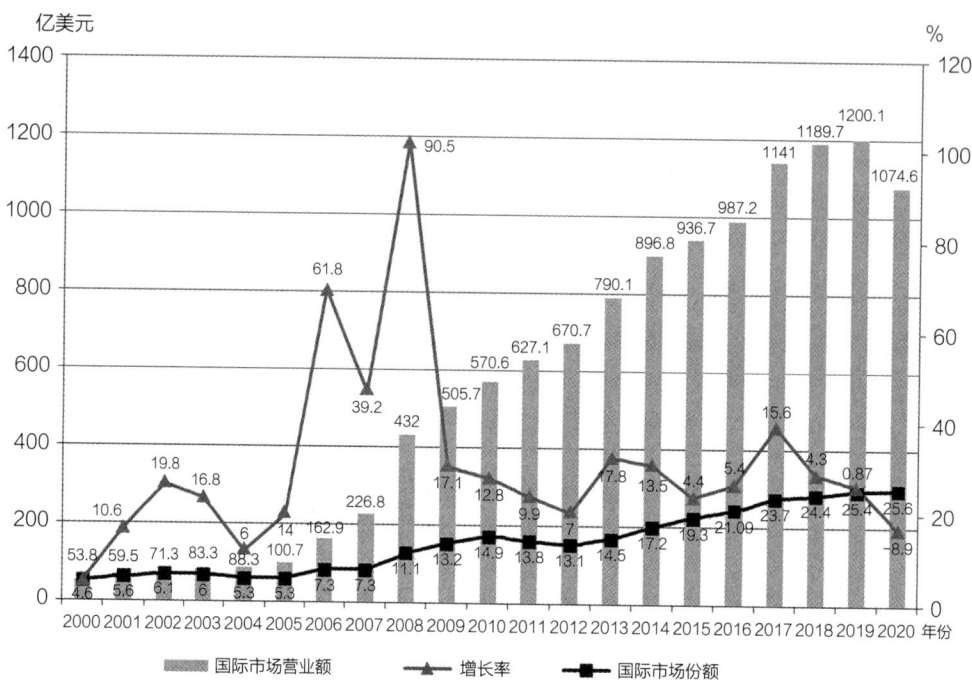

图1-6 2000—2020年中国国际承包商国际市场营业额、增长率及份额

（2）基建狂魔。中国是世界上唯一具有基础设施全行业和全产业链能力的国家，这是中国基础设施行业走出去并且得以快速发展的基础。

（3）政策支持。中国国际层面推动的走出去战略、加入WTO、金融走出去和"一带一路"倡议是中国基础设施行业国际化高速发展的重要驱动。

（4）中国工程企业的竞争优势。中国工程企业较早地认识到工程企业走出去的必要性，制定并实施了国际优先战略。从事国际工程事业的员工，积极发挥主观能动性，展现了吃苦耐劳、勤劳奋斗的优良品质。

在内外竞争优势的基础上，中国基础设施企业的区域结构及商业模式不断变化：

1. 区域结构

中国企业的国际承包业务起源于亚洲邻国，早期主要以亚洲国家为主。2006年中非北京峰会之后，中国资金大量进入非洲基础设施市场。2008年中国国际工程在非洲市场营业额超越亚洲（图1-7）。随着"一带一路"倡议的不断深化、亚洲基建市场吸引力持续稳定、"一带一路"政策支持效应，亚洲市场再次焕发活力，2016年营业额在中国对外承包市场份额占比达到38.8%，再次反超非洲。

随着国内外汇储备形势变化，中国金融机构高度重视控制金融风险，同时由于部分非洲国家债务触顶，融资带动承包模式风光不再，非洲市场份额开始下滑（图1-7可以看出2009年至2020年我国承包商在非洲市场的份额下滑的趋势）。2020年，中国对外承包市场分布中，占亚洲工程承包市场份额的49%，中东市场34%，非洲市场61%，均居各国承包商之首。欧洲、美国、加拿大、拉丁美洲分别为7%，2%，2%，21%[①]。

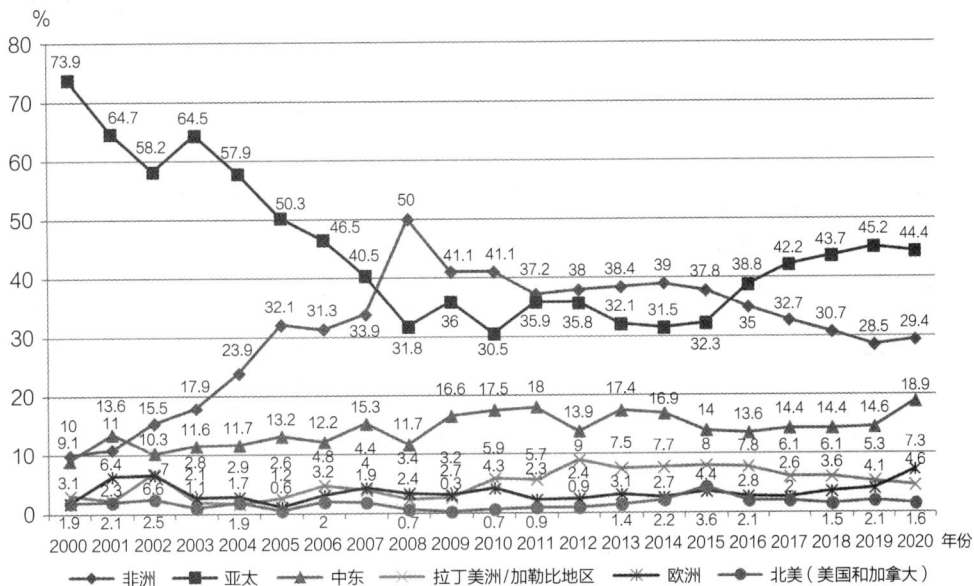

图1-7　2000—2020年中国承包商国际市场营业额构成

2.商业模式

传统的采购模式下，以政府为背景的公共机构是基础设施建设的提供者，即采购方，采购模式以DBB（设计—招标—建造）、DB（设计—建造总承包）、EPC（设计—采购—施工总承包）、DBO（设计—建造—运营）等模式为主。近年来，全球基础设施开发模式基本完成了从政府主导向商业主导的转变，越来越多的私人机构通过BOT（建设—经营—转让）、PPP（公共部门与私人企业合作模式）等带有投资性质的业务模式参与到各国基础设施建设当中，基础设施建设模式的种类不断增加。中国国际工程业务逐步沿着劳务—供货—施工—总承包—F+EPC—投建营—并购全链条的业务迭代升级，实际上也是整个行业对海外政

---

① 爱建云.危机还是转机？——解读2021年ENR"国际承包商250强"[EB/OL].（2021-08-23）[2021-08-31]. https://zhuanlan.zhihu.com/p/402686018.

治、经济、市场、商业、资本、文化"从外知内"的认知升维[①]。这种渐进式学习过程，有助于企业在不同采购模式下可以实现能力汇聚和资源管控，主动风控，科学决策。

我国工程企业拥有强大的全领域、全产业链的基础设施建设能力，部分企业致力于多元化经营，一方面利用自身资源和能力在投资、设计、建设、运营、服务等方面实现纵向一体化的经营，如积极探索小比例投资带动EPC、投建营一体化等新业务模式；另一方面，企业也在资源开发、装备制造、金融等各领域实现相关多元化的横向发展[②]。

与承包企业相应的，我国投资类基础设施企业虽然在国内有着大型基础设施项目投资开发、管理、运营的丰富经验，但在国际基础设施领域的投资业务能力上仍存在很大欠缺。早期中国企业对外投资以"资源寻求型"为主，且具有鲜明的"制度引导与政策推动"的特点[③]。现阶段中国对外投资的项目多位于"一带一路"沿线的发展中国家，这些国家基础设施上存在严重的不足，经济处于转型期，虽然可能存在后发优势强劲的潜力，但当下的基础设施投资缺口迫使，各国政府加大投资开放度，制定政策吸引和鼓励私人资本参与投资和建设。这一形势为我国基础设施企业进行投资提供了机遇。但也不能忽视这些国家普遍存在经济基础薄弱、市场机制不健全、政治风险高等问题，企业在投资过程中还需要仔细甄别、专业研判，确保风险可控。

1.3.2 趋势：基础设施建设机遇与挑战

全球建筑业规模自2014年以来持续上涨，但全球国际工程规模却在2014—2020年间波动下滑，再没能超过2013年的峰值。目前，国际基础设施市场正在发生前所未有的转变，对基础设施企业的灵活性与适应性也提出了更高的要求，"物竞天择，适者生存"。《"一带一路"国家基础设施发展指数报告》[④]指出，2020年度"一带一路"国家基础设施发展现阶段受影响较大，但仍呈现较强韧

---

① 刘毅. 中国国际工程的2022[EB/OL]. https://mp.weixin.qq.com/s/l_uZD-IMlP3N0bfQyZq0eg, [2022-1-6].

② 德勤华永会计师事务所. 中国建筑行业2020年度回顾及未来展望[R]. 德勤华永会计师事务所, 2021.

③ 高鹏飞，胡瑞法，熊艳. 中国对外直接投资70年：历史逻辑、当前问题与未来展望[J]. 亚太经济，2019（5）：94-102，151-152.

④ "一带一路"国家基础设施发展指数报告[R]. 中国对外承包工程商会，中国出口信用保险公司，2021.

性，数字化、节能环保基建、公共卫生领域大有可为，区域间不平衡发展、区域性贸易协定都将助推基础设施合作升级。

1. 市场机遇

（1）全球基础设施建设计划

无论是出于满足基础设施需求，拉动区域经济，打造新型国际关系，或实现命运共同体，近十年全球基础设施建设计划赋予了基础设施企业重大发展机会。2013年，习近平主席提出了"一带一路"倡议，其纲领性文件《推动共建丝绸之路经济带和21世纪海上丝绸之路的愿景与行动》明确提出，全球各国从"五通"领域展开重点合作①，打造互联互通的全球伙伴网络、构建新型国际关系，实现共商、共建、共享的共同发展，推进高效的基础设施项目建设，推动国家间合作和国际资本互融互通。2021年11月，美国总统拜登正式签署《基建设施与就业法案》(Infrastructure Investment and Jobs Act，IIJA)，法案计划推动在未来10年间对交通基础设施、环境修复、能源与水利、宽带等领域投资约1.2万亿美元，其中新增支出约5500亿美元。这些政策彰显了对于基础设施投资的重视程度，但在一定程度上也凸显了大国博弈从政治层面向更具有实际操作意义的基础设施投资建设领域延伸。国际经济环境也将随着大国关系、政治新格局而呈现更加复杂的特点。面对百年未有之大变局，中国基础设施企业在国际市场的国际化历程中，必定需要面对更大的挑战。

（2）区域性贸易协定助推合作升级

当前，国际经贸格局与全球治理体系正经历深刻变革，区域性贸易协定作为多边合作体系的补充进入发展的快车道，在产业覆盖、投资准入等方面的规则更加具体。区域经济一体化已成为当前国家或地区参与全球竞争和国际分工的重要载体。2020年11月区域全面经济伙伴关系协定（RCEP）正式签署，2021年1月非洲大陆自贸协定正式生效。这些协定一方面会提供更加优越的营商环境和政策支持，促进国际承包商在规划、设计、咨询、运营等多个领域拓展与东道国企业的合作，深度参与相关各国基础设施开发的各个阶段。国际承包商在提升本地化水平的同时，还有效带动了各方在资本、技术、人才等方面的合作。另一方面，区域性投资协定为整合区域经济、促进各国发展注入新的动力，相关国家城市化建设、工业升级、交通物流等的发展将提振对基础设施的需求，将涌现越来越多

---

① 国家发展改革委、外交部、商务部：《推动共建丝绸之路经济带和21世纪海上丝绸之路的愿景与行动》[R]，https://www.yidaiyilu.gov.cn/wcm.files/upload/CMSydylgw/201702// 201702070519013.pdf，[2020-8-15].

的项目机会。

（3）引领基础设施建设新方向

随着数字技术和制造技术的融合，全过程数字制造技术日益成熟，研发、设计和制造走向高度一体化。在基础设施项目数字化、信息化、智能化趋势凸显背景下，国际承包商对新技术的应用日益广泛。法国BOYGUES集团提出"智能城市"理念，致力于协助设计建造更安全、更智能、更节能的建筑。美国AECOM集团则基于云计算和数据管理技术提出了"智能构建"的方案，将多个数据源和外界变量整合到信息云中，以最大限度地提高能源使用效率，降低建筑的运营成本。招商港口以"数字招商港口"为愿景，制定了2022年支持招商港口实现世界一流、2025年支持集团实现数字化招商局的阶段性目标，通过生产智能化转型、运营集约化转型、商业创新转型、科技产业化转型四项举措，以招商芯、招商ePort、智慧管理平台三大平台为抓手，明确了招商港口数字化转型的实施路径。

全球对基础设施全过程管理有了更高的要求，世界经济论坛的全球未来理事会基础设施议程2019年基于联合国可持续发展目标（联合国以人为本模型，UN People-First Model）和美洲开发银行（IDB）项目周期可持续性指导框架（IDB可持续性框架，IDB Sustainability Framework）基础上建立可持续基础设施六大品质，包括获取和惠益分享、环保和气候韧性、社会参与与接受、经济和制度有效性、生命周期未来可期，以及通过可复制性实现群聚效应潜力。以碳中和为核心的绿色发展目标在全球范围得到积极响应。截至2021年4月，全球已有130个国家和地区提出碳中和的目标。各国政府尤其是发达国家正积极调整能源结构，加快淘汰煤电等化石能源，加大对风光电热等新能源项目的政策支持力度。相关金融机构也在积极制定融资标准和原则，更加强调绿色发展、环境友好等可持续发展要求，已有多家金融机构公开声明停止对包括煤电在内的化石能源项目的融资支持，并承诺加大对可再生能源项目的投资。一些投资机构将环境可持续性纳入融资考量，同时公众对企业气候行动的关注可能带来的声誉风险。

2.VUCA挑战

由于国际工程承包市场的政治、经济、法律、自然、社会人文、区域跨度等宏观环境因素不确定性较高，加上工程项目自身普遍存在的实施周期较长、干系人关系复杂、项目规模逐年扩大、产业链条向前后端延伸，以及项目履约各方国际工程经验不同、项目管理水平不一、合同管理能力差异等问题，项目目标的最终实现不可避免存在各种潜在的风险[①]。此外，企业需要面对包括新型冠

---

① 李志永，刘俊颖. 国际工程索赔与争端解决[M]. 北京：中国建筑工业出版社，2020.

状病毒疫情、合规风险、新技术风险等新兴风险 [①]。基础设施作为各国国家关注的重点，对参与企业的审查、合规要求极高。VUCA是指组织将处于"不稳定"（Volatile）、"不确定"（Uncertain）、"复杂"（Complex）和"模糊"（Ambiguous）状态之中。而这种VUCA已经成为基础设施企业国际化进程中的新常态。2021年美国生产力与质量中心（APQC）发布报告《Evolving Practices in Enterprise Risk Management》，强调将风险管理上升到企业战略层面的重要意义。

新冠疫情导致了供需两端停滞，短期内造成了全球供应链停滞，导致一些项目的资金链断裂 [②]，严重影响了"一带一路"国家基础设施发展。虽然中国国内疫情得到了有效的控制，但在其他国家和地区，疫情形势仍不明朗。而疫情后的大量索赔事件发生，可能进一步恶化国际基础设施项目各方间关系。《"一带一路"国家基础设施发展指数报告》[③]指出"一带一路"国家基础设施发展指数从2019年的119滑落至2020年的110，跌至近10年来的最低水平；悲观情形下，指数将进一步下挫至103。报告特别指出，疫情对基础设施发展的影响难以在短期消除，"一带一路"国家基础设施发展不确定性增多。

近年来全球政治格局的深层次变化、逆全球化、贸易保护主义抬头、亚太地区战略博弈增强，西方主要经济体对外政策失衡的冲击，例如2016年英国脱欧，2017年美国特朗普政府退出跨太平洋伙伴关系协定，继而2018年美国单方面发动中美贸易摩擦，加剧了全球贸易投资环境的不确定性 [④]。面对全球发展百年变局，不可预测性加剧成为宏观环境的主基调 [⑤]。尽管如此，刘毅 [⑥] 认为，尽管存在疫情、缓债、国际局势等外因，根据"经济与基建同频"意味着国际工程潜在市场将迎来一波新的上涨这一进程中，优秀企业海外营收大幅上涨，而部分企业将告别国际舞台。

中国承包商依靠政策红利承揽基础设施项目的时代已成为过去。2019年

① 刘俊颖. 工程项目风险管理[M]. 北京：中国建筑工业出版社，2022.

② 丝路英雄汇. 后疫情时代海外基建投资的战略规划与人才培养[EB/OL].（2020-07-23）[2021-8-27]. http://weixin.bricc.org.cn/Module_Think/ThinkPortal/ArticleDetail.aspx?aid=2816.

③ "一带一路"国家基础设施发展指数报告[R]. 中国对外承包工程商会，中国出口信用保险公司，2021.

④ 杨波，柯佳明. 新中国70年对外投资发展历程回顾与展望[J]. 世界经济研究，2019（9）：3-15，134.

⑤ 德勤华永会计师事务所. 中国建筑行业2020年度回顾及未来展望[R]. 德勤华永会计师事务所，2021.

⑥ 刘毅. 中国国际工程的2022[EB/OL]. https://mp.weixin.qq.com/s/l_uZD-IMlP3N0bfQyZq0eg，[2022-1-6].

9月，商务部等19部门联合印发《关于促进对外承包工程高质量发展的指导意见》，明确指出我国工程企业要积极促进投建营综合发展，逐步实现由建设施工优势为主向投融资、工程建设、运营服务的综合优势转变；同时，要积极提高对外承包工程国际合作水平。我国基础设施企业继续向全球价值链中高端攀升必将面临来自外部环境变化的挑战，与发达国家的产业关系由产业链、价值链上下游的分工协作关系逐步转变为同一产业链、价值链环节的正面竞争关系。同时近年来，环保与去产能等政策因素叠加，此类挑战将倒逼企业聚焦精细化管理和科技手段以实现降本增效，并进一步丰富现有业务组合寻求更高利润价值。法国万喜集团在2021年推出"环境转型计划"，将以减少项目生命周期各阶段的环境影响为目标，对业务进行改革；瑞典斯堪斯卡集团提出了2045年公司实现"净零碳排放"的目标。

1.3.3 重塑：战略匹配思路下的国际化战略

为了实现上述目标，在明晰国际基础设施建设发展外部环境的基础上，企业应当结合自身优势与不足，制定与自身能力、发展阶段相匹配的国际化战略，确保可执行、有成效。德勤[①] 总结出建筑行业"十四五"时期发展的两大核心词："转型""升级"。这种转型升级既是市场的需要，也是企业高质量发展的需要。

（1）角色升级。随着采购模式从DBB，向EPC、F+EPC、PPP等模式转变，同时伴随施工利润空间下降，工程企业将从赚取单一施工利润的业务模式逐步探索利润更高的项目整体投资建设一体化业务。这将进一步推动建筑企业从传统的"建造商"逐步转型为"投资商+建造商"，甚至实现向"城市运营商"角色的大跨越转型，在投资、建设的基础上进一步增强对城市综合资源的优化配置和整合运营能力，提供城市综合配套服务，获取可持续的利润价值。

（2）产品升级则体现在由传统的技术简单、竞争激烈、利润率低的项目升级为技术复杂、商业模式复杂但利润率相对较高的项目，升级为能发挥产业链优势的项目，特别是如城市综合开发、未来社区、公共交通为导向的开发（Transit-oriented development，TOD）等涉及"投融建运"一体化的大型项目。

（3）技术升级则体现于建筑企业"数智化"层面。"十四五"期间，在智能建造大趋势下，各类先进技术的广泛应用将会带来建造方式的变革。工程企业通过数字化转型，可以构建更完整高效的信息化系统，从最开始的投标过程到具体工程管理成本管控，实现信息及时互通，提升施工效率。

---

① 中国建筑行业2020年度回顾及未来展望[R]. 德勤. 2021.

明确升级方向，我国企业需要综合判断自身优势、劣势，进而探索出切实可行的升级路线。

1.企业优势

优秀的并购重组能力、前瞻性的行业细分市场、国别市场选择、商业模式突破及国内环境的有力支撑是国际承包商发展的五个关键成功因素[①]《中国对外承包工程发展报告2019—2020》[②]指出我国承包商在基础设施建设方面竞争优势日益显著，具体包括：

（1）经验优势。中国承包商拥有着"基建狂魔"的称号，不仅在国内巨型基础设施项目的开发、建设、运营上有着丰富的经验，还在多年的海外工程项目中积累了良好的口碑。其所拥有的中国装备、技术、资金越来越受到业主、合作各方及国际社会的广泛认可，在交通工程、电力工程、房屋建筑等领域的业务份额不断提升，国际竞争力不断加强。近年来，不断创新对外承包工程业务模式，探索投建营一体化、综合开发类等业务，PPP等业务模式取得实质性进展。

（2）业务和资源优势。中国大型工程企业一直遵循一种国际化成长战略，其核心内容包括低价竞争、辅助项目融资关闭、利用中国在海外的地缘政治影响力以及市场营销等。由于价格在项目投标中的关键地位，建立低成本的中国供应链，将材料、工厂、设备和人力资源带到海外，为中国企业赢得海外工作提供了良好的基础，尤其是在走出去初期。

（3）区域市场优势。我国对外工程承包合作几乎遍布全球各个国家和地区。2020年，我国在"一带一路"沿线布局加大，亚洲市场、中东市场的业务份额进一步增加到49%、34%。但在欧洲、美国、加拿大市场的占比仍较低，分别为7%、2%、2%。

2.企业劣势

从全球综合竞争力看来，德勤研究认为我国企业"大而不强"，与世界一流企业在全球化水平、创新能力、行业引领能力上有明显差距[③]。国复咨询[④]提出

---

① 走出去情报. 2011—2021国际承包商的兴衰启示[EB/OL]. [2021-08-21]. https：//mp.weixin. qq.com/s/2A5g6vzyBjUmMced1GPs8w.

② 中国对外承包工程发展报告2019—2020[R]. 中华人民共和国商务部，中国对外承包工程商会，2020.

③ 德勤华永会计师事务所. 对标具有全球竞争力的世界一流企业[R]. 北京：中国经济出版社，2019.

④ 走出去情报. 2011—2021国际承包商的兴衰启示[EB/OL]. [2021-08-21]. https：//mp.weixin. qq.com/s/2A5g6vzyBjUmMced1GPs8w.

国际承包商衰败因素包括违法违规、细分行业判断失误、国别市场布局不当、商业模式创新不足及国内经营环境的支撑不够。我国基础设施企业的国际化水平、高端服务、内部管控、创新能力四个维度与欧美企业存在显著差距。

（1）中国企业国际化水平仍待提升。国际化经营仍然处在初级阶段，特别是在属地化经营、全球资源配置能力、一体化服务能力与国际先进工程公司比均存在不小的差距。

（2）部分企业的高端服务解决能力有待提升，国际业务模式也相对僵化，专注于传统EPC工程总承包和施工总承包项目。此外，由于设计院缺少向国际市场提供知识密集型专业服务的经验，专业设计和工程服务并没有同步发展，而设计和创新是打开市场的关键。国际市场的高端设计和咨询行业仍由欧美企业把控，包括世界著名的设计和咨询公司WOOD、FLUOR、WORLEY等。虽然中国工程企业承接了大量总承包项目，但这些项目的规则制定、标准规范的选择和项目管理均由欧美设计咨询公司承担。如此，他们掌握了项目后续实施的话语权，压缩了总承包商的利润空间。

（3）企业的内耗现象在基础设施承包业务表现得尤为突出。我国基础设施企业下属众多二三级公司均参与到集团海外业务中，行业低技术门槛带来各企业间业务的重叠度较高，导致了企业内部的恶性竞争，增加了处理兄弟企业内部矛盾的成本。在集团公司层面，集团总部中往往存在多名领导分管国际业务，导致下属企业需要花费很大的精力满足不同口径的汇报要求，甚至需要设置单独的机构完成审批等程序性的工作。同时，子企业与集团公司设置了许多重复功能的职能部门，一方面增加了企业在人力、资金等方面的成本，另一方面不利于企业网络内部知识的传递。

（4）中国企业创新能力不足。一是商业手段创新不足。现阶段，外部融资成为企业获取资金的重要方式。但我国的部分企业主要利用债务进行融资，手段比较单一，资金来源多为中国的银行机构，且多需要母公司提供担保。导致企业资本负债率居高难下、风险高、缺乏资金成本优势。而近年来随着两优贷款等政策红利的消失，企业在融资能力上的短板暴露得更为彻底。二是数字化等创新管理手段不足。基础设施类企业在数字化上的投资一直在扩大，但距离实现数字化转型仍有很大距离，更难以利用数字化创造新的价值，以实现企业通过差异化打造长期竞争优势的目标。以日本建筑企业小松公司为例，虽然处于资产密集的非技术类行业，但其一直致力于成为数字化智能建筑解决方案的领导者。通过推出综合GPS、数字地图、传感器和物联网连接的工程机械，管理服务和自动化平台，小松开创了新的收入来源。

中国基础设施企业虽在多年"走出去"的过程中打造了一定的竞争优势，但面对VUCA时代，基础设施建设行业生态的变革、重组，企业过去的优势还是优势吗？今天的疫情迫使企业停下来思考自身战略，因为方向要比努力更重要。面对战略重塑这一重要决策，哪些问题应该是企业关注的重点呢？企业的战略再制是否有可供参考的框架呢？本书将对标中国企业的管理实践探索以上问题的答案。

1.4 案例研究

案例研究在构建"成功或失败经验总结——经验理论化——理论指导实践"的研究闭环上具有优势。通过多案例比较，企业可以通过基于知识转移的"启发式学习"，将其他企业所积累的经验转移到本企业处理其所遇到的未知情形中加以应用。通过对标、分析优秀企业的实践，有助于从新的视角和格局审视自身战略管理问题。

1.4.1 案例选择标准

基础设施建设具有资本密集度高、投资周期长等特征，投资主体和建设主体是两大核心角色。本书的案例选择遵循了有意抽样的原则，考虑到企业在基础设施投资与建设中的不同角色，最终选择了六家具有代表性的中国基础设施企业作为研究对象。其中四家是以基建承包业务为主的企业，包括中国电力建设集团有限公司（简称中国电建）、海洋石油工程股份有限公司（简称海油工程）、中国机械进出口（集团）有限公司（简称中机公司）和华为技术有限公司（简称华为）；两家是以投资业务为主的企业，包括中国长江三峡集团有限公司（简称三峡集团）和招商局港口集团股份有限公司（简称招商港口）。

1.代表性

案例企业选择标准包括企业国际化水平，在同行业、本领域有较强影响力，管理能力突出、行业认可度高。其中，中国电建、中海油（海油工程的母公司）、通用技术集团（中机公司的母公司）、华为、招商局集团（招商港口的母公司）分别位居2021年《财富》世界500强榜单的第107位、第92位、第430位、第44位、第163位。同时，五家国有企业均有两家下属企业入围2021年国资委管理标杆企业名单。此外，中国电建"基于'三链一平台'的数字化创新管理"、中海油"以战略为导向的风险管理体系"、三峡集团"电力企业国际化战略管理"三个标杆项目立项也表明上述企业在战略管理方面是业界当之无愧的"领头羊"。这些企业丰富的国际化经验，一方面可以总结国际化过程中的共性问题，避免其他企业重复交学费。另一方面，剖析其打造核心竞争力的原因、过程，也有利于其他企业向行业"标杆"看齐，反思国际化企业关键成功因素，重塑自身的国际化战略。

2. 覆盖面

本书所选的六家企业覆盖面广，体现在如下三个方面：

1）企业所有权。虽然大型国企是我国海外基础设施建设的主要参与者，但我国民营企业也逐步在大型基建项目中找准自己的定位。同时，民营企业与国有企业在国际化战略的制定、实施中均呈现显著差异。因此，本书选择了五家国有企业，与一家极具代表性的民营企业——华为，旨在为更广泛的受众提供可复制、可实施的战略反思路径。

2）企业控制权。企业集团与其下属子企业都需要制定、实施国际化战略。但由于出发点不同、资源与权力的不对等，集团公司与其子公司的国际化实践各具特色。本书案例既包括集团公司，也包括集团二级企业，有利于指导不同层级企业的实践，具有较高的推广价值。

3）业务范围。本书所选六家企业的业务范围涵盖了基础设施建设的绝大部分领域，包括能源电力、交通港口、信息通讯、环境保护等市政公用工程设施和公共生活服务设施。

3. 涉及领域

本书对六家典型企业进行了大量的资料收集，开展了深度整理工作，挖掘了六家企业充分运用现代前沿管理理论和手段，构建新业态、新模式。可以系统地回答企业国际化过程的关键问题，即国际化战略制定、实施、跨国治理。这三大问题与国资委对标世界一流管理提升行动的八个管理领域（表1-2）是内在一致的，也表明本书的研究问题确实存在，是业界普遍关注的问题。

对标世界一流管理提升行动的八个管理领域与要点[①] 表1-2

管理领域	要点
战略管理	通过强化战略意识、投资管理、主业管理和国际化经营，持续提升战略引领能力
组织管理	通过科学设置组织架构、分类开展授权放权、完善组织运行机制、加强组织文化建设，持续提升科学管控能力
运营管理	通过推行精益管理、加强现场管理、优化供应链管理、完善营销管理和用户服务体系，持续提升精益运营能力

① 国务院国资委开展管理标杆创建行动对标推动世界一流企业建设[EB/OL]. [2021-07-30]. http://www.sasac.gov.cn/n2588020/n2877938/n2879597/n2879599/c19989817/content.html

管理领域	要点
财务管理	通过构建一体化财务管控体系、充分挖掘利用财务资源、提高资本的流动性和回报率、加强市值管理，持续提升价值创造能力
科技管理	通过加强科技创新规划、完善技术创新体系、提高协同创新水平、强化创新考核引导，持续提升自主创新能力
风险管理	通过强化风险防控意识、健全合规管理制度、加强内控体系、责任追究体系建设，推进法律管理与经营管理深度融合，持续提升合规经营能力
人力资源管理	通过强化规划引领、完善市场化选人用人机制、健全薪酬分配激励机制、加强人才培养和梯队建设，持续提升科学选人用人能力
信息化管理	通过充分发挥信息化驱动引领作用、统一基础数据标准、促进业务与信息化深度融合、完善网络安全管理体系，持续提升系统集成能力

1.4.2 案例企业简介

中国电力建设集团有限公司（简称中国电建）2021年位居《财富》世界500强企业第107位，ENR"全球设计公司150强"榜单第1位、ENR"国际承包商250强"榜单第7位，2020年位居中国企业500强第41位。中国电建业务遍及全球130多个国家和地区，是全球清洁低碳能源、水资源与环境建设领域的引领者，全球基础设施互联互通的骨干力量，服务"一带一路"建设的龙头企业，为海内外客户提供投资融资、规划设计、施工承包、装备制造、管理运营全产业链一体化集成服务、一揽子整体解决方案的工程建设投资发展商。

海洋石油工程股份有限公司（简称海油工程）是中国海洋石油集团有限公司控股的上市公司。其不仅是中国唯一集海洋石油、天然气开发工程设计、陆地制造和海上安装、调试、维修以及液化天然气、炼化工程为一体的大型工程总承包公司，还是远东及东南亚地区规模最大、实力最强的海洋油气工程EPCI（设计、采办、建造、安装）总承包之一。以"更高性价比的引领者"为发展愿景和"建设中国特色国际一流能源工程公司"为发展目标，海油工程业务涉足20多个国家和地区，先后为中国海油、康菲、壳牌、哈斯基、科麦奇、TECHNIP、MODEC、AKERSOLUTIONS、FLUOR等众多中外业主提供了优质产品和服务。

中国机械进出口（集团）有限公司成立于1950年，是中国国有重要骨干企业中国通用技术（集团）控股有限责任公司的创始成员企业。成立七十多年来，公司市场遍布全球160多个国家和地区，累计完成对外营业额逾千亿美元，业务范围涵盖传统能源、新能源、轨道交通、化工、轻工、建材、基础设施、船舶、成套设备等多个业务领域，成为中国企业国际化经营的先行者。目前，公司聚焦工程服务和产能合作两大主业，以"一带一路"繁荣共建者、全球资源配置参与者为使命，全力打造工程服务领域具有全球竞争力的世界一流企业。

华为技术有限公司（简称华为）是全球领先的信息与通信技术（ICT）解决方案供应商。2021年，其控股企业华为投资控股有限公司位列《财富》世界500强企业第44位，其国际业务营业收入占总营业收入的34.4%，国际化水平在中企中名列前茅。华为2020年位居中国民营企业500强第一位，助力全球170多个国家和地区的1 500多张运营商网络稳定运行。聚焦ICT基础设施和智能终端领域，华为坚持开放式合作与创新，参与全球超过3 000个创新项目实践，和运营商、合作伙伴一起在20多个行业签署了1 000多个5GtoB项目合同。以"开放、合作、共赢"为原则，华为携手各行业、各领域的产业和生态伙伴共同构建全球开放生态，推动ICT产业的健康发展。

中国长江三峡集团有限公司（简称三峡集团）是全球最大的水电开发运营企业和中国最大的清洁能源集团。2018年，三峡集团被列入创建世界一流示范企业名单（共11家）。身担带领中国水电"走出去"中发挥引领作用的使命，以三峡国际能源投资集团有限公司为国际业务投资主体，其国际投资业务聚焦具备互联互通条件的周边国家市场、南美洲及非洲水资源富集市场、欧美发达国家新能源市场等，已初步完成市场布局和部分项目落地，稳步拓展国际配售电业务；以中国水利电力对外有限公司为国际承包业务主体，其承包项目覆盖40多个国家和地区。

招商局港口集团股份有限公司（简称招商港口）为招商局集团港口业务板块管理及资本运营平台，为世界领先的港口开发、投资和营运商。截至2020年12月31日，其投资或者投资并拥有管理权的港口分布26个国家和地区。以成为世界一流的港口综合服务商为发展愿景，招商港口将继续按照"东西路线、南北路线、'一带一路'沿线"开展海外布局研究，进一步积极捕捉海外新兴市场的投资机会，继续寻找成熟市场门户港的布局机会，不断优化完善公司全球港口网络布局，着力打造海外区域港口服务网络体系。

1.4.3 研究问题

战略管理的缺乏是中国企业国际业务做大、做快、做强后如何做优面对的挑战之一。国际化的战略管理是我国企业打造全球竞争力的首要任务。德勤提出的具有全球竞争力的一流企业制定战略五步法[①]，包括：

---

① 德勤华永会计师事务所. 对标具有全球竞争力的世界一流企业[M]. 北京：中国经济出版社，2019.

（1）成功目标模块。厘清业务目标、财务目标及非财务目标，为战略设计确立最终方向。

（2）目标市场模块。梳理核心业务、细分客户群、产品组合及地理区域、明确业务战略的范围和重点。

（3）制胜之道。树立价值定位、明确竞争优势、制定盈利模式，为如何取胜搭建基础。

（4）必备能力。为战略设计配备相应的能力和组织架构。

（5）必需的管理体系。为业务战略提供切实可行的实施计划，帮助战略最终落地。

与战略管理领域的战略匹配（Strategic Fit）思路具有一致性，"五步法"模式核心是如何利用外部的资源整合，明确自身价值定位及合理的财务测算，并发展关键能力与组织建设。

针对我国企业国际化战略的反思与制定，本书以国际商务研究为基础，有助于为中国基础设施企业国际化战略的研究提供基本出发点与分析框架。国际商务的研究交叉融合了战略管理、市场营销、人力资源管理等研究领域，旨在回答企业国际化过程的三个核心问题，即为什么国际化（动因）？怎么国际化（过程）？如何跨国管理（治理）？

中国基础设施行业在四十余载的国际化历程中，许多企业对上述问题进行了探索和实践，积累了很多经验和教训。中国企业的实践部分印证了传统理论的有效性，部分对现有理论及管理模式提出了挑战。因此，本书通过对六家具有代表性企业的深度纵向与横向对比，旨在从三大问题的视角，在现有理论与中国实践间展开对话，在为业界提供借鉴的同时，也尝试对现有理论进行一些有益补充。

首先，企业需要明确自身的价值定位（我是谁）。在充分认知企业价值观、发展史、自身资源的基础上，辨别各个基础设施企业的国际化是市场驱动、资源驱动、效率驱动，抑或是战略驱动？这是不同企业、行业特征导致的？还是特定发展阶段的需求？如何在市场中创造共同价值？如何有效开展非市场行为？

其次，企业要制定明晰的战略（去哪里），包括整体国际化战略定位，及重要战略决策，如区位与进入模式选择（国际扩张模式）、业务选择、商业模式选择等。如何决策会产生更好的绩效结果？

最后，企业需要回答跨国治理问题（怎么去），企业如何通过组织结构、机制、流程设计，平衡全球整合和本地响应的需求。

为方便大家阅读本书，列出如下思考问题清单作为参考[①]：

（1）动因

①企业对国际业务的定位？国内外业务的关系？国际业务优先是企业战略吗？优先什么？

②海外投资的性质是什么？对于工程企业而言，海外投资是为了企业转型还是为了拉动总承包业务？

③面对新时期国际业务和疫情挑战，以及全球经济衰退、逆全球化，国际化战略是否需要调整？

（2）战略决策

①企业是否有国际业务战略？执行得怎么样？面对新的国内外大形势和市场变化，战略需要调整吗？

②企业在哪些行业有核心竞争力？核心竞争力是什么？现有的核心竞争力在几年后还是吗？

③企业正在计划或正在努力进入新行业吗？所要进入的新行业是否是别人计划逃离的行业？如何打造在新行业的核心竞争力？

④企业在哪些国别市场具有优势？在该市场的核心优势是什么？

⑤企业计划或正在努力进入新国别市场，尤其是中高端国别市场吗？以什么方式进入新市场？如何打造在新市场的竞争优势？

⑥企业在国际营销方面的问题是什么？是否存在理念、商业模式、团队、激励机制方面问题？

（3）管控

①随着国际业务的难度增大，国际业务的国际化管控能力愈加重要，是继续由为国内业务量身定制的企业总部继续行使国际业务总部职能，还是打造国内国际业务双总部？

②面对风险日益加大的国际市场，如何加强对国际业务的管控和如何调动成员企业国际业务积极性和主观能动性？即国际业务管控模式是什么？是集团化管控？还是鼓励成员企业群狼战术？

③现行国际业务管理体系和组织架构合适吗？国际业务管理是从中国的某一个城市向全球辐射吗？本土化建设进展如何？有区域机构吗？区域机构的放权和集权如何设置？

④做国际业务的子企业都是国内国际业务混业经营，这种模式以后还合适

---

① 问题清单改编自宋东升先生的战略反思十八问。

吗？需要改进吗？方向是什么？

⑤在东道国市场，中国企业的身份是优势还是劣势？如何获得东道国利益相关者的价值认同，以应对外来者劣势？

⑥如何平衡财务绩效和企业社会责任的要求？企业的ESG体系合格吗？

作者简介

刘俊颖，教授，博士生导师，现任天津大学管理与经济学部工程管理系主任。天津大学基本建设管理工程专业学士，管理科学与工程专业硕士，英国雷丁大学工程管理专业博士，瑞典查尔姆斯理工大学访问学者。国家级一流本科建设点负责人，国家级新工科研究与实践项目负责人，首批新文科研究与改革实践项目负责人，北京仲裁委员会/北京国际仲裁中心仲裁员。

李志永，中建国际建设有限公司总法律顾问。天津大学工程管理专业&法学专业双学士、英国雷丁大学工程管理专业硕士。Dispute Resolution Board Foundation（DRBF）中国区代表，北京仲裁委员会/北京国际仲裁中心仲裁员，中国国际经济贸易仲裁委员会仲裁员、工程争议评审专家，深圳国际仲裁院仲裁员，新加坡国际调解中心调解员，国际商会仲裁与ADR委员会替代性争议解决与仲裁工作组中方专家，中国对外工程承包商会行业专家，中国仲裁法学研究会理事，"一带一路"（中国）仲裁院专家委员。

第2部分

典型基础设施企业案例分析

本部分由六章组成，分章详细阐述了中国电力建设集团有限公司、中国长江三峡集团有限公司、海洋石油工程股份有限公司、华为技术有限公司、招商局港口集团股份有限公司，以及中国机械进出口（集团）有限公司的国际化进程。上述六家企业均为具有代表性的中国基础设施企业，公司业务范围涵盖基础设施项目投资、建设、运营全产业链。各章的撰写，在主要内容上具有一致性，均涵盖了企业的国际化背景、战略制定及实践。但各章又各有侧重点，以凸显不同企业在国际化战略选择上的差异性。

第2章　中国电建：国际业务集团化
管控模式的创新与引领者

中国电建是"一带一路"建设和基础设施行业"走出去"的领军企业之一，国际化程度在中央企业中名列前茅。2020年中国电建在ENR"国际承包商250强"榜单排名第7（中国企业第2），ENR"国际设计公司225强"榜单排名为第16（中国企业第1）。在海外电站绿地投资方面，中国电建也走在了中国企业的前列。

中国电建的国际业务以中国水电最具代表性。中国水电从1994年获得对外经营权到2012年，以不足20年的时间，打造了一个ENR"国际承包商250强"榜单排名第20位、商务部排名前三的国际化企业。中国水电在中国工程企业中开创性地打造了以"四个统一"（统一管理对外经营业务，统一配置对外经营资源，统一使用中国水电品牌，统一开展对外联合与合作）为核心，以海外事业部和国际公司"一套人马、两块牌子"为组织保障的国际业务集团化管控体系。中国水电还进行了以工程局自主开展国际经营的"自主营销"和中国水电国际公司不再承担海外事业部职能的"去行政化"等为特征的为成员企业国际业务放权的多项尝试和探索。

2016年初，在中国水电国际业务集团化管控实践和为成员企业国际经营放权等探索和尝试的基础上，在新组建的中国电建集团国际业务经历了4年的成员企业"自主营销"之后，中国电建将集团海外事业部、中国水电国际公司和中国水电顾问国际公司三个机构重组整合成"一套人马、两块牌子"的电建国际（中国电建海外事业部和中国电建集团国际公司）。中国电建把国际业务集团化管控提升到一个新的高度。

中国电建国际业务集团化管控是大型工程企业集团国际业务管控模式的一个创新，其管控体系是"战略管控＋关键经营要素管控"；核心是"五个统一"（统一战略规划，统一品牌管理，统一市场布局和营销，统一履约监管，统一风险防范）；组织特点是"一套人马、两块牌子"的电建国际承担集团国际业务总部职能（海外事业部）和核心企业功能（集团国际公司）；将全球市场划分并设立六大区域总部，将区域总部定位为"五个中心"（市场统筹与营销中心，风险防范与履约监管中心，资源协调与信息中心，能力建设与社会责任中心，海外党建中心）；充分发挥了子企业国际业务中坚作用；建立了集团化、业绩共享和良性竞争为理念的考核指标体系。经过30年的探索、实践和提升，中国电建国际业务集团化管控形成了从核心理念、组织架构、考核机制到配套措施等一套完整的体系。2016年以来，中国电建的国际业务逆势上扬，各项指标增速远高于行业平均水平，ENR"国际承包商250强"榜单排名从2015年的第11位上升到2019年的第7位。

中国电建国际业务取得的成就得益于中央"走出去"战略、中国金融"走出去"和"一带一路"建设，也得益于中国电建清晰的国际业务战略和集团化管控模式。

21世纪以来，中国水电和中国电建的国际业务战略和管控模式，在大多时间引领着中国工程企业的发展方向。本文目的是回顾中国水电和中国电建国际业务战略和国际业务管控体系发展和探索的历程，试图总结其经验和教训，希望能为中国大型工程企业的国际业务战略和国际业务管控提供借鉴。

2.1 中国水电国际业务集团化管控探索与实践（1994—2015年）

2.1.1 中国电建简介

中国电力建设集团有限公司成立于2011年9月29日，经国务院批准，由中国水利水电建设集团公司、中国水电工程顾问集团公司和分属国家电网及南方电网的14个省市自治区的电力勘测设计、施工建设和装备制造共58家企业合并而成。中国电力建设股份有限公司是上海证券交易所上市公司（股票代码：601669），简称"中国电建"。为方便计，本书将中国电力建设集团有限公司和中国电力建设股份有限公司一并简称为"中国电建"。

中国水利水电建设集团公司前身为水力发电建设总局，成立于20世纪50年代初，最早隶属于燃料工业部，管理所有国家级水电工程局。1988年10月改制成中国水利水电工程总公司，2002年12月成立中国水利水电建设集团公司，2009年11月改组成中国水利水电建设股份有限公司，并于2011年10月18日在上海证券交易所上市。为方便计，本书均称之为"中国水电"。

中国水电工程顾问集团前身是1954年成立的水利部勘测设计管理局，管理着除流域机构的设计院之外的其他8家国家级设计院，包括水电水利规划设计总院。2002年12月成立中国水电工程顾问集团公司。为方便计，本文均称之为"中国水电顾问"。

并入中国电建的原属于国家电网和南方电网的企业共58家，是国家电网和南方电网在河北、吉林、上海、福建、江西、山东、河南、湖北、海南、重庆、四川、贵州、青海和宁夏等14个省（市、自治区）所属的电力勘测设计企业、施工建设企业和装备制造企业。在58家企业中，不乏国际化表现优异的公司，包括山东电建三公司在内的山东四家公司、湖北宏源公司等。由于这些企业原来分属于14个省（市、自治区）的电网公司，国际化水平差别较大。

中国电建集团成立伊始，采用双总部架构，在保留中国水电集团和中国水电顾问集团总部的基础上，成立中国电建集团总部，设立多个事业部管理电网分离的58家企业，并成立海外事业部归口管理集团国际业务。2014年初，中国水电集团和中国电建集团两级总部合并，并将"中国水利水电建设股份有限公司"改名为"中国电力建设股份有限公司"，股票名称从"中国水电"更名为"中国电建"，同时将中国水电顾问集团资产注入股份公司中，初步实现了中国电建整体上市，中国电建股份公司代管尚未上市的58家企业。

中国电建员工人数为18万人，年营业额为5 000亿元以上，2020年位居《财富》世界500强企业第157位，中国企业500强第41位，ENR"全球设计公司150强"榜单第1位，ENR"全球承包商250强"榜单第5位。

中国电建是中国建筑业"走出去"的领先企业之一，国际业务是中国电建的最大特色之一。2019年ENR"国际承包商250强"榜单排名：中国电建综合排名第7；电力行业第1，水行业第3；中国电建是唯一一家在非洲、亚太、中东和美洲四个区域进入全球前十的中国企业。2019年ENR"国际设计公司225强"榜单位列第12位，位列中资企业第1，也是排名进入前20强的唯一一家亚洲企业。商务部2019年中国对外工程新签合同额百强名单中，中国电建共有10家子企业上榜，其中中国水电国际公司排名第1，山东电建三公司排名18，山东电建排名20；营业额百强名单中，中国电建共有15家子企业上榜，其中中国水电国际公司排名第4，山东电建三公司排名第13，水电八局排名第21位。截至2019年底，中国电建在120个国家设有462个驻外机构，在132个国家执行合同3 300份，合同总金额约1万亿元人民币。

中国电建是最早开展海外投资的工程企业之一。中国水电2007年开工建设其首个海外投资项目—柬埔寨甘再水电站。截至2019年底，中国电建在12个国家投资绿地项目23个。中国电建控股、参股已运行和正在施工的海外电站达6 095MW，为中国企业境外电力绿地投资之首。海外投资除电力项目之外，还有铁路、公路、矿产和水泥等。中国电建参股投资了印尼雅万高铁、中老铁路等"一带一路"里程碑式项目，参股投资了孟加拉首都达卡机场高架快速路等，以融资和运营模式中标秘鲁亚马孙河疏浚工程，以年金方式中标肯尼亚公路建设和维护工程等。在海外并购方面，中国电建以"补短板、国际化、拓市场"为标准，在欧洲和中亚完成并购高技术和设计公司共4家。

中国电建国际业务起源于三个板块，中国水电、中国水电顾问和火电板块。火电板块国际业务以山东电建三公司为代表；中国水电顾问国际业务虽发展很快，但由于起步较晚，规模不大。在国际业务方面，无论是规模、业绩还是影响力等，最能代表中国电建的是中国水电。

中国水电于1994年获得对外经营权，1999年中国水电第一次参加ENR"国际承包商250强"榜单排名，位居136位，至2014年最后一次独自参加ENR排名，最好名次是2012年的ENR"国际承包商250强"榜单第20位，13年内进步了116位。2020年，中国水电继续参加商务部排名，新签合同排名第一，营业收入在华为、中建集团和中国港湾之后排第四。

本节按照时间顺序，对中国水电的国际业务战略和国际业务管控实践及探索进行简要梳理。

2.1.2 高起点起步阶段（1994—1999年）

中国水电国际业务的起步是从各个工程局开始的。从20世纪60年代起，工程局开始从事国家对外经济援助的一些水利水电工程建设，比如1963年水电十一局建设的几内亚金康水电站。改革开放之后，各工程局开始以窗口公司名义进入国际市场，通过竞标承揽中小型现汇工程。

水电行业是中国最早和最大规模使用世界银行贷款的行业。1984年，中国第一个利用世行资金的基建项目—鲁布革水电站引水隧洞工程按照世行采购程序进行国际招标。日本大成公司在八个国家的承包商竞争中胜出，以比标底低43%的价格中标。大成公司派出30多人的管理团队，雇佣工程局400多员工，在各个方面和在同一工程施工的工程局形成了强烈的对比和反差。"鲁布革冲击"引起了中国工程建设管理体系和项目管理体系的变革。此后，水口、二滩、小浪底、万家寨引黄等一系列大型水利水电项目使用世行资金、采用世行标准进行采购和管理，一批欧洲著名承包商进入中国市场，和水电工程局组成联营体中标建设这些项目。水电工程局则在家门口深度参与了高水平的国际工程建设，这些项目成为中国水电国际工程的大学校，为中国水电的国际业务打下了坚实且高起点的基础。

1994年中国水电翻开了国际业务新篇章，一是获得了对外经营权，走上了以自有品牌中国水电（China Water and Hydropower Engineering Corporation，CWHEC）进行国际化经营之路。二是和成员企业（水电十一局）共同设立第一个驻外机构—中国水电（CWHEC）尼泊尔代表处。三是召开中国水电第一次外经会议，通过了《中国水电成员单位开展对外承包、劳务输出等业务的管理办法》，要求各工程局统一思想、顾全大局、一个拳头对外。中国水电的国际业务从最早期就具有了集团化的基因。

1995年成立中国水电国际工程公司（模拟公司运行），由总公司副总经理兼任总经理。同年，中国水电以自有品牌（CWHEC）中标历史上最早的三个项目：尼泊尔伊拉姆水电站（十一局）、印尼雅提鲁霍水电修复（十一局）和巴基斯坦帕特菲德灌溉渠7A7B项目（十三局）。

1996年中国水电召开了第二次外经工作会议，发布了题为《统一思想，齐心协力，奋发进取，讲求实效，为不断开拓国际承包业务市场而努力奋斗》的工作报告。1998年，中国水电在年度工作会议指出"要树立立足国内和国际两个市场寻求发展的思想，在巩固国内市场的同时，不失时机地去占领国际市场。在开拓国际市场方面，要努力提高联合作战的本领，通过企业间的联合与协作，发挥系统的整体优势"。1999年，中国水电在年度工作会议提出"推进国际化战略，更主动、广泛、深入地参与国际分工与合作，使企业的组织结构、管理水平、技术水平、创新能力与国际竞争相适应，推进经营理念、经营战略、经营领域、经营方式和经营效益的国际化，使公司成为跨国经营的知名工程建设企业"的战略目标。

1999年，中国水电对外签约2.60亿美元，第一次参加ENR"国际承包商250强"榜单排名，位居第136名。

中国水电这个阶段的国际业务具有如下特点：①多个高度国际化运作的世行贷款项目以及和西方承包商联营的经历，使中国水电的国际业务具有起点高的特点。②正是这些世行项目上西方承包商的冲击以及和西方承包商的合作经历，使中国水电领导层较早具备了国际视野，较早在集团层面形成国际业务战略，较早形成了以集团国际业务会议形式布置国际战略和加强集团化管控的有效做法。③中国水电在集团层面的国际业务起步就高度重视对国际业务的集团化建设，高度重视利用成员企业的力量，高度重视调动和发挥成员企业做国际业务的积极性。④从另外一个角度看，当时一批从政府部门改制成公司的中央企业正面临着如何加强总部对成员企业管控的问题，中国水电则把国际业务作为了对成员企业加强集团化管控的一个突破口。

2.1.3 "四个统一"阶段（2000—2005年）

2000年初，党中央提出实施"走出去"战略，并将其上升到"关系我国发展全局和前途的重大战略之举"的高度，此时中国水电的国际业务也从起步进入了发展时期，为更好地发展国际业务和加强对国际业务的集团化管控，中国水电在第三次外经工作会议（2000年12月）上提出了国际业务"四个统一"的概念，即统一管理对外经营业务、统一配置对外经营资源、统一使用中国水电品牌、统一开展对外联合与合作。"四个统一"将国际业务集团化管控从概念落实到了实际操作层面，这是中国水电国际业务集团化管控的重大进步。"四个统一"在中国水电国际业务发展历程中发挥了重要作用。

作为落实以"四个统一"为核心的国际业务集团化管控的组织措施，2000年中国水电成立海外事业部，和国际公司（模拟公司运作）为同一团队。自此，中国水电国际业务进入"一套人马、两块牌子"时代。"一套人马、两块牌子"将海外事业部的行政管理职能和国际公司的市场开发和业务管控能力有机结合，成为集团化管控的最重要组织保障和组织措施。

此时的海外事业部主任和国际公司（模拟公司运作）总经理均由总公司（集团）副总经理兼任，海外事业部和国际公司下属各部门的职级参照总公司（集团）部门级别执行。集团副总经理兼任海外事业部主任和国际公司董事长一职一直到中国电建成立。中国电建成立后，集团设国际业务分管副总经理，但不再兼任海外事业部和国际公司职务。回顾中国水电和中国电建的国际业务，笔者认为企业副总经理（乃至更高级别）兼任海外事业部及国际公司一把手，适当提高海外事业部及国际公司职级，是实施集团化管控和国际优先战略的一个有效措施。

2001年中国加入WTO，中国水电时任总经理在当年国家电力公司工作会议上做了题为"适应WTO形势实施国际化战略，努力开创外经工作新局面"的发言，发言提出"迎接WTO挑战，实施'走出去'战略，打好公司品牌，做好CWHEC文章，整合集团优势，参与国际建筑市场竞争，进一步开拓国际市场，争取在今后几年内进入全国最大对外经营企业前10名行列"的战略目标和任务。这是中国水电第一次将国际业务和国家战略紧密结合起来。

2002年底，中国水利水电工程总公司改组为中国水电建设集团公司。为提升中国水电在国际上的影响力，英文名称从CWHEC（China Water and Hydropower Engineering Corporation）改为Sinohydro。Sinohydro作为英文品牌，具有如下几个优点：Sino的中国标志，hydro的绿色特征，Sinohydro易于发音和记忆。

2004年，中国水电在全球17个国家设立了19个常设机构。在2004年商务部组织的中国最大外经企业排名中，中国水电以对外签约额和营业额分别列第5名和第8名，提前实现了进入全国外经企业前十的目标。

2005年，中国水电建设集团国际工程有限公司完成注册并开始运行，当年对外签约和营业额在商务部排名分列全国第3名和第6名。中国水电国际业务第一次进入中国国际承包前三，中国水电当年ENR"国际承包商250强"榜单排名为第68位。

中国水电在中国国际工程行业较早进行商业模式创新。2002成功开工第一个卖方信贷项目——伊朗塔里干水利水电项目，2005年中标第一个BOT项目——柬埔寨甘再水电站工程。

重视合同管理和风险防范是中国水电国际业务的一个传统。基于多个国内世行项目的学习和锻炼，中国水电打造了一支国内顶级的合同管理团队，各成员企业形成了重视合同管理的传统。除业务培训和制定各类协议标准版本外，中国水电形成了集集团之力处理问题项目和风险的做法，必要时甚至组织集团力量接管问题项目。重视合同管理和风险管控并以集团之力处理项目问题的做法成为中国水电国际业务集团化管控的重要措施之一。

财务和资金的管控是集团化管控的另一个重要措施。中国水电逐步建立了海外业务财务"三级管理、二级核算"体制。集团（总公司）是国际业务的一级财务管理单位，国际公司、各子公司为国际业务的二级财务管理单位与一级核算单位，各境外机构和项目为国际业务的三级财务管理单位与二级核算单位。国际业务资金采用"结算中心"集中管理，国际公司设立资金部，同时也是集团资金管理部的国际分部。

从2005年初开始，中国水电敏锐认识到中国金融"走出去"对国际工程业务的重大影响，2005年8月国际公司董事会提出"从成本竞争向融资及资本运行市场转移，转变经济增长方式，实现公司的跨越式发展，国际公司的海外投融资项目将逐渐成为海外经营的核心业务"。

总结这个阶段中国水电的国际业务，可以发现具有以下几个特点：①对国家战略和国际形势高度敏感，及时地抓住了加入WTO、"走出去"战略和中国金融"走出去"等中央重大决策，并将其落地为集团战略。②将国际业务集团化管控从概念逐步转变为具体措施，包括形成以"四个统一"为核心，以海外事业部（国际公司）"一套人马、两块牌子"为组织保障的国际业务集团化管控体系，和以财务和资金集中管理、合同和风险管控集团化管控等关键经营要素管控，国际业务集团化管控从理论到实践都日渐丰满。③中国水电勇于商业模式创新，较早地进入F+EPC领域和海外投资领域。

2.1.4 国际优先阶段（2006—2011年）

2006年初中国水电成立新的一届领导班子。这时中国的水电开发正逐步进入高峰，中国水电高层未雨绸缪，超前地提出"后水电"时代的概念，新的领导班子将国际业务提高到了更高的高度，在2006年底举行的集团国际经营工作会议上，提出大力实施国际业务优先发展战略，提出努力将中国水电建设成具有较强国际竞争力的跨国企业集团。

国际业务优先发展战略就是将发展国际业务置于集团所有工作的优先地位，主要内容和措施包括：完善以"四个统一"为核心的国际业务集团化管控和业务管理支持体系，用国际化理念驾驭国际化经营，强化国际化经营能力建设，打造国际化的人才队伍。集团和子公司领导高度重视国际经营，集中解决国际经营中重大问题，强势推动海外业务快速发展，把稀缺优质资源优先向国际业务配置。将国际经营指标引入子公司考核体系，用优惠的经济政策、差别的薪酬政策，激励各子公司和国际化人才积极参与国际业务竞争。把国际业务作为优先发展战略提出，在所有中央企业中是首创，开中央企业之先河。

2006年底举行的集团国际经营工作会议对国际业务集团化管控下的海外事业部（国际公司）和子企业的关系做了进一步的阐述：①海外事业部（国际公司）在履行国际经营战略管控时，是代表集团公司行使战略管控职能，与子企业是上下级关系，各子企业必须服从领导。②国际公司（海外事业部）与各子企业发生经营经济合作，是平等的经济关系，原则是平等协商、规范运作、互利共赢。③当海外事业部（国际公司）与子企业产生经济纠纷时，由集团公司内部经济纠纷调解委员会调解和仲裁。

2010年2月，中国水电国际经营工作会议对国际业务集团化管控做了进一步的阐述，包括：①明确海外事业部（国际公司）的职能为"领跑、引导、管控、服务"。②子公司着力培养履约能力、项目风险控制能力，逐渐提高自身营销能力。③着力理顺公司内部不同利益主体之间的经济关系，建立各方充分发挥积极性的良好机制。④着力加大海外区域业务总部建设力度，将日常业务管理前移、下移到区域总部。⑤加大商业模式创新力度。⑥加大国际投资类项目资源占有力度，开展与公司发展能力相匹配的国际投资业务，加快产业结构调整。

在区域化建设方面，会议指出：①要加快区域业务总部建设步伐，在组织结构上向跨国公司管理模式迈进。②要重点培育、做深做透战略性的、区域性的国际市场。③要增强区域业务总部的统筹力、带动力，逐步形成区域化管理、本土化经营的格局。

2011年9月，中国电力建设集团有限公司成立，中国水电从国资委管理的央企集团成为中国电建的子公司，但原中国水电集团（股份公司）机构和体制保持不变，独立运作。此时，中国电建成立了海外事业部，但中国水电的国际板块仍相对独立运作，仍延续海外事业部（国际公司）"一套人马、两块牌子"和以"四个统一"为核心的国际业务集团化模式。

2006—2011年是中国水电国际业务市场营销力度和商业模式创新进步最快的一

个时期，完成了从竞标为主向以F+EPC模式为主的转变，成为国际工程使用中国资金最多的中国公司之一，在非洲、亚洲和拉美成功推动建设众多地标性工程项目。海外投资业务持续稳步推进，柬埔寨甘再水电站正式投产发电，老挝水泥厂投产，老挝南俄5水电站项目稳步推进，刚果（金）铜钴矿项目进入了实质性开发阶段。

2012年是中国水电国际业务的组织结构变化较大的一年，一是海外投资业务从国际公司独立出去，成立中国水电海外投资公司。二是在前几年试点区域总部的基础上，将全球市场分为13个区域市场，成立13个区域部。三是将驻外人员进行换防，即将不同国别和区域的人员进行调换。

2006—2012年是中国水电国际业务发展速度最快的时期，新签合同额年均增长34.13%，营业收入年均增长41.49%，利润年均增长163.33%，国际业务利润在集团公司总利润占比超过50%。ENR"国际承包商250强"榜单排名从2006年的68位提高到2012年的20位。2012年在中国外经企业50强排名中，公司新签合同额排名第2位、营业额排名第3位。国际业务这种发展速度在央企建筑板块是绝无仅有的。

总结中国水电国际业务这个阶段的高速发展，可以得出以下几点经验：①中国水电较早敏锐和果断地抓住了中国金融"走出去"这个重大机遇，也抓住了2008年全球金融危机及中国政府刺激出口措施给中国承包商带来的良好机遇。②中国水电最早提出国际优先战略，明确了国际业务在中国水电整体战略中的优先发展地位。③继续坚持以"四个统一"为核心、以海外事业部（国际公司）"一套人马、两块牌子"为组织保障的国际业务集团化管控，并对其进行深化和细化。④加大力度实施商业模式创新，实现从现汇竞标为主向F+EPC为主的转变，加大力度进入境外电力投资领域，探索进入矿业和水泥投资领域。⑤具有内部良性竞争的组织架构和考核体系，以及创业时期团队的高昂士气和不服输的精神。

2.1.5 自主营销阶段（2012—2015年）

2011年9月中国电力建设集团有限公司成立，至2014年初中国电建和中国水电两级总部合并，中国水电集团（股份公司）仍独立运作，中国水电国际业务继续坚持以"四个统一"为核心、以"一套人马、两块牌子"为组织保障的集团化管控体系。同时期，以山东电建三公司为代表的山东板块国际业务表现抢眼，中国水电顾问国际公司以后发优势，呈快速进步态势，湖北电建、上海电建等众多火电企业也积极投身国际业务的大潮中。

山东电建三公司（SEPCOIII）是全球火电行业一流EPC企业之一，在印度、中东等国家和地区有着骄人的业绩，SEPCOIII成为国际火电行业著名品牌。在2015年中国电建集团统一参与ENR"国际承包商250强"榜单排名之前，SEPCOIII在ENR"国际承包商250强"榜单最好排名为2012年的第53位。山东电建三公司除建立了现代EPC管理体系之外，在营销及公司文化方面也很有特点，曾连续多年邀请国内外合作企业和驻华大使举行年度"与您共成长"会议。

中国电建的成立，尤其是山东电建三公司的加入，使中国水电的国际业务从此在集团内部有了比较和参照物。尽管中国水电（Sinohydro）的国际业务在新签合同额、营业额、市场分布和市场网络、商业模式创新、影响力和各类排名都远远超过山东电建三公司（SEPCO III），但中国水电是由近20个工程局组成的集团公司，而山东电建三公司是以一己之力打造出的自有国际著名品牌。这引起了中国电建及中国水电决策层及中国水电成员企业的高度关注和反思，为什么不能在工程局和中国电建子企业中打造出多个山东电建三这样的子企业？是不是"四个统一"和集团化管控阻碍了子企业国际业务的成长和脱颖而出？给成员企业放权是否更有利于集团国际业务发展？"一套人马、两块牌子"（海外事业部和国际公司一体化）的双轨制是否"既是裁判员，又是运动员"？同时不少工程局以各种理由要求集团放开国际业务自主经营权。

2012年11月，中国水电在北京南郊的南宫酒店举行"深化优化国际业务优先发展战略研讨会"，民间称"南宫会议"。会议在高度评价中国水电国际业务取得的巨大成就的同时，指出面临的严峻形势，包括：①竞争愈演愈烈，中国企业低成本优势正在减弱；②中国水电国际业务遭遇瓶颈，总部对国际业务管控能力不足；③海外事业部与国际公司"一套人马、两块牌子"的双轨制组织模式边际报酬效益递减；④子企业自主经营意识不断增强，要求放开自主经营权等。会议决定，继续深入实施国际优先战略，实施国际市场营销模式转型升级，推动国际业务新一轮又好又快发展。营销模式转型升级的主要内容：一是充分调动子企业国际营销的积极性，支持和鼓励有能力的子企业打造自有品牌，做"一手单"；二是实现中国水电国际业务从"统一品牌、集中管控"到"多品牌、自主经营"的转变。上述决定简称"自主营销"。

根据"南宫会议"精神，中国水电海外事业部（国际公司）将大部分成熟市场分配给工程局自主营销，工程局参与国际营销的热情得到很大提高，国际公司（海外事业部）则将精力集中在大型项目、融资项目和开拓新市场方面。

中国电建成立后，中国电建集团继续实施国际优先战略。基于前面所述的考量，在中国电建集团层面国际业务管控执行的也是"自主营销"的策略。同时中国电建对国际业务管控进行了多方探索，一是集团成立了"深化优化国际业务发展领导小组"。二是安排三名集团副总经理分管国际业务，这和传统的一名集团领导主管国际业务发生很大变化。三是集团成立海外事业部统筹集团国际业务管理。海外部名为事业部，但并没有按照事业部制运作。四是实施"自主营销"，希望再打造出几家像山东电建三公司一样的国际知名的子公司。五是实施以 PowerChina 为母品牌、包括 Sinohydro、HydroChina、SEPCO系列、HYPEC 等诸多子品牌共存的品牌战略。

2013年中国水电ENR"国际承包商250强"榜单排名23位，比2012年下滑3位；山东电建三公司排名58位，比2012年下滑5位。2015年开始以中国电建集团统一参加ENR"国际承包商250强"榜单排名，位居第11位。

自主营销并没有达到预期的效果，出现了较为严重的内部竞争和内耗现象。中国电建时任董事长以"多支枪打一只鸟"形容当时的中国电建国际业务的内耗情况。笔者认为自主营销效果不尽如人意的主要原因如下：

（1）中国电建近几十家子企业做国际业务，具有数量多、规模较小、同质化的特点。在低端业务和门槛低的市场，容易蜂拥而至，内部竞争严重；在高端业务和困难市场，又难以形成合力进行创新和突破。

（2）和制造业不同，工程企业的国际业务需要大量国际化和本土化的人才，而合格的国际工程人才在全球范围都是系统性匮乏。自主经营会分散集团有限的国际化资源，造成资源更加短缺。

（3）"自主营销"实际对总部的管控能力要求更高。为国内业务量身定制的企业集团总部，管理国际业务的难度显然很大。而一个由几十人组成的海外部（一般称海外事业部，但很少按事业部制运作），问题也很大。人、财、物、市场、考核、协调等行政手段不足，市场、商务、技术、法律合同等业务服务支持能力薄弱，国内外公共关系等市场网络掌握在成员企业手中，融资和投资等资本运作能力不足等等，都制约着海外部国际业务总部职能的发挥。

（4）基于利益冲突的原因，国际工程行业的惯例是一个项目只允许一个集团下属的一家企业参与竞标。此外，集团内任何一家成员企业参加了前期可研设计，该集团就不能参加后期的工程建设竞标。一个大集团的国际业务，如果没有严格管理的多品牌战略和群狼战术的后果是可以想象的。

2.2 中国电建国际业务集团化管控再造（2016年至今）

2.2.1 国际业务重组整合

1.对电建国际业务和国际市场的认识
中国电建国际业务重组整合前的国际业务具有如下特点：

（1）市场广，超过100个国别和1000个在建项目。

（2）专业宽，覆盖基础设施全领域，电力、水务、交通和市政等全产业链。

（3）基础好，拥有中国水电、山东电建三公司这些国际著名品牌，也拥有中国水电顾问国际等后起之秀。

（4）积极性，由于国内火电和水电装机高峰时期已过，成员企业对国际业务的重要性认识深刻，国际经营的积极性高涨。

（5）数量多，中国电建子企业具有个数多、规模偏小的特点。

（6）同质化，工程企业的同质化都比较严重，业务高度相似。

（7）幅度大，随着国际业务的发展，管理幅度过大的问题愈发严重。

（8）中国化，以集成中国资源为主做国际业务，对中国政策和金融机构依赖大，管理都是从中国某个城市向全球辐射。

（9）易内耗，由于做国际业务的子企业个数多，在缺乏集团管控情况下，容易产生内耗；对外大都代表中国电建，给外界造成很大困惑。

对当时国际工程市场的认识如下：

（1）全球基础设施开发模式正快速从政府主导向商业主导（私人投资）转变，商业模式创新在加速，对企业的融资和投资能力要求在快速提高。

（2）西方仍是国际工程游戏规则的主导者，对企业国际化和本土化要求持续提高。

（3）受能源革命的影响，电力行业正在发生着巨变。

（4）中国承包商的低成本优势在快速减弱。

（5）企业面临着中国、发展中国家和发达国家承包商的多重竞争。

国内大形势也在发生着很大的变化。基于中国全球独一无二的基础设施全产业链能力和中国国际工程的良好表现，习近平主席在2013年提出了"一带一路"倡议。至2015年，"一带一路"建设渐入高潮，"一带一路"建设正在重塑中国国际工程的版图。中交集团度过了集团合并的磨合期，国际业务进入高速发展时期，全球排名进入三甲，并购和商业模式创新力度很大。中建集团的国际工程本土化在建筑央企中一直走在前列，正利用其子公司体量巨大的特点，重新布局国际业务。葛洲坝国际业务进步迅速，一直追赶着中国水电，督促着中国电建国际业务不能停歇半步。中铁和铁建以其巨大的体量，多方探索发展国际业务战略，也先后提出国际优先战略。"一带一路"建设高潮和其他建筑央企的国际业务步伐，对中国电建形成了巨大压力。

2015年初，中国电建成立新一届领导班子，新任董事长以"指头对拳头"形容自主营销下的中国电建国际业务的竞争态势。

2.国际业务重组整合方案出台

2015年7月，中国电建时任总经理在北京香山下的一个酒店主持召开「中国电建国际业务发展思路研讨会」，民间称"香山会议"。会上，参会的集团领导、总部部门和成员企业对当下国际业务内耗情况深表担心，都认为应该对国际业务进行重组整合，加强国际业务集团化管控。香山会议对集团国际业务重组整合，加强集团化管控，打造一个新的国际业务总部，达成一致意见。

在香山会议的基础上，2015年底，中国电建审议通过的《国际业务重组整合总体方案》，主要内容包括：电建集团海外事业部、中国水电国际公司和中国水电顾问国际公司合并成立"一套人马、两块牌子"的中国电建海外事业部及中国电建集团国际工程有限公司，实施由"集团化、本土化和全球化"构成的"三步走"战略。

3."三步走"战略

中国电建《国际业务重组整合总体方案》提出的"三步走"战略目标为：短期目标（1～3年）以资源整合、优化管控、适应国际发展为重点，实现国际业务集团化；中期目标（3～5年）以国际经营核心能力的属地化为重点，实现国际业务本土化；长期目标是实现中国电建全球化。"三步走"是这次国际业务重组整合和战略再造的基础。

（1）集团化

国际业务管控集团化是"三步走"的基础。在经历了2012—2015年这几年的自主经营的尝试和探索之后，重新回归国际业务集团化管控。这次重组整合的关键是如何使新的集团化管控产生质的提升。

（2）属地化

属地化（笔者更愿意用本土化）是"三步走"的路径。属地化对于工程行业有特殊的重要性。一是因为基础设施工程的生产过程必须在当地，各类监管在当地，资源组织在当地，还要和当地社区打交道；二是因为发展中国家对当地成分和本土化要求越来越高，新兴国家和发达国家的贸易壁垒越来越严重。三是ESG（环境、社会和治理）对于一个跨国企业愈加重要。国际业务重组整合要努力在属地化建设上迈出实质性的步伐。

（3）全球化

全球化是"三步走"战略的目标。全球化企业并没有一个明确的定义，笔者认为一个全球化企业应该是淡化母国概念，市场全球化、资源配置全球化、员工全球化，经营理念领先，具有全球竞争力的跨国企业。从业务和机构分布而言，中国电建当时就已经是一个全球化企业了。但从理念、机制、管理和员工构成等方面看，中国电建距离全球化企业仍有较长的距离。希望这次国际业务重组整合能为中国电建的全球化建设打下一个良好的基础。

4. 集团化管控体系的升级再造

（1）螺旋上升的新一轮集团化管控

显然，中国电建国际业务重组整合不是中国水电"四个统一"的简单回归，应该是在国内外新形势下，在过去20年的实践、尝试和探索的基础上，实现国际业务集团化管控的一次升华。为此，国际业务重组整合提出以下设计目标，一是战略目标要具有竞争性、先进性和适度超前性；二是要适应中国电建实际情况和国际市场现在和未来一段时间的需要；三是汲取兄弟建筑央企和中国电建及其成员企业，尤其是中国水电国际业务的经验和教训。

（2）集团化管控的基本原则

中国电建国际业务集团化管控的基本原则是"五个统一"，即统一战略规划、统一品牌管理、统一市场布局和营销、统一履约监管、统一风险防范。

将"五个统一"和过去中国水电时代的"四个统一"（统一管理对外经营业务，统一配置对外经营资源，统一使用中国水电品牌，统一开展对外联合与合作）进行对比，不难发现其间的重大差别，一是"五个统一"更加强调在战略和市场统筹方面的统一；二是"五个统一"更加注重履约监管和风险防范；三是"五个统一"在履约和资源配置方面对成员企业充分放权。显然，"五个统一"是对中国电建实际情况和国际工程市场变化的一种客观反映，并在此基础上，对中国电建国际业务集团化管控内涵的一次升华。

（3）集团化管控的组织措施和职能定位

中国电建的国际业务都是在历史悠久的国内业务基础上诞生的，除国际公司外，成员企业都是国内和国际业务混业经营，并且以国内业务为主。在这种情况下实施集团化管控，清晰的组织职能定位就成为关键。中国电建各相关组织机构在国际业务的职能定位如下。

① 集团总部：对国际业务的定位是战略管控与资本管理，责任是管战略、管制度、管资本、管风险、管干部。

② 电建国际：由集团海外事业部、中国水电国际公司和中国水电顾问国际公司合并重组成立"一套人马、两块牌子"的中国电建海外事业部和中国电建集团国际工程公司（合称"电建国际"），以海外事业部名义行使国际业务总部职能，以国际公司名义发挥核心企业功能，职责是"服务、引领、管控、实施"。

③ 区域总部：是集团（股份）公司在海外设立的派出机构，授权电建国际管理，是"一套人马、两块牌子"的电建国际在海外的延伸，定位为区域内集团业

务的"五个中心"（市场统筹与营销中心，风险防范与履约监管中心，资源协调与信息中心，能力建设与社会责任中心，海外党建中心），远期目标是成为全功能、实体化的区域集团。

④集团各事业部：事业部是集团各板块成员企业的管理部门。集团国际业务应充分发挥各事业部的专业优势和管理优势，各事业部应积极主动指导板块企业开展国际营销和提升履约能力。

⑤成员企业：定位为集团国际业务的基础和中坚力量，是国际业务联合营销的重要力量，是分层营销和授权营销的责任者，是国际工程的履约主体，目标是打造国际一流的EPC能力和竞争力。成员企业国际业务的发展采取差异化、专业化和互补型的发展战略。

⑥平台公司：定位为集团国际业务的投资平台和专业平台，是国际业务集团化的重要组成部分。平台公司的责任是融入国际业务集团化建设，快速提升国际化水平，打造境外投资能力，充分发挥境外投资的拉动作用，为实现中国电建向建设投资集团转型发挥应有的作用。

5.电建国际的组织机构

电建国际的组织结构也是集团化管控体系升级再造的重要组成部分，由于内容较多，则分开编写。

（1）组织结构设计

电建国际的定位和职能：见2.2.1节第4点中相关内容。

电建国际的市场定位：结合中国电建建设具有全球竞争力的质量效益型世界一流综合性建设投资集团的大目标，电建国际的市场目标是：做电力和水务行业国际领先、环境和基础设施领域国际一流的开发建设运营商。

组织结构设计目标：适应市场的变化，快速反应市场和快速决策。解决公司管理幅度过大的问题。形成多个完整市场功能的业务单元，打造内部良性竞争机制，提升中国电建国际业务的竞争力。将战略决策和经营决策适度分离。关注行业发展趋势，关注行业前沿技术发展。解决区域线和行业线的关系。竞争性、先进性、创新能力和适度超前。

（2）组织架构构建

根据电建国际的职能及定位，以及组织设计目标，电建国际的组织结构确定为：前台区域总部＋中台专业部门＋后台总部管理，前中后台构成立体矩阵式组织体系。

①前台区域总部：将全球市场划分为六个区域，设立海外区域总部，对区域总部定位为事业部制管理，充分授权，独立核算，逐步向自负盈亏的真正的事

业部机制发展。区域总部定位是中国电建在该区域"五个中心"。

②中台专业部门：根据中国电建及中国电建国际业务的行业特征，以及对行业发展方向的预判，设置若干个共享的专业部门。专业部门定位为，紧跟行业前沿技术，引领国际业务行业技术进步和创新，牵头整合集团内外专业资源，与区域总部共同负责本行业项目营销和履约监管，负责本行业项目的专业支持、专业管理及专业风险防范。在营销和履约监管方面，区域总部和专业部门构成矩阵关系，专业部门是专业技术、技术管理和专业风险防范的责任方，有义务主动参与本行业营销和履约监管。根据实际情况，对于某些专业性很强的项目，专业部门可以是矩阵关系的牵头方。专业部门代表电建国际，牵头组织属于集团和公司层面负责的本行业项目投标评审和其他工作。

③后台管理部门：以后台管理部门为主构成公司总部，作为公司战略管控中心，后台的职能包括，战略决策和管理、创新、风险防控和海外事业部。

（3）事业部制的区域总部可行性分析

①优点：公司运营中心前移，有利于市场的深耕细作和快速反应。营销和履约一体化，项目全生命周期考核，有利于风险防控。解决一个公司管理全球业务，幅度过大的问题。区域间竞争会产生较强的激励效果。区域总部事业部制运作，相当于6家分公司在国际市场竞争，解决了整合成单一公司导致的活力下降。

②缺点：对干部的素质和数量都有很高的需求，干部和人才问题凸显。充分授权，加上时间和空间上的距离，可能会导致总部难以控制的局面。公司运行成本增加。区域总部和专业部门及总部管理部门的立体矩阵关系的维持和协调难度加大。

③可行性：水电国际多年的区域总部建设实践，三家合并而来的电建国际干部力量有很大加强，集团对区域总部正局级定位。以上三点为实行以事业部制建设区域总部打下了坚实的基础。

④区域总部设立：以地理和文化相近为主要考量，区域总部个数主要取决于管理幅度、人力资源和授权程度。根据以上标准，结合中国水电的实践，设置如下6个区域总部：东南非区域总部（内罗毕），中西非区域总部（阿比让），中东北非区域总部（迪拜），亚太区域总部（吉隆坡），欧亚区域总部（伊斯坦布尔）和美洲区域总部（巴拿马）。

（4）中台专业中心的设置

中台技术中心的必要性：电建集团国际业务从传统的水利水电已经发展到基础设施全覆盖，专业面很宽。能源革命下电力行业在发生着快速变化，技术的重要性在凸显。技术支持和技术集成能力集中配置，促进国际业务专业能力提升。向建设投资集团转型。将专业中心从区域总部分离，有助于风险控制。

（5）区域和专业的矩阵关系

大型企业集团业务一般都存在区域和专业两条线。以制造业为主的全球化企业，一般是以专业线为主、区域线为辅构筑矩阵组织结构，比如美国GE和德国西门子等。而中国电建是以一个工程为主的企业，业务具有很强的综合性，不易以专业线为主。因此，电建国际的区域总部和专业部门的矩阵关系，以区域为主，以专业为辅。

有人认为应该将专业部门直接设置在区域总部，便于管理和配合。但实际存在很多问题，首先是具有国际化能力专业干部资源是有限的，没有能力在六个区域总部设置完备的技术部门；二是专业和区域是两条线，是矩阵关系，无论设置在哪个层级，都存在管理和配合的问题。

（6）前中后台人力资源配置原则

电建国际确定的人力资源配置原则是：强大的前台（区域总部）、高效的中台（专业中心）、精干的后台（总部职能）。人员配置和待遇要向国外（前台）倾斜。

电建国际认为：一个臃肿的、人浮于事、定位不清晰的后台总部是企业的重大风险之一。

（7）文化与制度建设

"三步走"战略、"五个统一"原则、"一套人马、两块牌子"的电建国际、电建国际"前台区域总部＋中台专业支持体系＋后台总部管理"的立体矩阵式组织等一起构筑了中国电建国际业务集团化管控的四梁八柱。但这仅仅是硬件，还需要建设国际业务集团管控的软件体系，包括文化和制度等。

在集团化管控的文化和制度建设方面，电建国际强调如下几点：①首先是电建国际的服务意识和能力建设问题。②完整的授权和责任体系。③有利于成员企业、区域总部和专业部门协调合作的指标和考核体系。④总部的战略决策、创新和业务决策能力。⑤有效的人力资源保障和薪酬奖励机制。⑥电建国际和成员企业双向考评体系。⑦开放、学习、业绩说话的企业文化建设。⑧全面预算管理能力建设等。

2.2.2 "三步三大"战略

1.国际业务重组整合和"三步走"效果迅速显现

2016年3月10日，电建国际隆重成立并召开电建国际第一个年度工作会议召开，标志着中国电建国际业务进入了一个新的时期。

集团海外事业部、中国水电国际公司和中国水电顾问国际公司三个机构重组整合成"一套人马、两块牌子"的电建集团海外事业部和电建集团国际公司（电建国际）工作进展顺利。以海外设立六大区域总部为特征，本土化建设迈出了关键一步；以"五个中心"定位的六大区域总部进入正常运行阶段，和全球100多个国家的300多个常设机构一起，形成了较为完善的集团化全球市场网络和组织架构；对区域总部较为充分的授权，有效的解决了电建国际管理幅度过大的问题，并形成了区域总部间良性竞争态势；以中国水电的制度体系为基础，结合新形势和集团化管控需要，修改、补充和建立了较为完善的集团化管控配套制度体系；前中后台有效配合，电建国际和成员企业配合逐步加强。总之，国际业务重组整合和"三步走"战略很快取得成效，集团原董事长形容的"多只枪打一只鸟"和现任董事长形容的"指头对拳头"的国际业务内耗等问题得以有效控制，成员企业国际业务积极性持续提升，在重组整合的2016年集团国际业务主要指标就获得增长，重组整合使中国电建已初步成为一个大型全球化企业。

2."三步三大"战略

在中国电建国际业务重组整合和"三步走"战略取得显著成绩的同时，国内外形势和国际工程市场也在发生着深刻的变化，一是中国GDP增速进入6时代，中国经济进入新常态，外汇储备从2014年高峰时接近4万亿美元到2016年几近跌破3万亿美元；二是许多发展中国家债务问题开始显现；三是全球基础设施的开发模式基本完成了从政府主导向商业主导的转变等。在此背景下，中国电建提出建设具有全球竞争力的质量效益型世界一流综合性建设投资集团。

为适应国内外大势和集团战略，2018年中国电建将国际业务"三步走"战略完善为"三步三大"战略。其中，"三步走"战略，即集团化、本土化和全球化。"三大"战略，一是"大转型"战略，即中国电建从传统承包商向综合性建设投资集团转型升级；二是"大融入"战略，即深度融入"一带一路"等国家战略和深度融入当地社会经济发展；三是"大品牌"战略，即坚持母子品牌协同发展。

（1）"三步走"战略的深化

集团化：在集团战略管控下，电建国际行使"服务、引领、管控和实施"的总部职能和核心企业功能，充分发挥成员企业的中坚力量，坚持"五个统一"原则，通过制度、契约、产权、考评等行政和市场手段，深度整合集团国际业务资源，攥指成拳，打造具有一流竞争力的中国电建集团化国际业务体系。

属地化：属地化是全球化的必由之路，对工程企业尤其重要。属地化包括生产要素配置属地化、组织机构属地化、管理及决策属地化，属地化就是将集团业务深度融入所在国的经济社会发展之中。属地化建设还有很长的路要走，鼓励区域总部和成员企业先行先试。

全球化：全球化目标是：一是市场覆盖全球；二是建设由全球总部、全功能实体化区域集团和本土化的成员企业构成的企业集团；三是本土化和全球化配置生产要素，深度融入当地社会和经济发展，获得长期、稳定的全球竞争优势，将中国电建建设成为具有全球竞争力的质量效益型世界一流综合性建设投资集团。

（2）"大转型"战略

"大转型"战略是指中国电建从传统承包商向综合性建设投资集团转型。

由于全球基础设施开发模式的转变，市场竞争加剧并升级，体量和市场地位等因素决定了中国电建不能停留在承包商或EPC层面，必须向开发商、承包商和运营商一体化的综合性建设投资集团转型升级。

转型升级是一场"由工到商"的革命。集团总部要向"管战略"和"管资本"转型，电建国际还要发挥"服务、引领、管控和实施"职能，率先实现向开发建营商的转型；平台公司要向国内和国际业务一体化的投资和专业平台公司转型；支持有条件、有能力的成员企业向开发建营商转型，多数成员企业仍要定位在EPC承包商层面，建设国际一流的履约能力。

（3）"大融入"战略

"大融入"战略包括两个概念，一是深度参与"一带一路"；二是深度融入所在国社会经济发展。

深度参与"一带一路"既是央企的责任，同时也是巨大的商机。而深度融入所在国社会经济发展，既是基础设施行业属性的要求，是国际业务可持续发展的需要，也是国际政治经济形势的要求。只有与国家战略和所在国经济社会发展融为一体，公司才有竞争力和生命力，才能实现可持续发展。

（4）"大品牌"战略

中国电建国际业务实行母子品牌战略，母品牌为中国电建PowerChina，子品牌包括中国水电Sinohydro、中国水电顾问HydroChina、山东电建三公司SEPCOIII、山东电建SEPCO、湖北工程公司HYPEC、电建市政公司STECOL、水电十一局YellowRiver等。坚持"着力打造母品牌，子品牌支撑母品牌"原则，提高中国电建母品牌在全球的知名度和美誉度；对子品牌实行考核评价和能进能退机制，提升子品牌的管理水平，促进母子品牌协同健康发展。

"三步三大"战略是在"三步走"战略上的发展和完善。"三步三大"战略对"三步走"做了进一步诠释和定义，确定了中国电建国际化业务发展集团化管控模式、指明了属地化及全球化的发展方向；"大转型"战略则将中国电建建设成为具有全球竞争力的质量效益型世界一流综合性建设投资集团的发展目标明确为国际业务向开发商、承包商和运营商一体化的开发建设运营商的转型战略，这对适应全球基础设施市场开发模式向私人投资转变和"一带一路"建设从"大写意"向"工笔画"转变的大势具有重大意义；"大融入"战略既明确了国际经营和商业模式创新的方向，更将企业经营和央企的政治责任及全球化企业的社会责任有机地结合起来；"大品牌"战略则将中国电建"一母多子、母子品牌协调发展"战略固定了下来。中国电建创新性地将融入所在国社会和经济发展写入企业战略。

为"三步三大"战略落地，中国电建还结合国际市场的实际情况和发展方向，在市场营销、商业模式、行业发展、项目管理等方面制定了较为完善战略配套措施。

3. 战略绩效评价

2016年及这几年的实践证明，中国电建国际业务重组整合和集团化建管控再造成效显著。主要反映在以下几点。

（1）"三步走"战略成效显著

集团化管控效果明显。一是集团化管控获得成员企业的广泛认可，"五个统一"深入人心。二是集团化体系建设基本完成，电建国际很快完成了重组整合，区域总部运行良好，"五个中心"建设取得阶段性成果，集团化制度建设基本完成。三是立体营销体系初步建成，重点国别实现了电建国际和本国别成员企业间的联合营销。通过集团化建设，集团内国际资源得到整合，集团国际业务得以统筹与协调，成员企业参与国际经营的积极性得以保护和提高，在全球形成了集团化竞争优势。

属地化建设步子坚实。一是六大区域总部的成立和正常运行，标志着中国电建国际业务属地化建设历史性的进步。二是不少成员企业在区域和国别实体化建设方面有很大进展，如山东电建和山东电建三公司在迪拜成立了EP中心；三是不少国家的属地化建设显著进步，比如当地职员比例显著提高，当地办公和生活设施建设发展迅速等。

全球化建设持续进步。截至2019年底，中国电建在120个国家设有462个驻外机构，在132个国家执行合同3 300份，合同总金额约1万亿元人民币。

（2）"大转型"开始发力

从传统承包商向建设投资集团的"大转型"战略，也取得较好成绩。截至2019年底，中国电建在12个国家实施投资项目23个。中国电建控股、参股已运行和正在施工的海外电站达6 095MW，居中国企业境外电力绿地项目投资之首。

海外投资除电力项目之外，还有包括铁路、公路、矿产和水泥等。中国电建参股投资了印尼的雅万高铁、中老铁路等"一带一路"里程碑式项目，参股投资了孟加拉首都达卡机场高架路等，以融资和运营模式中标秘鲁亚马孙河疏浚工程，以年金方式中标肯尼亚公路建设和维护工程等。

在海外并购方面，中国电建以"补短板、国际化、拓市场"为标准，在欧洲和中亚完成并购高技术和设计公司共4家。

（3）"大融入"初见成效

深度融入"一带一路"倡议等取得了显著成绩。截至2019年底，中国电建在"一带一路"沿线65个国家执行项目合同近1900份，合同金额6000亿元，在47个国家设有221个的当地机构。

在深度融入所在国经济社会发展方面也有长足的进步，国际营销正在从项目导向转变为需求导向。比如，向肯尼亚政府提出开发"抽蓄+新能源"构成未来骨干电源的建议，得到肯政府肯定。再比如，与加纳政府深度合作，以资源开发和表外融资等为特点，成功签署了20亿美元优先项目一揽子合作协议，受到加纳政府和人民的高度赞赏。

（4）"大品牌"架构清晰

以PowerChina为母品牌，Sinohydro，SPECOⅢ、HydroChina、SPECO等子品牌构成的"一母多子"品牌体系形成，进入了有序打造品牌体系时期，市场和客户对中国电建认识更加清晰，母子品牌美誉度大大提升。

（5）业绩增速回升，各项指标逆势上扬

2016—2019年四年间，中国电建的国际业务新签合同、营业收入、利润三项指标同比增长率均保持双位数高速增长，增长率显著高于行业平均水平，这种增长率对于巨大体量中国电建国际业务来讲，尤其难得（表2-1）。

2016—2019年中国电建国际业务增速和行业对比表　　　　表2-1

类别	数据	2016年 同比增长	2017年 同比增长	2018年 同比增长	2019年 同比增长
新签合同	中国电建	5.8%	15.24%	12.39%	15.07%
	行业总体	16.15%	10.70%	-10.70%	12.20%
营业收入	中国电建	3.90%	13.27%	9.85%	17.92%
	行业总体	3.47%	7.50%	-1.70%	6.60%

中国电建国际业务近年来新签和营收在中国对外承包工程行业总体中的占比也不断攀升（表2-2）。

2016—2019年中国电建国际业务新签合同和营业额在全行业占比表　　　表2-2

年份	新签合同额	营业收入
2016	11.37%	7.30%
2017	13.13%	7.72%
2018	13.64%	8.72%
2019	14.16%	9.52%

2016年以后，中国电建在ENR国际承包商排名呈稳步增长态势。2016—2019年中国电建在ENR国际承包商排名分别为第10（比2015年增长1位）、第10、第7、第7。2019年中国电建在ENR国际承包商分行业排名：电力行业全球第一，水行业全球第三。中国电建是唯一一家在非洲、亚太、中东和美洲四个区域进入全球前十的中国企业。2019年中国电建在ENR"国际设计公司225强"榜单位列第12，位列中资企业第1，也是排名进入前20强的唯一亚洲企业。

2019年商务部对外工程新签合同额百强名单中，中国电建共有10家子企业上榜，其中中国水电排名第1，山东电建三公司排名18，山东电建排名20。营业额百强名单中，中国电建共有15家子企业上榜，其中中国水电排名第4，山东电建三公司排名第13，水电八局排名第21。

2.3　大型工程企业国际业务管控模式

2.3.1　优先发展国际业务成为建筑央企的共识

基于新中国建立的完善的工业体系，和基础设施投资在改革开放后中国经济高速发展的重要作用，中国成为世界上唯一的具有基础设施全领域和全产业链能力的国家，被国外称为"基建狂魔"。国际工程的核心就是中国基础设施行业"走出去"。随着时代的进步，国际工程的内涵也在发生着变化。如今，除工程承包之外，国际工程还包括基础设施及各类工程的投资和运营业务等，也包括工程行业在海外的设计和咨询业务等，逐渐延伸扩展至涵盖工程项目全产业链"走出去"。

市场化的国际工程起源于改革开放初期，其发展历程大致可以分为三个阶段。第一个阶段是21世纪初之前的国际工程。这个时期的国际工程以传统现汇竞标项目为主，中国企业的核心竞争力主要表现在价格竞争力上，不妨称这个时期的国际工程为1.0版。第二个阶段（2.0版）是21世纪初到2018年习近平主席提出"一带一路"建设进入"工笔画"时代这个期间的国际工程。这个时期的中国基础设施与中国金融在"走出去"中实现了完美结合，造就了中国国际工程和

"大写意"建设"一带一路"的辉煌。2017年度中国共有69家企业进入国际承包商250强榜单，占250家的32%，国际业务营业额占所有上榜企业总额的23.7%，蝉联各国榜首。中国交建、中国建筑和中国电建三家企业进入前十。正是中国基础设施的巨大优势和中国工程企业在国际市场的良好表现，为习近平主席在2013年提出"一带一路"倡议打下了坚实基础。2013—2018年是"一带一路"建设的"大写意"阶段，对应可以称之为"一带一路"建设1.0版。"一带一路"建设1.0版和国际工程2.0版的后半段重合。第三阶段是"一带一路"建设进入"工笔画"时代，此时的"一带一路"建设进入2.0版时代，国际工程则进入3.0版时代。"一带一路"把基础设施行业带到了人类历史上一个空前的高度，基础设施（国际工程）成为"一带一路"基石，基础设施（国际工程）成为中外经济合作的压舱石，基础设施（国际工程）成为中国的大国重器。

中国的基础设施在经历了四十多年的高速发展后，中国已经建成世界一流的基础设施，2021年12月召开的中央经济工作会议提出适度超前开展基础设施投资。但中国基础设施建设总会到达高峰，经济刺激措施无法持续，中国国内巨大的基础设施产能的唯一出路就是海外。试想，为中国国内巨大的基础设施产能寻找出路，何尝不是"一带一路"倡议的一个重要考量呢。因此，无论为了企业的可持续发展，还是政治责任方面的考量，大力并优先发展国际业务，成为所有建筑央企的不二选择。

2.3.2 大型工程企业国际业务管控模式

企业集团对成员企业的管控模式，从高度放权到高度集权大致分为三种模式：财务管控模式、战略管控模式、经营管控模式。财务管理模式下，集团对成员企业的管理以管理资本为主，主要关注成员企业的财务指标，对成员企业的战略和经营充分放手。经营管控模式下，集团通过总部各部门对成员企业的日常经营进行管理，强调集团计划和标准的执行和落实。战略管控模式则介于两者之间，强调资产管理和战略管理，由于资产管理和战略管理需要通过管控一定关键要素来完成，变化幅度较大。三种管控模式各有利弊，采用哪种管控模式，和企业特征、业务性质、市场形势及企业家个人特性等众多因素相关。

对大型工程企业而言，集团公司对成员企业的国内业务管控模式及管控能力已比较成熟，大多采用充分放权的财务管理模式。相对而言，国际业务的管控模式则复杂很多。首先，和国内工程相比，国际工程所面临的各种风险要更为复杂，而中国企业的国际化水平及本土化水平不高，企业内国际化人才及本土化人才严重不足，风险控制能力不高，这些因素都会使得集团公司不敢或不能对成员企业的国际业务实行高度放权的财务管控模式。其次，由于各集团内具体负责国际业务实施的成员企业大多属于国内业务和国际业务混业经营，大型工程企业集团内部的国际业务体量巨大并分布在全球众多国家，使得集团无法实行高度集权的经营管控模式。通过比较可见，战略管控是大型工程企业集团国际业务较为合适的管控模式。但战略管控模式本身不像财务管理模式和经营管理模式那么明确和清晰，谁来管、管什么、怎么管以及通过什么样的组织架构来管等诸多问题都需要深入思考。因此，国际业务的管控模式问题一直困扰着各大型工程企业集团的决策层。

笔者认为造成这种困扰和困难的原因主要包括以下几点：

（1）大型工程企业的国际业务大多分布在全球几十个到一百多个不同的国别环境中，分布在十几个到几十个以国内业务为主、国内国际业务混业经营的成员企业中，国际业务管理幅度很大，管理难度也很大。

（2）国际工程对国际化和本土化管理水平要求高、对国际化和本土化人才要求高，而这些都是中国工程企业的短板。

（3）中国传统的建筑央企多是根据政府意志合并重组而来，集团内部的每家成员企业均有着独特的发展历史和不同的企业文化，将这些企业的国际业务进行集团管控难度很大。

（4）国际工程的实施和所遵循的市场惯例和国内工程有很大差别。例如，按照国际招标规则通常一个国际工程只允许同一集团内的一家企业参与投标，而按照国内招标规则一个国内项目可以允许同一集团内多家企业参与投标。

（5）"宁为鸡头，不为凤尾"等理念在部分企业中存在，使得国际业务的集团化管控更为困难。

纵观建筑央企国际业务的管控模式，各有特色，互不相同。国际业务排名第一的中交集团，其特点是由国际业务实力相当、均具有较长历史的中国港湾和中国路桥合并而来。中交国际业务管控模式改革方向是加强集团化管控力度，但原则是"管办分离"。集团海外部的责任是战略、协调、考核、分配和风控等，国际直营事业部、中国港湾和中国路桥构成中交集团海外业务的"三驾马车"。

国际业务排名第二的中国电建，其特点是由两个集团和58家电网企业合并而来。其中中国水电及其国际业务一支独大，而且在国际业务集团化管控方面既有长期实践和成功经验，还有自主营销等向成员企业放权的尝试和探索，均为中国电建国际业务集团化管控打下了坚实的基础。

国际业务排名第三的中国建筑，其特点是没有经历过大的重组，成员企业少、体量巨大，过去的国际业务以海外子公司为主，本土化建设走在建筑央企的前面。近年来，中国建筑鼓励成员企业独立海外经营，成员企业也在鼓励三级企业进入海外市场。这种做法对于提高中国建筑集团及成员企业的国际经营意识和国际化能力，肯定是有效的。但相信至少在成员企业层面，中国建筑也正在思考如何进一步加强国际业务集团化建设。

中国中铁和中国铁建具有相似的特点，包括成员企业体量较大，各从外部并入一家国际业务平台公司（分别是中海外和中国土木）。国际业务管理体制改革的方向也是加强集团化建设，各自的海外部和国际业务平台公司（一个历史较长的外部并入的平台公司和一个近几年成立的国际集团）构成"一体两翼"架构。

中国能建国际业务管控的改革方向也是加强集团化管控。由能建国际和葛洲坝海外投资公司合并成立"一套人马、两块牌子"的中国能建国际集团，葛洲坝国际公司和能建电力顾问集团国际公司升级集团子公司，在海外事业部协调下独立运营。

显然，研究工程企业国际业务的管控模式对企业的可持续发展乃至"一带一路"建设都至关重要。

2.3.3 大型工程企业国际业务集团化管控

前面提到由于国际业务风险大、成员企业国际化和本土化能力不足等原因，大型工程企业集团不敢或不能对成员企业国际业务实行高度放权的财务管控模式；而由于大型工程企业（集团）的国际业务大都覆盖100多个国家，且成员企业大多属于国内国际业务混业经营，大型工程企业集团也无法实行高度集权的经营管控模式。因此，战略管控就成了大型工程企业对国际业务管理模式的首选。

战略管控介于高度放权的财务管控和高度集权的经营管控之间，可以变动的幅度非常大，把握集权和放权的尺度就变得很难，但因此也更重要。大家对加强战略管控必要性的认识肯定是一致的，但对管控哪些关键经营要素的认识却有着各自的解读，并存在很大差别。不同企业或同一企业的不同阶段，对关键经营要素的定义肯定不一样。对比中国水电2000年提出的"四个统一"（统一管理对外经营业务，统一配置对外经营资源，统一使用中国水电品牌，统一开展对外联合与合作）和中国电建2016年提出的"五个统一"（统一战略规划，统一品牌管理，统一市场布局和营销，统一履约监管，统一风险防范），可以发现后者的"五个统一"更加放权，关键经营要素是"品牌、市场布局和营销、履约监管和风险防范"；"四个统一"更加集权，关键经营要素包括"对外经营、经营资源、统一品牌、外联和合作"。这些变化体现中国电建和中国水电在发展阶段不同、国际市场形势的演变差异，也体现了中国电建国际业务管控方面的与时俱进。

2.3.4 国际业务的总部职能承担者

无论采用何种管控模式，总部及总部职能总是必要的。那由谁来承担国际业务的总部职能呢？很多人会自然而然地回答是企业（集团）总部。但事实情况是并没那么简单，中国大型工程企业（集团）的总部有着其历史演变背景，都是根据国企改革和国内工程的需要进行组建和改进的，往往是以成立国际部的方式兼顾对国际业务的管理，企业并没有为总部配备足够的具有国际经验和国际化能力的干部，企业（集团）总部管理国际业务存在很大难度。一个央企的主要领导曾说过，我国工程企业集团现有总部管理国际业务还需要一代或两代人的努力。一个大型工程设计院的院长曾和笔者就如何提升设计院总部的国际化能力以适应国际业务的管理需要进行探讨，笔者建议该院总部先提高海外事业部的国际化水平和能力，使其具备管理企业国际业务的能力，再逐步提升企业总部国际化能力和国际化水平。事实上，提升企业海外事业部的国际化水平和能力的难度已经很大，更不用说要在这些针对国内业务量身定制机构且历史悠久的企业（集团）总部层面提升其国际化水平和能力了。

无论由谁来承担总部职能，都无法摆脱会被成员企业所诟病。只是企业（集团）总部是历史延续或传承下来，成员企业无法改变现状。即便成员企业有着诸多怨言，但不会想到或者也没有办法轻易更换总部。而同等级别的海外部如果行使国际业务的总部职能，则存在管理手段和权限不足的问题，也很难和企业总部分清责任。集团总部对海外部行使国际业务总部职能心态更为复杂，集团总部对待国际业务很容易走向想管的时候加强管理，不想管的时候推给海外部。

大型集团公司进行集团管控时，制造企业通常会采用事业部制并且运转良好，但大型工程企业采用事业部制管理国际业务则会存在不少问题和困难。一是因为成员企业都是国内外业务混同经营，很难对这些成员企业按照事业部制进行管理；二是想要打造一个功能齐全、对成员企业国际业务具有良好管控能力的海外事业部也绝非易事。

另一种可能的做法是在企业总部设立海外部，由海外部牵头并协同总部其他部门联合承担企业集团国际业务总部职能。笔者认为，这种做法实际是集团总部直接管理国际业务模式的改良版，也存在诸多弊端。一是国际业务管控职能分散在企业总部各个部门中履行，对企业总部的国际化程度和国际化水平要求很高，当前的企业集团总部很难实现。二是海外部远离市场一线，要面临团队力量、自身能力和管理手段等限制，无论是由其管控企业集团国际业务，还是协调集团总部其他部门，都显得有些勉为其难。

中国电建采用的是"一套人马、两块牌子"、海外事业部和集团国际公司一体化运行的组织架构，海外事业部承担企业国际业务总部职能，国际公司承担国际业务核心企业功能，对成员企业国际业务实施"战略管控+关键经营要素管控"，配套适当的制度和考核体系，实践证明效果良好，但也存在和集团总部职能划分不清晰等诸多问题。

还可以再设想一下，大型工程企业是否可以成立国际集团，将海外部、国际公司、海外投资公司、区域总部等国外机构都纳入其旗下，统筹协调和管控集团及各成员企业的国际业务。由集团领导兼任国际集团主要领导，提升国际集团级别，企业形成双总部架构，一个是管理国内业务，一个管理国际业务。笔者认为，这可能是未来十年大型工程企业国际业务管控模式的发展方向。

2.3.5 关于"既做裁判员，又做运动员"的问题

在讨论国际业务管控模式，尤其是针对由谁来承担国际业务总部职能的时候，似乎始终绕不开一个问题，就是"管办分离"的问题，又可以形象地称为"既做裁判员，又做运动员"的问题。事实上，除了采用充分放权的财务管控模式的企业集团外，哪个企业家或哪个企业总部不是"既做裁判员，又做运动员"呢？各家企业集团的国际业务管理部门大多被称为"海外事业部"，如果真正按照事业部制运作，怎么会"管办分离"呢？在中国电建的国际业务发展历史上，也曾就这个问题进行过辩论，也有过将中国水电国际公司"去行政化"的尝试。笔者认为，企业不必过多地考虑这个问题，或者不必单纯的纠结这个问题，而应该去考虑"裁判员"与"运动员"角色或者定位是否必然带来的利益冲突问题。

当然，当一个机构集管控和经营于一身，同时又通过其管控职权获取自身经营的利益而并不顾所管理成员利益的时候，显然会招致被管理成员企业的强烈不满，这种做法显然是管控机构对其自身定位错误的结果。电建国际较好地解决了这个问题，一是采取"一套人马、两块牌子"的电建国际更强调其管控职能，原则上自己不直接参与经营履约，以避免造成好项目自己留下、差项目由成员企业负责的矛盾。二是设计合适的业绩考核体系，化解电建国际和成员企业、电建国际内部前中后台之间的矛盾。三是建立成员企业对电建国际的匿名评价机制，进行双向考核。四是电建国际内部管理中时刻敲响服务意识和能力建设的警钟，把对成员企业的服务意识和自身的能力建设放在工作首位。

2.3.6 "一套人马、两块牌子"集团国际的履约责任

海外事业部和国际公司（以下称集团国际）采取"一套人马、两块牌子"模

式，既承担集团国际业务总部职能，又承担核心企业职能，那么这一双重身份、双重职能之下，如何管理工程履约或在工程履约方面得承担什么责任也是一个很值得探讨的问题。

大型工程企业集团最重要的特点和优势是其成员企业兼有强大的设计力量（设计院）和施工力量（工程局），可以说在各自领域都代表着国内同行业的最高水平，这些成员企业的核心优势就是其履约能力。建筑央企的大部分成员企业都有较长的国际工程历史，甚至长于集团国际业务的发展。集团国际在国际工程履约方面大致有三种模式，一是承担直接履约责任，二是承担履约管理责任，三是承担履约监管责任。直接履约责任是指集团国际直接负责工程履约，可以将设计和施工分包给集团内外的实体企业。履约管理责任是指集团国际将中标项目分配给集团内部成员企业，集团国际要对成员企业的项目履约进行管理，并承担管理责任。履约监管责任则是指集团国际将中标项目委托给成员企业，由成员企业作为履约主体并承担履约责任，集团国际承担履约监管责任。

上述三种模式在实践中均客观存在，哪一种模式更合适，取决于企业的实际情况。第一种模式下，集团国际如果自己负责履约，必然面临人数和能力的限制，一定是只能承担有限数量的项目，大部分项目还要委托或分包给成员企业实施。如果集团国际能打造一支高水平、精干的履约力量，专挑最困难、最有挑战的项目实施，将其他好项目留给成员企业。这显然是一个值得提倡的做法。但现实中能做到这一点并不容易，实践中不乏在有选择项时挑最好的项目进行自营，将其他不够好的项目分包或委托出去给成员企业实施。这显然会造成集团国际和成员企业关系的严重紧张。第二种模式下，集团国际自己不负责履约，但要参与履约管理并承担履约管理责任。这种模式需要基于集团国际的履约管理能力要强于成员企业的前提，现实情况中这个前提很难存在。即便这个前提可能存在，还需要面对工程履约责权利的分离难题。因为具体项目的履约管理体系采用的是成员企业的体系，成员企业负责具体的履约组织并掌控资源调配权力，集团国际想要参与履约管理并承担履约管理责任则存在现实介入的困难，在同一项目上集团国际与成员企业间的责权利分离难度很大，而且有很大可能导致管理混乱的结果。第三种模式下，集团国际承担履约监管责任。由于集团国际管理着集团驻外机构，汇集了一批国际工程精英，也有集团最好的合同管理、法律及风控团队，集团国际的能力与其承担履约监管的责任是相匹配的。笔者认为集团国际所承担履约监管的主要责任是及时发现项目履约中的问题，帮助和支持成员企业解决实际问题，尤其是在保函、融资、合同管理、法律等具有一定难度的专业方面，必要时可以发挥集团国际的资源网络调动国内或国际上的专家力量。但集团国际不能越俎代庖，直接指挥成员企业履约或代为承担履约管理责任，除非在发生极端或颠覆性风险的情况下集团必须接管项目才可能需要考虑。

2.3.7 成员企业国内国外混业经营问题

中国承包商国际业务组织管理体系和西方承包商有很多差异，其中重要一点中国建筑央企除了国际公司专业做国际业务外，2级乃至3级子公司都是以国内业务为主，国内国际业务混业经营。

子企业层面国内外业务混业经营对于早期的国际业务具有很多优点，包括，一是调动子企业国际业务的积极性，多点开花，国际业务起步快。二是在国内业务的基础上做国际业务，国内国际资源共享，国内业务为国际业务早期起步和困难时期提供强大支撑，国内市场成为国际团队的蓄水池。三是群狼战术，在国际市场更具攻击性，容易快速形成集团国际业务规模。

当前的国际工程市场形势发生了很大的变化，一是以F+EPC为主要模式的中国国际工程的黄金时代的逝去，对于中国国际工程企业而言，国际市场竞争比过去残酷了许多。二是国际工程行业的大趋势是将越来越多的风险强加给承包商，风险合理分担的理念不复存在，国际承包商的生存环境日益恶劣。三是特许经营成为承包商必做的业务，对国际团队的要求越来越高。在当前严酷的国际工程市场形势下，在子企业层面国内国外混业经营的缺点逐渐显现，包括，一是在子企业层面，国内总部管理国际业务，难度更大。二是国内国际两种模式、理念和文化差别很大的业务混在一起，互相掣肘，国际化水平提高缓慢。三是国际业务集团化管控非常困难，集团国际业务难以形成合力。四是随着低端舒适区市场的萎缩，国际业务不得不进入中高端市场，不得不以更低的低价承揽国际业务，在国内国际业务混业经营和国际化本土化水平提升缓慢的情况下，风险巨大。五是国际工程的发展方向是集团化管控下的区域化和本土化，总部管理将出现国内国外双总部制，子企业层面国内国外混业经营难以持续。

显然，解决子企业层面国内国外混业经营问题非常困难，涉及企业集团组织架构的改革。德国西门子和美国GE相继按产品线将公司拆分成若干个公司独立运作，集团总部不再一统天下，相信这是巨型跨国公司适应市场形势的有效做法。承包商和制造企业最大差别是制造企业有清晰的产品线，而承包商没有，以制造为主的企业的组织架构通常以产品为主线，承包商组织架构的改革方面则是以区域为主线。子企业国内国外业务混业经营将是以区域为主线的组织架构改革的难点之一。

国内国外业务双总部制，以区域为主线的组织架构改革，将迫使加速解决子企业国内国外混业经营问题。尽管困难巨大，但按照中央和国资委的要求，建筑央企的目标是打造具有全球竞争力的国际一流企业，相信一个集团直接管理几十家不同行业、不同地区、国内国外一体化的子企业的时代即将过去。

所有的管控模式和体系都并非完美，不可避免会存在一定的缺陷。企业高层应该认识到当前国际工程市场的严峻，认识到国际业务的必要性和艰巨性，认识到"一带一路"建设是写进党章全党必须完成的任务，认识到理解和认识国际工程管控内在规律的不易，认识到国际化人才的重要性。一个企业集团国际业务的管控体系应该是在总结其过往历史经验和教训的基础上，结合市场形势和企业实际逐步改进和完善的结果。打造一套成熟的管控体系需要持久的战略定力，管控模式和组织框架不易频繁变动。中国已经走向了国际舞台并站在了舞台中央，真心希望中国大型工程企业能逢山开路、遇水搭桥，探索出适合自身企业实际、适应国际市场形势的国际业务管控模式并持续保持战略定力，在国际化和本土化建设的道路上稳健前行，真正成为发展中国家的战略合作伙伴、发达国家的主流承包商。

参考文献

[1] 中国水电国际经营/水电国际公司志
[2] 中国电建海外事业部/国际公司年度工作报告（2016—2020）

作者简介

宋东升，国务院特殊津贴专家，正高级工程师，天津大学国际工程学院兼职教授，中国国际工程咨询协会顾问，北京仲裁委员会/北京国际仲裁中心仲裁员。宋东升1995年任水电十一局国际部主任，1996年任水电十一局国际业务副局长，其间兼任小浪底国际承包商联营体（CGIC JV）中方代表和管委会委员，2004年任中国水电海外事业部和国际公司副总经理，2012年任中国水电海外事业部常务副总经理和国际公司总经理，2014年任中国水电海外事业部总经理和国际公司董事长，2016年任中国电建海外事业部常务副总经理和国际公司总经理，2019年成为独立咨询。

本文除事实陈述外，其他部分多为作者个人思考，不代表中国电建。感谢中国电建，感谢很多同事对本文提供的大力帮助和支持。

第3章 三峡集团：中国水电"走出去"引领者

定位为"清洁能源全产业链整体解决方案提供者"，三峡集团紧跟国家"走出去"步伐，积极响应"一带一路"倡议。其紧密围绕创建具有全球竞争力的世界一流跨国清洁能源集团的战略目标，坚持把国际业务作为战略布局的重要组成部分。同时，充分发挥自身在清洁能源市场资源配置和投资开发能力优势，通过绿地投资、股权收购和工程承包等形式，广泛参与海外能源合作。经过在国际市场的多年耕耘，三峡集团在海外已形成以巴基斯坦为中心的"一带一路"沿线国家市场、以葡萄牙为中心的欧洲发达国家市场和以巴西为中心的南美及非洲国家市场总体布局，海外清洁能源领域的投资、建设、运营、咨询四大板块已日趋成熟。

在具备互联互通条件的亚洲市场：三峡集团联合世界银行旗下国际金融公司（IFC）和丝路基金，共同开发巴基斯坦清洁能源，卡洛特水电站项目为中巴经济走廊骨干工程；风电一期、风电二期两个风电项目已建成投产，进入商业运行；同样作为中巴经济走廊骨干工程的科哈拉水电站项目因巴基斯坦政府认为存在生态流量等问题而暂停，目前已经基本解决；玛尔水电站项目等重点能源开发机会处于密切跟踪阶段。老挝2010年投产的南立1-2水电站和2015年建成的南椰2水电站运行稳定，经济效益良好；南公1水电站工程建设2021年全部机组投产发电。尼泊尔合资建设的上马蒂水电站已于2016年投产发电。

在欧美等发达国家新能源市场：三峡集团是葡萄牙电力公司（以下简称葡电）第一大股东，2012年并购入股以来，投资效益良好，除股票增值外，通过分红已收回超过40%的原始投资。在持有葡萄牙风电项目等优质资产的同时，三峡集团与葡电签订战略合作框架协议，设立清洁能源基金，发挥葡电全球业务网络、资源和管理优势，先后合作开发巴西、波兰、意大利和英国的清洁能源市场的电力项目，共同组建环球水电公司开发秘鲁项目。中葡两国政府对此给予了高度评价，指出双方的合作实现了两国政府满意、两国人民满意和两大公司满意的共赢局面。三峡集团投资的希腊光伏示范项目自2013年投运以来运行良好；2016年收购德国梅尔海上风电项目，成为国内首家持有欧洲发达国家海上风电控股运营资产的国有企业；2017年联合葡萄牙电力中标英国马里湾海上风电项目，标志着三峡集团成功进入全球最大的海上风电市场；2021年1月份交割的西班牙Daylight项目标志着三峡集团首次进入欧洲最大的光伏市场。2020年9月，三峡集团成功发行"沪伦通"全球存托凭证（以下简称GDR），是我国实业类企业GDR发行第一单，也是中资企业最大规模的GDR发行之一，吸引了境外资本的积极参与，长线投资者及境外资本占比均创近年来中资企业海外上市最高水平，高质量实现了集团控股核心企业长江电力境外上市，对三峡集团融入国际资本市场有重要里程碑作用。

在南美、非洲等水资源富集的市场：依托与葡电巴西公司的合作，三峡集团在巴西已拥有17座水电站、11座风电场和1家电能交易公司，装机规模超过800万kW，是巴西第二大私营发电商和最大私营水电公司。三峡集团2019年顺利完成秘鲁第三大规模的查格亚水电站项目股权交割，约占秘鲁全国社会用电量的7%，2020年4月成功完成秘鲁第一大配电公司路德斯公司83.60%股权交割，这是三峡集团首次收购国外成熟市场配电资产，也是当年中国企业最大的电力收购项目，对于培育配售电业务核心能力，逐步形成发、配、售电产业链协同发展具有重要作用。同时，其下属的三峡中水电2018年完成智利阿蒂亚公司股权收购，2019年启动投资智利鲁凯威水电站项目，预计2024年商业运营。在非洲，三峡集团完成EPC建设的几内亚凯乐塔水利枢纽工程于2019年完成控股股权交割，该项目被几内亚总统称为"与中国牢固关系的印证"，成为中几友谊的象征；正在进行EPC建设的苏阿皮蒂水利枢纽工程于2019年完成参股投资，并于2021年实现全部机组发电并网。刚果（金）英加3项目已经多轮研究，如果市场消纳可以得到解决，预计"十四五"可以满足开工条件。

国际工程承包业务方面，三峡集团下属中国水利电力对外有限公司连续30年荣登ENR"国际承包商250强"榜单，连续22年荣登ENR"国际设计公司225强"榜单，在境外共计有57个在建工程承包项目，主要分布在亚洲和非洲等23个国家和地区，并在32个国家和地区设驻外机构以长期跟踪工程承包机会。

3.1 规模优先的布局策略

3.1.1 国际化动因与历程

历时20多年艰苦奋斗，三峡工程初步设计建设任务于2009年如期完成。三峡工程的巨大体量奠定了三峡集团庞大的国内业务基础，但也带来了业务结构失衡的挑战。彼时，三峡工程的运营工作全部交由集团下属的一家子公司负责，该子公司的业务体量占据了整个集团业务体量的80%，造成了集团内部业务比例失调，管控重叠。在此背景下，集团研究确定新的发展战略，其中一个重要部分是正式提出尝试"走出去"战略，计划通过发展国际业务来优化各子公司、业务板块间的业务比例，促进集团的良性发展。

2008年10月，集团实施"走出去"战略的首个项目——马来西亚沐若水电站获得马来西亚沙捞越州内阁会议批准，沙捞越能源公司正式授予集团旗下长江三峡经济技术发展有限公司承建权，负责该项目设计、采购和施工。沐若水电站安装有四台236MW容量的混流式发电机组，总装机容量944MW，坝址控制流域面积约为2750km²，工程总工期5年，合同金额10亿美元，是马来西亚推行第二能源计划的一个重要工程，是马来西亚水电示范项目。同时也是集团以EPC合同方式实施"走出去"战略的首个试点项目，对双方都有非常重要的意义。

2009年，中国水利电力对外公司（简称三峡中水电）正式并入三峡集团，成为其全资子公司，主要负责大型EPC项目建设及中小型清洁能源项目投资。三峡中水电是中国水电行业最早参与国际经济合作的国有企业，自建期初期就开始代表国家承担水电经援任务，为助力国家外交发挥了重要作用，也为集团国际业务的开拓奠定了坚实的基础。集团国际工程承包业务发展，经历了对外劳务合作、单项工程分包、施工总承包、EPC总承包、总承包+融资（F+EPC）的发展路径，形成了以国际商务运作、整合项目资源、全产业链条的项目管理能力为重点的核心竞争力，拥有市场开发经验丰富、善于处理复杂商务环境、资本与技术有机结合的国际化经营团队。2010年，其推动了老挝南立1-2水电站BOOT项目投产。同时，利用三峡品牌的影响力，集团和三峡中水电组成联营体中标苏丹上阿特巴拉超大型水利枢纽项目建设。

2011年8月，三峡国际能源投资集团有限公司（简称三峡国际）正式成立，成为三峡集团实施中央"走出去"战略和实施集团国际化战略的另一重要载体和投资平台。设定了集团国际投资板块的"三大市场"包括，欧美发达国家新能源市场、具备电力回送条件的周边国家及拉美、非洲水资源富集的区域。2012年，集团成功收购葡萄牙电力公司21.35%股权，成为其单一最大股东。借助葡萄牙电力公司的全球业务优势，三峡集团加快对欧美等高端电力市场的投资开发步伐，于2013年以50：50先后入股葡萄牙电力在巴西的JARI和CC两个水电项目，2015年成功收购巴西格利保吉、萨尔托水电站，中标巴西朱比亚、伊利亚两大水电站特许经营权，成为巴西第二大私营电力公司。2016年，集团成功收购美国杜克能源在巴西10个水电站资产及德国最大海上风电项目Meerwind海上风电项目80%股权。2017年，环球水电公司投资开发的圣加旺水电站项目开工建设。2020年，三峡集团完成秘鲁路德斯公司并购，被收购公司是当地最大电力公司，主要在首都地区开展配售电业务（受政府监管，资产及回报以美元计价），约占秘鲁全国市场份额的29%。除配电业务外，被收购公司还拥有10万kW已投产的水电资产，以及约74万kW的优质水电储备项目，是当地具有重要影响力的公用事业公司。

截至目前，三峡集团国际业务遍布全球40多个国家和地区，拥有7家国际业务单位和30座境外电站，境外装机超过1700万kW（可控装机1005万kW，权益装机714万kW），境外资产总额约1700亿元，是葡萄牙电力公司的单一第一大股东，是德国最大海上风电项目的控股者，是巴西第二大私营发电商，是秘鲁第一大配电公司的控股者，是中巴经济走廊的最大投资商。2020年，国际业务完成年度营业收入约215亿元，完成利润总额约80亿元。集团历史沿革见图3-1。

公司发展大事件时间轴

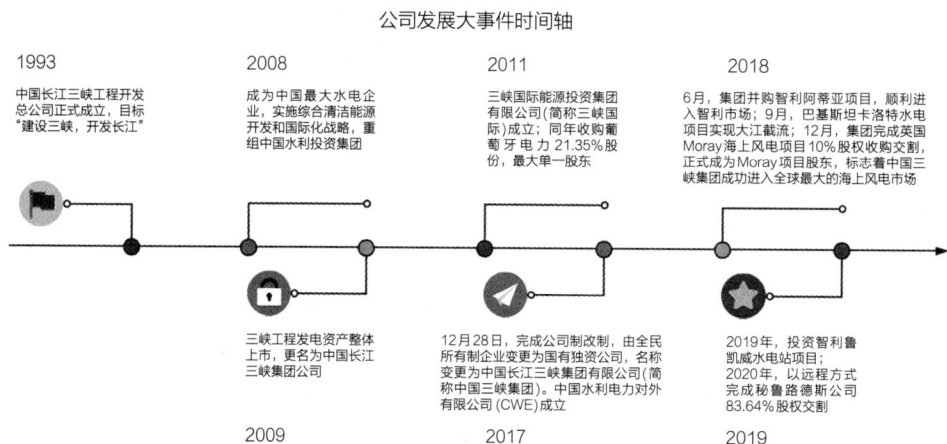

1993	2008	2011	2018
中国长江三峡工程开发总公司正式成立，目标"建设三峡，开发长江"	成为中国最大水电企业，实施综合清洁能源开发和国际化战略，重组中国水利投资集团	三峡国际能源投资集团有限公司（简称三峡国际）成立；同年收购葡萄牙电力21.35%股份，最大单一股东	6月，集团并购智利阿蒂项目，顺利进入智利市场；9月，巴基斯坦卡洛特水电项目实现大江截流；12月，集团完成英国Moray海上风电项目10%股权收购交割，正式成为Moray项目股东，标志着中国三峡集团成功进入全球最大的海上风电市场
2009	2017	2019	
三峡工程发电资产整体上市，更名为中国长江三峡集团公司	12月28日，完成公司制改制，由全民所有制企业变更为国有独资公司，名称变更为中国长江三峡集团有限公司（简称中国三峡集团）。中国水利电力对外有限公司（CWE）成立	2019年，投资智利鲁凯威水电站项目；2020年，以远程方式完成秘鲁路德斯公司83.64%股权交割	

图3-1　三峡集团历史沿革

3.1.2 国际化战略目标与市场布局

1.国际化战略目标

经历了"承包工程为主，投资业务为辅"的国际业务初探阶段，三峡集团的国际业务结构完成由"十二五"时期的"投资业务与大型工程承包并举"到如今"投资业务为主，工程承包为辅"的转型升级。"十三五"期间，以"建设国际一流清洁能源集团"为战略发展目标，三峡集团服务国家"走出去"战略、"一带一路"倡议、大力实施"国际产能合作"。充分发挥三峡核心优势，致力于成为中国水电全产业链"走出去"的引领者，努力打造中国水电"走出去"升级版，在国际投资业务与承包业务领域均形成有影响力的三峡品牌，再造一个"海外三峡"。

一是积极投身"一带一路"建设。紧跟国家"一带一路"倡议，持续关注和跟踪水电资源丰富的国际重点区域，遵循共商共建共享原则，力争在重点项目前期工作上取得突破；发挥集团建设运行核心能力和专业化优势，精心组织好海外重点项目建设管理，优化投产项目的生产运营，稳步拓展跨国并购业务。

二是带动中国水电产业"走出去"。以投资开发为引领，以战略联盟和股权合作等市场化方式，构建利益共享、风险共担、互利共赢的经营合作机制，引领国内优势企业编队出海，带动中国水电行业的产能、装备、技术和标准"走出去"，提升水电产业国际竞争力；坚持开放合作，依托国际重大工程，促进水电装备制造产业持续转型升级，巩固我国水电装备发展优势。

三是全力打造中国水电"走出去"升级版。充分利用国外资源、国外资本和国外市场，通过国际合作，共同开发世界大江大河、重点流域、重点国别的大型水利水电项目，推动水电项目成为国家间战略合作的重要载体；持续加强国际化经营模式的实践与创新，坚持"资源、融资、产品、市场四头在外，利润回流国内"的国际化经营之路，努力开拓海外清洁能源市场，进一步提升品牌影响力和资源优化配置能力；加快推动国际工程承包业务转型升级，重点关注有战略意义、在当地有影响力的大型承包EPC项目，着力推广"投贷结合、建营一体化"模式，努力实现承包和投资业务的融合与互动。

四是持续提升国际化经营能力。优化国际业务管理体系、组织架构、职能建设，加强国际化经营管理，高度重视国际业务风险管控，科学把握发展节奏，不断提升核心能力。建立促进业务协同发展的常态化机制，有效输出集团管理体系和核心能力；更加注重"走出去"过程中的管理整合和文化融合，既要学习国际先进技术和管理理念，又要将国资监管要求、集团公司先进的价值追求、管理理念和制度融入日常管理中；进一步梳理确定海外重大风险清单，细化风险防控措施，压实风险防控责任；加强国际经营职能建设，建立国际投资并购专业团队，培养法律和税务专业队伍，加强对海外资产与股权的专业化集中管理，按照国际通行惯例强化合规经营管理；强化专业人才保障，培养国际化高端复合型人才。

2.国际化业务市场布局

国际投资业务聚焦欧美发达国家新能源市场具备互联互通条件的周边国家市场、南美洲非洲水资源富集市场等，已初步完成市场布局和部分项目落地，稳步拓展国际配售电业务，已在国际市场形成有影响力的三峡品牌。

在欧美发达国家新能源市场，建立以股权并购与管理为重点的投资管理战略合作发展模式。面对优质的企业与项目，以股权投资为手段，借助西方跨国集团市场开发能力、企业治理能力、全球业务布局和国际一流经营管理水平，有效突破欧美发达国家设置的市场壁垒，快速提高自身的国际化经营水平。结合全球能源行业变革转型，与国际合作方主动开展业务协同与沟通，加强海上风电、太阳能和新兴市场新能源项目的开发与合作，寻求优质的并购项目，实现三峡集团在发达国家和成熟电力市场的不断拓展。注重加强对欧美发达国家市场形势的分析研判，根据市场变化做好对持有股权的战略规划和动态管理，尽可能释放三峡集团国际战略与欧美市场监管"双方受益"的共赢效应，保持对发达国家市场的稳定投资和整体收益。

在"一带一路"沿线清洁能源市场，建立以绿地项目开发为重点的能源基础设施建设发展模式。随着"一带一路"倡议和国际产能合作持续深化，充分发挥管理资金技术优势，以"工程承包+投融资+运营"等方式积极开展合作，择机进行绿地开发或资产并购，拓展我国清洁能源发展空间。探索建立"建设-经营-转让""政府和社会资本合作"等新的合作模式，推动能源基础设施互联互通，打造能源共同体，保障我国能源安全。

在清洁能源富集的南美和非洲市场，建立以投资并购为主、以绿地开发为辅的优化升级发展模式。加强与具有高端市场优势的发达国家企业合作，分散风险，实现合作共赢；积极与当地政府和企业展开合作，灵活采取多元化投资并购、开发绿地项目等多种方式，强化本土化经营，带动当地就业，促进当地经济发展。与此匹配建立较为完善的经营管理和风险管控体系，逐步完善资源获取、信息共享、法律支撑等保障机制，为国内企业海外投资营造良好的国际环境。

3.1.3 国际业务主体

1. 三峡国际能源投资集团有限公司

三峡国际成立于2011年，定位为集团开展国际清洁能源投资业务的开发主体，是三峡集团的全资子公司，注册资本金296亿元人民币。具体而言，三峡国际主要负责集团境外投资项目的投资、建设、运营和管理，并在成立初期承担集团国际板块管理职责与葡电投资管理职责。三峡国际承载着三峡集团实施"走出去"战略、打造国际一流清洁能源集团的重要使命，通过绿地投资、股权并购等形式，广泛参与境外清洁能源合作，已初步完成市场布局和一大批项目落地，稳步拓展国际配售电业务，服务和践行"一带一路"倡议取得丰硕成果。

在开展国际业务进程中，三峡国际深入贯彻"创新、协调、绿色、开放、共享"五大发展理念，坚持"共商、共建、共享"原则，以"和平合作、开放包容、互学互鉴、互利共赢"的丝绸之路精神为指引,积极履行企业社会责任,倡导可持续发展,与项目所在国家和地区结成紧密的利益共同体、命运共同体、责任共同体;秉承"专注、卓越、尊重、责任"的经营理念,专注擅长的领域,追求卓越的精神,尊重发展的规律,承担应有的责任;同时,与世界银行旗下国际金融公司(IFC)、丝路基金、中拉基金等国内外知名机构及业界同行开展广泛深入的交流合作,致力于全球绿色能源投资开发。

公司现有38家海外子企业,市场覆盖欧洲、南美和亚洲,拥有可控发电装机823万kW,权益发电装机777万kW,在建投资项目装机283.5万kW,落实和跟踪项目资源约6000万kW。其中,其全资拥有的三峡巴西公司以巴西为核心市场,是巴西第二大私营发电商、最大私营水电公司;全资拥有的三峡欧洲公司以欧洲为核心市场,负责欧洲和北美地区投资业务,是葡萄牙电力公司单一最大股东;控股的三峡南亚公司以巴基斯坦为核心市场,负责南亚地区投资业务,投资开发的多个项目列入中巴经济走廊建设框架;与葡萄牙电力公司合资设立的环球水电公司,以秘鲁为核心市场,负责全球中小水电投资业务。

2.中国水利电力对外有限公司

拥有60多年发展史的国际工程企业,是全球水利水电、新能源和基础设施领域的优质品牌,主要从事国际工程承包和中小型能源电力投资业务。定位是基于卓越项目管理能力的工程建设公司、基于独特项目培育能力的绿地开发公司、基于全球资源整合能力的工程领域综合服务商,旨在为合作伙伴提供世界一流的清洁能源发展一揽子方案。企业视广大中外员工作为"事业合伙人",坚持绿色友好可持续发展、合同履约、属地化经营。

自2009年融入集团以来,三峡中水电中小型水电投资业务从老挝起步,现已逐步扩展至东南亚、非洲、拉美等地区,在"一带一路"市场、非洲重点市场初步建成东南亚次区域中心和西非战略基地,在南美发达市场智利落地两个绿地投资项目。公司在资产质量、资产项目规模和业务发展速度等方面取得长足进步。2009年到2020年的12年间,三峡中水电共计签约国际承包工程合同额超过140亿美元,实现营业总收入800亿元,实现利润总额64亿元。而各项经营指标均超过自1983年公司成立至2008年期间,26年完成值的总额。截至2017年底,三峡中水电拥有在建国际承包工程项目70个,分布在28个国家和地区,剩余合同额总计56亿美元。

带着对外经援、对外劳务及单项承包工程的历史烙印,三峡中水电在"十二五"期间以"大型EPC承包项目为主、单项承包项目为辅",现阶段正在向"开展投贷结合、建营一体化等新型国际工程承包业务"进行承包业务的转型升级。目前，其基本定位为：延续传统优势继续从事大型承包业务；同时以开发转让模式为主，结合行业优势和资本市场经验，开展绿地开发。开发成熟后锁定工程建设机会，适时通过市场转让获取溢价，同时根据需要提供资产运营管理服务。转让时点因项目而异，可以在融资关闭前，也可以在商业运营后，以价值创造最大化为原则，不以投资和持有资产为目的。

3. 其他国际业务主体

2011年末，集团获得葡萄牙政府出售的葡萄牙电力公司21.35%股权，成为其单一最大股东，在23名董事会成员中，股东董事11名，三峡集团占4席，另有独立董事12名。葡萄牙电力公司主要业务为发电、配售电，含天然气、新能源开发，营业区域在葡萄牙、西班牙、美国、巴西及其他国际市场。葡萄牙电力集团及所属新能源公司、巴西公司均为上市公司，信息透明、管理规范。通过其国际经营平台，集团成功突破市场壁垒，进入欧美发达国家清洁能源市场及巴西等南美国家水电市场。2015年向葡电新能源公司收购巴西风电项目49%股权，收购巴西TPI项目股权。2016年1月，集团收购巴西两座水电站30年特许经营权，涉及总投资额约37亿美元。2016年，收购CITTC CWEI Renewable S.C.A 77.64%股权，收购后持有该公司100%股权，该公司持有葡萄牙风电49%股权。2019年集团与葡电共同中标英国苏格兰北部最大单块海上风电95万kW项目。

三峡建设管理有限公司是集团水电工程建设管理主体，定位是为客户提供大型项目规划、工程建设、工程咨询、专业技术服务等系统解决方案的工程建设管理和咨询公司，目前主要负责在巴基斯坦的两个水电站的EPC建设，这两个水电的投资主体均为三峡南亚公司。

中国长江电力股份有限公司是集团公司控股上市企业。作为集团电力生产运行主体，长江电力目前主要负责三峡—葛洲坝、溪洛渡—向家坝4座流域阶梯电站的电力生产和运行管理，包括2021年7月完工的乌东德水电站和正在建设的白鹤滩水电站。同时，长江电力也参与到了集团国际投资业务之中，特别是向配售电业务延伸。此外，湖北能源投资集团股份有限公司以其综合能源经营管理的独特优势在集团国际投资业务中也占据一席之地。三峡机电工程技术有限公司根据授权承担集团投资的国外水电、抽水蓄能项目的机电工程建设、管理等工作。上海勘测设计研究院则是以水利、水电、新能源、环境工程为主业，具备工程全过程服务能力的大型甲级综合设计院。三峡财务（香港）有限公司定位则是实现境外资产业务集团化管理，助力国际业务发展。

总体而言，集团相关单位围绕着集团国际业务发展战略总体布局，结合自身管理、技术、经验等优势，积极走出去开展国际化专业化经营，在海外项目投融资、承包、技术服务以及建设、运营管理等方面积累了经验，取得了较好的成绩。

3.1.4 国际业务组织架构、管控机制

1.组织架构

2019年底，集团设立国际业务部，主要负责国际业务战略规划、综合协调、风险合规、境外安全等工作，做到在集团层面对各国际业务单位进行归口管理和统筹协调，起到管理、服务、监督及评价的作用。

在国际业务部的支持、监督下，各子公司遵从共同制定的国际化业务战略，在主营业务范围开展国际业务，具体见图3-2国际业务组织架构。

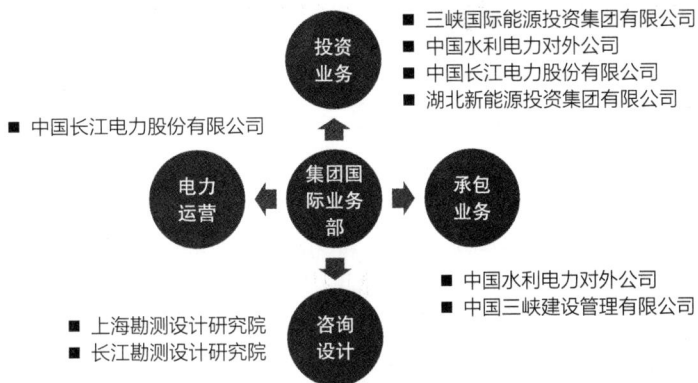

投资业务
■ 三峡国际能源投资集团有限公司
■ 中国水利电力对外公司
■ 中国长江电力股份有限公司
■ 湖北新能源投资集团有限公司

■ 中国长江电力股份有限公司
电力运营

集团国际业务部

承包业务
■ 中国水利电力对外公司
■ 中国三峡建设管理有限公司

咨询设计
■ 上海勘测设计研究院
■ 长江勘测设计研究院

图3-2　国际业务组织架构

2.管控机制

学习借鉴国内先进企业的国际化经营经验，在三峡集团总体制度框架下，提出了"三年三步走"的制度建设方案，按照"分层、分级、分类"的原则建立制度体系，制度体系包括法人治理制度和管理制度两个层面。其中，法人治理制度是前提与重要保障，管理制度遵循法人治理制度制定，其规定了法人治理制度之外的集团管控、生产经营等工作的运作规则、各业务环节的管控流程。建立了共享管理制度、国际业务管理制度，并形成了国际业务板块各二级子公司制度体系。在总体制度框架下，从初步调研、对标分析、专题研究到反复修改，最终形成组织机构改革方案、构建三峡国际战略规划管理体系，以在集团内部不断强化战略规划意识，推动形成从规划编制、规划实施到规划评价的闭环管理体系，以三年为周期推动管理体系的滚动修编。

对已有管理体系运行情况，三峡集团形成了监督审核机制。例如为确保质量、环境和职业健康安全管理体系的适宜性、充分性和有效性，首先，开展集团

内审，包括开展内审员培训、内部审核和管理评审等。其次，聘请外部审核组，开展对选取的部门的审核，包括事前沟通、员工访谈、查阅记录文件等多种形式，对公司体系相关管理活动的运行情况进行了全面现场审核。

集团对子公司的国际业务实施限额授权的管控方案，预先设定限值，规定限值之下子公司可自行决定项目营销，超过限值则需要报集团批准后方可进行。现阶段三峡集团公司根据子公司的业务类别、发展阶段、管理水平、治理能力等实际情况，一企一策有侧重、分先后地向符合条件的子公司开展投资授权。国际业务战略的制定由国际业务部与各子公司协商制定，保障后续战略推进过程中阻力较小。国际业务主体间的层级关系见表3-1。

国际业务主体间层级关系表　　　　　　　　　表3-1

企业名称	级次	企业类型	业务性质	持股比例（%）	享有表决权（%）	取得方式
1.三峡国际能源投资集团有限公司	集团所属子公司	境内非金融子公司	投资与资产管理	100	100	投资设立

其中：

1.1 三峡巴西公司（全资拥有）以巴西为核心市场，是巴西第二大私营发电商和最大私营水电公司，总装机容量占比超过巴西全国的6%，巴西政府非常支持；

1.2 三峡欧洲公司（全资拥有）以欧洲为核心市场，负责欧洲和北美地区投资业务，是葡萄牙电力公司（EDP）单一最大股东；

1.2.1 葡萄牙电力公司（初始持股21.35%）为葡萄牙最大的电力企业，世界第四大风电企业；

1.2.2 稳达海上风电公司（控股80%）为德国最大海上风电场；

1.3 三峡南亚公司（控股70%）以巴基斯坦为核心市场，负责南亚地区投资业务，投资开发的多个项目列入"中巴经济走廊"建设框架，是长江电力模式的海外复制，现阶段IFC持股15%、SRF持股15%，未来计划引入更多国际资本以在香港上市；

1.4 环球水电公司（与葡萄牙电力公司合资设立各占50%）以秘鲁为核心市场，负责南亚、巴西、欧洲以外地区的全球中小水电投资业务；

1.5 中国三峡香港有限公司

1.6 中国三峡港源投资有限公司

注：因国际业务发展需要，三峡国际先后在香港注册成立了中国三峡（香港）有限公司和中国三峡港源投资有限公司两个投资平台，分别作为对发达国家和新兴市场的投资平台。

企业名称	级次	企业类型	业务性质	持股比例（%）	享有表决权（%）	取得方式
2.中国水利电力对外有限公司	集团所属子公司	境内非金融子公司	EPC与小型项目投资	100	100	其他（并购）

3.2 国际业务布局初见成效

3.2.1 规划与决策能力

1.战略定力

谋定而后动，方能行稳致远。企业的持续发展离不开坚强的战略定力。作为全球最大水电企业集团，公司始终坚持水电为主的清洁能源发展方向，国际化战略清晰，重点区域选择合理、国际风险总体可控。集团以建设国际一流的清洁能源集团为愿景，审时度势，加强顶层设计，充分利用已有市场的先发优势和自身积累的综合优势，在谋划国际市场大棋局中，积极参与"一带一路"倡议，在大力发展国内清洁能源领域业务的同时，稳健地开展国际业务，着力推动集团国际化进程。结合企业自身特点，确定了三大重点市场。在海外市场多年的业务经验实践中，成功探索一条以三峡为品牌、以三峡集团为龙头、整合全产业链编队出海的国际化经营之路。成功开创在全球市场获取资源、在国际资本市场融资、在海外市场生产和销售电能、投资收益逐步回流国内的"三在外一回流"的海外业务商业模式，成功在海外建设并购一批具有重大标志性意义和重大影响的水电工程和清洁能源资产。实现了从行业"跟跑者"到"引领者"的飞跃，从价值链低端向高端跃升，提升了中国水电产业国际影响力和中国企业的品牌形象。

2.项目判断能力

大中型水电工程投资规模大、工程技术复杂、工程建设周期长、投资回收期长，集团及国际业务相关主体在集团战略的指引下，持续关注和跟踪水资源丰富的国际重点区域和重点项目，在三大市场深度耕耘和布局，努力提高国际清洁能源市场占有率。目前集团在三大市场布局初步完成，国际业务已成为推动公司可持续发展的重要着力点。

集团能够不断迈上新台阶，取得这样的历史性成就，源于始终坚持服务国家战略，秉承为国担当、为国尽责的国家使命；源于不忘三峡，不忘初心，始终传承三峡工程所赋予的独特基因；源于始终坚持做强做优做大清洁能源主业，建设世界一流清洁能源集团的战略定力和战略自信不动摇。

集团在多层次、多角度的地区和国别投资环境跟踪研究以及丰富的项目储备基础上，深入开展境外投资项目前期工作，深化可行性研究。通过投资管理等相关制度对决策流程、项目投资收益率评价指标进行把控，严格履行境外投资项目评审和决策程序，要求投资项目符合发展战略、技术及经济指标可行，并切实防控投资风险。

集团始终重视市场研究，在全面掌握全球水能资源分布和开发情况、合理选择三大重点市场的基础上，组织集团职能部门、发展研究院、相关业务主体，对拟开展业务的重点地区和国家进行投资环境研究。从政治、经济、法律、产业政策等角度分析电力供需形势、电能消纳，多层次多角度对市场选择的必要性、可行性和面临的机遇、风险与对策进行分析。

在投资决策方面，为规范投资行为，加强投资管理、防范投资风险、提高投资效益，集团建立了覆盖投资项目前期、决策、实施、项目后评价4个阶段的闭环管理的制度体系。超过授权权限的境外投资项目的立项权、决策权均由集团总部统一管理，集团充分发挥内外部专业机构对风险进行把控，不但聘请投行、会计师事务所、律师事务所等相关外部机构协助评估投资项目的风险，还由发展研究院组织内外部专家开展投资项目技术经济评审。集团先后制定了实施投资项目管理负面清单制度，并结合相关市场的国别风险、市场环境、经济运行等变化情况，分年度发布项目投资收益率评价指标，进一步明确了投资项目前期工作程序和标准。

此外，项目判断能力还体现在国际业务相关主体通过深度融入、理解当地市场，充分辨识主要风险、合理研判市场和项目的能力，并根据市场风险因素和项目实施时选择合适的开发模式。例如集团通过并购葡电，以借力其全球业务资源，通过不断深化合作，成功进入葡萄牙、意大利、波兰、英国的新能源市场，通过参股合作方式与葡萄牙电力公司合作开发项目，低风险进入巴西水电、风电市场。同时，完成美国杜克能源巴西公司股权并购业务，持续向价值链高端延伸。集团对葡电股权和巴西大水电的两次重大收购都把握住了市场低点，收购价格、汇率水平等都处于合适时机，收购时的资产收益水平均处在相对高位，充分展示了良好的投资机会判断能力。

3.2.2 全产业链优势

1.大水电建设管理能力

经过20多年的持续快速发展，集团公司已经成为全球最大、实力最强的水电公司，是全球唯一具有滚动开发、运营管理千万千瓦级梯级电站能力和经验的水电开发企业，并形成了独特的大水电建设管理核心能力。

目前集团培育了规范化、标准化、信息化、精细化的一流建设管理能力，建立了完善的管理体系、制度、标准、流程和表格，实现工程各环节的规范化和标准化管理，建立了科学、有效的全流域环境保护管理体系与工作机制，创立了业主管理与环境监理一体化的示范模式。同时，集团形成了完备的流域生态环境监测系统和环境信息系统，能够妥善解决项目开发中经济效益与生态环保之间的矛盾。创新组建"静态控制、动态管理"的投资控制模式，形成概算价、成本价2套价格体系，设定合同价、合同实施控制价和执行概算三道投资防控线，能够通过优化设计、招标管理、合同管理、风险控制等措施有效控制投资。建立了大型机电工程"集中管控、建管结合、机电一体化"的管理模式。打造了一支具有丰富工程测量、试验、检测、监测经验的专业队伍，能够为大型项目的工程质量、成本控制和长期安全运行提供重要技术保障。积极研发并推广应用多维度的信息系统，形成了基于数字化系统的水电工程精细化建设管理能力。

在水电工程技术科技创新、标准引领方面，集团形成了一系列具有核心竞争力的自主创新成果。先后获得国家级科技成果奖11项，省部级科技成果奖100余项，建立工程质量和专业技术标准200余项，获得专利100余项。集团不断总结、提炼三峡及金沙江下游水电工程建设宝贵经验，在国家和行业标准的基础上进一步改进、创新，制定了涵盖工程设计、施工质量、装备制造、项目验收等方面近200个三峡企业标准，主持或参与制定了20余个行业标准。其中，三峡工程的成功建设带领我国水电勘测、规划、设计、建设、施工、设备制造、工程管理及电网建设和运行控制水平整体全面提升；溪洛渡水电站荣获国际工程咨询行业"诺贝尔奖"之称的"菲迪克2016年工程项目杰出奖"；白鹤滩代表了世界水电最高水平的创新工程和智能工程的建设。三峡集团正在推动新一轮的技术创新，进一步巩固和提升中国水电行业在世界的引领地位。

在机电专业方面，机电公司在二十余年的发展历程中，通过项目建设中形成的技术管理优势，在技术把控、设计管理、招标采购、质量控制、进度协调等多方面具备突出的专业化集成能力，为集团在水电技术、水电标准、水电工程管理等多方面实现引领奠定了坚定基础，铸就了"三峡机电品牌"和机电核心竞争力。机电公司是集团唯一的水电项目机电工程建设成建制的管理团队；是全国发电企业唯一的职业机电建设团队，团队拥有高素质人才。

建设管理公司、机电公司作为集团水电工程建设管理主体，历经已建和在建大型水电工程建设管理实践，积累了丰富的建设管理经验，承接了集团工程建设板块的核心力量，是大水电建设管理这一核心能力的主要载体。

2.大水电运行管理和营销能力

长江电力作为集团电力生产运营主体，目前负责三峡—葛洲坝、溪洛渡—向家坝4座流域阶梯电站的电力生产和运行管理。按照"精干高效、科学分工、先进合理"的原则，依托高素质的人才队伍、先进的技术装备、卓越的管理理念，科学组织电力生产，经济技术指标优越，运营效率突出。三峡电站总装机及人均管理装机容量居世界首位，其他电站居世界前列。

长江电力科学掌握机组运行规律，设备可靠性水平居世界领先地位。经过多年的电力生产管理实践，拥有全国最大的水利枢纽检修专业团队，建立了人员、技术、设备相匹配的流域检修模式，掌握了流域梯级巨型电站群在多种条件下安全稳定运行规律，提升了电站"大负荷、长周期、不间断"运行控制能力，设备始终处于可控和在控状态，机组等效可用系数等指标远高于国内外行业平均水平。在流域梯级调度方面，长江电力聚焦流域统一多目标调度，达到国内外行业流域梯级调度的一流水平。通过推动流域水库群信息共享，水情预报能力大幅提升。科学开展四库联调，梯级电站综合效益显著。同时长江电力注重总结提炼大型水电站运行管理经验，不断完善公司技术标准体系。截至2016年，主导参与了38项国家和行业标准的制定，参加国际电工协会、国际能源署等国际组织的研究课题和标准制定，不断推动"长电标准"的"走出去"。

作为电力产品价值实现的最终环节，市场营销能力无疑是最关键的核心能力之一。集团销售团队在国内电力市场深耕细作近16年，逐步形成了高素质、精干的营销团队。专业齐全、理论扎实，具有丰富的政府核心部门工作、参与国家重大行业政策治理、项目市场分析、经济性评价等经验。市场化的营销体系和营销工作方法逐步健全，具备较强的电力市场和政策研究能力。通过参与长江流域巨型水电站定价和消纳机制研究，逐步形成了市场倒推、多方协商、动态调整的定价机制，推动我国大水电定价机制沿着市场化方向持续探索和创新，取得了良好的实施效果。与国家政府主管部门、重点省市政府主管部门、电网公司、电力市场、相关研究院所等逐步建立了密切的协作关系，为集团的可持续、快速发展提供了有力支撑。

3.以水电为主的全产业链资源整合能力

作为世界最大的水电企业和中国最大的清洁能源集团，集团与国内外金融机构、设计咨询单位、施工企业、制造商、供应商等建立良好的合作关系，统筹运作国际市场资金资源，推进国际产能合作和第三方市场合作。在积极带动中国水电上下游企业编队出海，以及带动中国技术、中国标准、中国装备走出去的基础上，充分发挥自身优势，加强与产业链上下游协同合作，全力打造中国水电走出去升级版，为海外客户提供水电建设一揽子解决方案。

在马来西亚，集团牵头组织长江水利水电勘测设计研究院、中国水利水电第八工程局、中国机械设备进出口总公司等国内优秀设计、施工及装备队伍组成联合体，以EPC总承包模式承建马来西亚沐若水电站，该项目首次在海外采用中国的水电设计施工标准，主要机电设备及金属结构均来自国内。该项目的实施充分发挥了集团公司强大的全产业链整合能力和优势，形成了国家的竞争力，成为我国水电行业全产业链走出去的典范工程。在巴基斯坦，集团以规划入手，通过为巴基斯坦开展流域规划为手段，主动创造机会，获取流域开发权之后再组织国内设计企业、施工建设企业、装备制造企业和关联产业，包括建材、农业等相关企业共同开发项目，以投资为主线，带动设计标准、开发技术、机电产品、工程施工、运营、管理理念文化等，成为清洁能源领域全产业链方案的提供者。在几内亚，凯乐塔水电站全部采用中国标准建设，永久机电设备全部采用中国制造，在成功应对埃博拉疫情考验并提前投产的基础上，工程质量和建设速度受到当地各方及法国技术团队的高度肯定，参与该项目实施的中资企业达30余家，全面覆盖从电站一直延伸至用户各类设备材料，共带动我国机电设备物资出口达5亿多元人民币，以及约6亿元人民币的施工设备和材料出口。

3.2.3 国际业务营销优势

1.市场拓展能力

集团海外业务的市场拓展能力具有较深厚的历史底蕴，并形成了广泛的市场触角。中水电在全球32个国家和地区设有驻外机构，其品牌历经历史锤炼，获得广泛认可。较完善的市场网络也巩固了捕捉机会、综合分析市场信息的能力。同时，在集团海外业务的发展过程中，经过完全竞争市场的培养和历练的一大批市场意识强、经验丰富的复合型国际人才，各项目所在国当地人才，也为深度开发市场建立了扎实的人才基础。

集团紧跟国家"一带一路"倡议，加快走出去步伐，针对不同业务类型和区域市场环境，不断探索形成了多元化的市场开发模式。在投资业务方面，在实践中逐步探索形成了马来西亚沐若模式、巴基斯坦模式、葡电模式、巴西模式、几内亚模式、德国海上风电开发模式六种模式，积极地获取开发了一批具有影响力和带动力的战略性、标志性项目，取得良好效果。在承包业务方面，三峡中水电"以承包带动投资，以投资促进承包"积极推动转型发展，主要形成"流域整体开发""投贷结合、建营一体""绿地投资开发与EPC建设相结合""推动与多边流域组织合作""产融结合、股权多元化开发""第三方市场合作开发""运用自有资金滚动投资开发""依托三峡品牌优势，整合战略资源开发"等八种模式。

2.品牌影响力和美誉度

三峡集团因三峡工程而生，因三峡工程而享誉世界。作为全球最大的水电开发企业，三峡品牌已成为中国水电开发的标志和象征。三峡集团进军海外清洁能源市场后，也取得了令人瞩目的成就。

在资本市场上，集团是目前中国唯一获得穆迪、惠誉两大国际评级机构主权评级的发电企业，同时标准普尔评价为A级。集团旗下长江电力荣膺中国主板上市公司价值百强，市值突破3700亿元，成为国内市值最大的电力上市公司。在投资领域，2012年来，三峡集团成为葡萄牙电力公司单一第一大股东；巴基斯坦卡洛特水电站成为中巴经济走廊首个水电投资项目，也是丝路基金首单项目；巴西两座电站的30年特许经营权并购项目荣膺"第四届金砖国家财经论坛最佳中企对外投资项目奖"；随着杜克能源巴西公司股权的交割，三峡集团成为巴西第二大私营发电商；马来西亚沐若水电站获得我国电力建设行业工程质量最高荣誉中国电力优质工程奖（境外）。

在工程承包领域，中水电经过60年的打拼和积淀，在70多个国家和地区承建800多个水利水电和基础设施项目，在世界水电舞台树立起"三峡中水电"的优质品牌形象。中水电连续28年入选美国《工程新闻记录》全球最大250家国际承包商榜单，连续17年荣登全球最大150家国际工程设计公司榜单。2015年，"几内亚的三峡大坝"凯乐塔水利枢纽印在了几内亚最大面值纸币上；苏丹的"三峡"上阿特巴拉水利枢纽工程、"白尼罗河上的明珠"乌干达伊辛巴水电站等推动当地经济发展、改善民生，树立了良好的企业形象。一个个成功的项目就是金字招牌，不断丰富并提炼集团的品牌影响力和美誉度集。

在本土化建设上，三峡巴西公司注重运用本地团队和本地化的传播体系，利用Facebook、LinkedIn、YouTube、Instagram等国际社交媒体平台，打造宣传矩阵，持续创新传播渠道。良好的理念、持续的行动和有效的传播，为三峡巴西在当地赢得了较高的知名度和美誉度，塑造了三峡集团全球企业公民形象。同时，集团深入参与中德经济顾问委员会、国际水电协会、国际大坝委员会、国际能源署、国际电工委员会等机构重点工作，在经贸合作、编制标准、课题研究等方面发挥了积极的作用。近年来，美国《探索》频道、德国教育电视台、英国《每日邮报》、法国法新社、美国彭博社等国际主流媒体，以及巴基斯坦、巴西、葡萄牙、几内亚等国媒体对集团所从事的清洁能源事业和可持续发展项目进行报道，大大提升了集团的全球品牌形象，增进了社会认知认同。

3. 筹融资和资金管控能力

经过多年的快速发展，集团经营业绩和财务状况持续稳健，资产质量优良，综合实力和筹融资能力不断增强。集团公司资产负债率常年保持低于50%，综合融资成本低于中长期贷款利率、其他企业的发债成本。每年有超过600亿元的经营现金流，可以为业务发展提供资金保障。充足的现金流之外，良好的信用评级、债券、基金是三峡集团筹融资的三大有力抓手。

集团良好的经营管理能力获得了国际3大评级机构的认可。2016年，在国内外宏观经济放缓，部分国有企业信用评级遭到下调的情况下，三峡集团的标普评级由A逆势调整为A+。集团旗下长江电力财务状况优良，现金流稳定充沛，在国内国际资本市场信誉良好，拥有国内AAA级和国际主权级信用优势，也拥有较强的筹融资能力。集团公司和长江电力运用资本市场开创了大型在建工程融资新模式，即"投融资+滚动开发"，通过进行市场化融资，获取低成本滚动发展资金。债券是三峡集团持续获得低成本滚动发展资金的另一利器。自发行我国首只上市的企业债券至今，三峡集团累计发行各类债券106期，融资额达到4117亿元。与同期限银行贷款相比，节约财务融资成本超过260亿元，累计兑付2340亿元，还本付息无一违约。2016年11月9日，长江电力在境外成功发行3亿美元和2亿欧元双币种可交换债券，以创新性设计使得长江电力在投资建设银行获得稳定财务回报的同时，进一步盘活了存量资产，成功实现在零票息、零收益率基础上的高溢价发行。2017年，三峡集团成功发行了6.5亿欧元7年期绿色债券，这是国际上首单中国实体企业绿色欧元债券，也是首单中国发行人气候债券，被国际权威财经杂志《财资》评为2017年度最佳绿色债券。2014年底，集团联合社会资本设立境外清洁能源投资基金，专门从事海外清洁能源项目的并购和投资。基金一期主要投向欧美发达国家地区新能源政策稳定地区的成熟运营项目。目前为止已经成功投资基金三期，总计接近16亿美元。这是三峡集团首次利用社会资本完成境外项目投资，也是国资委批复的首支境外基金，为三峡集团拓宽融资渠道、分散投资风险、引入市场化管理体系体制、发展新型资产提供了新的探索方式。

在境外资金管控方面，集团经过积极探索，已初步建立起一套行之有效的境外基金资金集中管理和账户监控模式，包括明确责任、建立资金池、分区域集中、分类监控等具体措施，为集团境外基金资金安全保障、资金使用率提升以及国际化业务发展提供了坚强的支持。2014年，集团成立了三峡财务（香港）公司，作为集团"境外资金集中管理中心""财务监控中心"和"境外集中融资与资金配置平台"。三峡集团境外资金分区域集中管理模式，减少了境外子企业的资金沉淀，有效规避跨境资金归集的结算和税务成本，整体提升境外资金使用效率，最大程度发挥境外资金的规模优势与时间价值。

3.2.4 六种业务模式

旨在以投资带动全产业链输出、产能输出、标准输出，围绕"三峡技术＋国内设备＋国际团队"的内联外引商业模式，三峡集团形成了六种比较成熟的国际化经营模式：

（1）整合产业链、编队出海、EPC总承包的马来西亚沐若模式。该模式是充分发挥三峡集团水电产业链整合能力和优势，科学整合我国水电行业上下游资源，以三峡品牌为龙头，带动行业内上下游企业和中国标准走出去，形成国家竞争力。应用这一模式，既增强中国企业的国际竞争力，又实现了企业间的互利共赢，避免了恶性竞争，该模式在马来西亚沐若水电站项目承建中得到充分体现。

（2）规划入手、高端进入、获取整个流域开发权的巴基斯坦模式。该模式是以早期规划介入为手段，流域开发为途径，主动创造机会获取海外资源，通过整体开发提高投资效益，该模式在巴基斯坦吉拉姆河流域开发中得到充分体现，目前正在探索该模式在巴基斯坦-印度河流域进行复制和推广。

（3）股权并购、搭建平台、借船出海的葡电模式。该模式是以股权投资为手段，以战略合作为途径，借助西方跨国集团市场开发能力、企业治理能力和国际一流的经营管理水平，快速提高自身的国际化经营水平，同时突破欧美发达国家设置的市场壁垒，确保在强手如林的发达国家市场竞争中立于不败之地。该模式在与葡电公司合作及后续欧美发达国家市场开发中得到充分体现。

（4）参股项目、并购为主、扩大规模、逐步升级的巴西模式。该模式是以通过并购参股中小型项目为手段熟悉市场，以并购控股发电资产为途径快速扩大国际化经营规模，成功地规避国际市场风险，较为稳定地获取经营效益，该模式在巴西市场开发中得到充分体现。

（5）EPC总承包、投贷结合、建营一体的几内亚模式。该模式通过承揽适量EPC承包业务以带动投资，拓展PPP、BOT等投资业务，形成承包与投资互为促进的市场格局。

（6）积极探索并实施的德国海外海上风电引领者战略模式。该模式是通过并购欧美发达国家已投运的海上风电项目，快速实现集团海上风电"管理引领"和"人才引领"战略，有助于制定中国海上风电标准，实现三峡集团国内海上风电的"标准引领"，有助于加快在欧美发达国家新能源市场的业务布局，最终实现"品牌引领"战略。该模式在收购德国稳达海上风电项目中得到充分体现。

3.3 从"大写意"到"工笔画"

百年未有之大变局和新冠疫情双重影响下，世界经济将走向何方？全球政治格局的深层次变化，逆全球化、贸易保护主义抬头、印太地区战略博弈增强、中美贸易摩擦逐步升级到全面对抗等，都加剧了全球贸易投资环境的不确定性。集团境外投资和国际承包等业务面临更加复杂多变的国别、汇率、利率、税收、法律等主要风险。从区域市场看，不同国家业务所面临的突出风险和挑战存在较大差异。例如"一带一路"沿线国家政治、经济、文化和法律制度存在巨大差异，对国际化经营管理带来诸多挑战。美国全面对抗中国、欧洲加强对外国投资的审查，直接影响集团在欧美发达国家新能源市场的布局。巴基斯坦受宗教等势力影响，政治和安全风险较大，近年来税费调整、电费欠费风险也日渐突出。巴西电力市场发达，但受疫情严重影响，本来已经逐步好转的经济形势发生逆转，加上近年电力投资规模不断增大，如果电力需求不出现相应程度的增长，将在不远的时间内出现电力过剩。缅甸对社会开发利用大型水电项目分歧较大，政府举棋不定，密松水电站事件至今悬而未决。非洲国家经济发展水平和电力需求总体水平较低，大型水电项目开发周期长。因此，尽管从项目个数、规模来看，国际业务相关主体储备了较丰富的项目来源，但能够在较明确时间范围内实质性推动的项目数量相对较少，且存在较多的不确定性。

2018年4月24日，习近平总书记亲临三峡工程视察，提出了三峡工程"一个标志、三个典范"的重要论述，这是三峡工程百年历史上的一个重要里程碑，翻开了百年三峡的新篇章。以习近平总书记重要讲话和指示批示精神立根固魂，三峡集团着眼创建世界一流示范企业，在国际业务布局初具规模的基础上，努力在"十四五"期间开展向质量效益型转型，打造技术、装备、设计、咨询、金融"水电升级版"，奋力实施清洁能源和长江生态环保"两翼齐飞"。

3.3.1 获取资源：投融资、营销、管理内功

1. 投融资内功

（1）发挥集团整体优势，继续强化项目判断、投融资等核心能力。集团相关部门、单位要加强合作和交流，持续跟踪并滚动更新重点市场研究。从战略契合度、政治、经济、外交、政策及稳定性、电力市场供需、电价水平和消纳能力等角度深入分析。一方面，紧跟国家战略。另一方面，加强国别市场跟踪研究，深入研判政治、经济风险、汇率风险、电费回收等风险，为资源储备项目预判提供扎实基础。继续加强投资风险管理，源头控制风险。根据集团公司战略发展定位，聚焦主业，严格控制非主业投资。加强境外投资业务前期工作，进一步规范并深化可行性研究，严格履行境外投资项目评审和决策程序，分级论证、逐级决策，强化源头管控投资风险。完善授权决策项目执行情况报告机制、授权决策项目备案机制，集中决策项目实施情况报告机制。不断加强投资项目后评价工作，加强国际经营职能建设，整合内部资源，组建国际投资、并购等专业团队，集中优势力量开展项目研判、投融资、资本运作、海外资产与股权管理等工作。

（2）以市场化、国际化为导向，逐步完善并优化境外资产管控体系。集团正在加快建设具有全球竞争力的一流企业，同时开展国有资本投资公司改革试点。根据新的战略发展定位，集团承担了新使命任务。在新的历史起点上，集团要以市场化、国际化为导向，逐步完善并优化境外资产管控体系。一是在集团层面，要按照跨国公司的管理架构和模式，构建与世界一流企业相一致的管控体系。总部要强化投融资和资本管理功能，对境外资产逐步过渡到以管资产为主的战略管

控型和财务管控型。充分授权的同时，综合利用行政审计、纪检、巡视、合规检查等手段加强监督，形成责权明晰、规范有序、合规、高效的监管体制。二是发挥协同效应，实现优势互补。发挥集团资信评价高的优势，协助并购公司提高资信评级，降低融资成本；发挥集团大型水电技术管理优势，不断优化境外绿地项目建设和运行管理；发挥境外并购公司国际市场开拓能力强、区域资产分布好的优势，不断优化集团国际业务布局。三是三峡国际等相关主体要加强组织能力建设，提升管控能力和水平，包括做好权责边界划分和流程再造，提高运行管控能力，实现价值创造。建立管控要求合适的报送体系，实施市场化薪酬改革，加大外部优秀人才引进力度，充实国际化经营人才队伍。四是做好跨文化管理，增强沟通互信，要以开放、合作、包容的心态加强沟通，求同存异，取长补短，克服中外文化差异的影响，精心制定并购、处理好利益相关方的行动计划，争取得到公司管理层、员工、其他股东、资产所在地政府和社会主要阶层持续大力支持，逐步移植集团公司奉献、担当、创新、和谐的核心价值理念，提高并购公司对集团的认同感、归属感和自豪感。既保证集团执行国有企业监管制度，遵循集团管理理念和企业文化，又能保持并购公司的管理体系，维护好集团和并购公司的品牌和声誉。

2.营销内功

（1）适应市场规则和环境变化，尽快形成境外的市场营销能力。市场营销工作是价值创造的关键环节，要适应国际市场规则和环境变化，尽快形成境外的市场营销能力。具体措施包括：一是充实营销人员，建立与集团公司营销业务规模相适应的营销队伍，打造电力、市场、经济、金融、数学、计算机等多专业人才通力合作的复合现代营销团队，培育公司自主的国际电力市场营销管理能力和人才。二是推动营销组织和管理优化，逐步加强对市场化交易和电能集中优化的专业化管理。探索国际电力项目市场营销的管理方式。三峡国际和中水电要加强对各国电力项目研究、项目市场营销的统一协调、指导和风险管控。三是建立市场分析、研究和预测的模型库。四是设计开发先进电力营销信息化平台，将管理触手延伸到各国际电力项目。五是利用咨询机构等多渠道全面掌握市场信息，同时深入研究各国电力市场机制和发展趋势。

（2）持续优化国际业务布局，不断提升抗风险能力。针对市场分布相对集中、业务相对单一、风险相对集中的情况，集团及相关业务主体要采取多种措施防控经营风险。

①市场布局方面，建议将控制风险作为市场布局的主要原则，注重市场均衡，对单一国家投资规模控制，既具有一定的市场影响力，又要避免资产过度集

中。同时要注意货币组合在海外配置的资产应当以美元、欧元、英镑等主流货币为主，以新兴国家货币为补充。要主动服务国家外交战略，加强在"一带一路"沿线和我国外交关系较好的国家进行布局。欧美市场稳定，风险相对可控，可以投资并购为主。"一带一路"市场主要为发展中国家投资，风险相对较大。在风险可控的条件下，应以绿地开发和工程承包项目为主。

②业务模式方面，进一步发挥集团在水电走出去中的引领作用，通过产业基金、联合投资、融资、合作等方式，促进新能源领域的国际产能结合。联合具备优势的金融资本，设计、施工、装备制造、电网企业等，共同开拓国际清洁能源市场，加大联合开发、合作开发力度，多种形式实现海外业务股权多元化，逐步减少自主独资开发比例，遵循市场规则，市场能进能出，项目能进能退，实现资本金滚动式投入，推动可持续发展。同时对于具备较好盈利能力、优质项目储备较多、未来具有良好发展前景的区域市场，可以适时整合打造国际业务上市公司，提高资产流动性，进一步分散国际业务投资风险并利用实现海外资产开发海外资源的良性循环。

③业务结构方面，国际一流电力集团多为发、输、配、售一体的综合能源公司，并涉足天然气等其他能源的配置和交易，以及储能、智能电表、能效管理等能源服务业务。发电以外业务是相关企业重要收入来源，集团开展配售电业务是电力体制改革的现实需要，也有助于化解水电业务增长潜力有限、波动较大的风险，有利于开辟电力消纳和利润增长空间。发电到配电、售电的延伸，不仅集团产业布局更为合理，而且直接融入当地经济社会，更有效地落实集团水电开发理念和公司发展战略。因此在国际业务中，相关主体要积极跟踪业务的两端延伸，尤其向配售电业务延伸的业务机会，稳步拓展配售电业务。在电源类型方面，风电、光伏等新能源项目开发周期短，资金回流较快。伴随着新能源开发技术的不断成熟，新能源的开发成本也将不断下降。适当调整国际业务中水电、光电和光伏的投资比重，有利于分散风险。

3.管理内功

（1）坚持国际一流清洁能源集团发展目标，发挥战略引领作用。在《关于中国长江三峡集团有限公司战略发展定位的意见》中，国家发展改革委、国资委充分肯定了集团20多年来的工作思路和取得的成绩，立足新时代，更需要将集团公司改革发展与国家战略实施相结合，从更高格局谋划了集团公司的长远发展，赋予了新使命、新任务。站在新的起点，集团上下要全面把握新战略发展定位的内涵实质，增强承担新使命、新任务的责任感和自觉性。主动服务国家战略，充分发挥"六大作用"，积极打造"六大平台"，努力实现"三大引领"，积极向"两

第2部分 典型基础设施企业案例分析

端延伸"，推动集团公司高质量发展，实现"五大转变"。集团和国际业务相关主体，要紧紧围绕在"带领中国水电走出去中发挥引领作用"的目标要求，不断提高战略地位，继续深耕重点市场，以加强队伍建设、优化管控体系、防范国际业务重大风险为重点，全面提升国际化经营管理水平，实现国际业务持续健康发展。要紧跟国家"一带一路"倡议，围绕三大市场深化布局，遵循共商、共建、共享原则，力争在重点项目前期工作上取得突破。加快推动国际工程承包业务转型升级。重点关注有战略意义、在当地有影响力的大型EPC项目，着力推广"投贷结合、建营一体化"模式，努力实现承包和投资业务的融合和互动。

（2）优化国际业务管理体系。随着集团国际化业务规模、地域分布的不断扩张，国际业务经营管理难度逐步增加。针对目前不同程度存在的多头、在外业务交叉、资源配置重叠的实际情况，集团有必要继续优化和完善经营管理体制，适应国际市场经营的需要。需进一步优化国际业务管理体系，加强集团内部协同体系的顶层设计和资源整合，突出坚持市场化导向，集团利益最大化，相对划分业务和市场，保持适度竞争的原则。在体制上进一步明确分工，理顺关系，加强协同，建立促进业务协同发展的长效机制。充分利用集团的技术、管理、品牌和资金的优势，逐步完善投资、建设、运营、咨询等国际业务板块，为海外客户提供一揽子解决方案，实现资源的全球化配置，以国际化经营推动和促进国际一流清洁能源集团建设。

（3）强化合规能力建设。合规管理是世界一流跨国公司强化企业管理的通行做法，也是适应各国政府严格监管的重要管理手段。集团国际业务各级主体应当积极顺应国际形势，将合规管理工作与全面风险管理、内部控制等工作有机融合，不断加强财务、税收、法务、审计等工作，努力建设和实施符合国际标准与经营范围、组织结构、业务规模、行业特征相适应的合规管理体系，确保集团公司尽快形成责权清晰、规范有序、约束有效、风险防控措施到位的国际业务合规风险管理体系。同时，国际业务各级主体要继续严格执行集团公司及各单位制定的各项国际业务经营管理制度，自觉服从上级单位的相关协调安排，避免恶性竞争，加快形成集团公司具有较强创新能力，世界一流跨国清洁能源集团的核心竞争力，积极致力于引领中国水电编队出海。

（4）积极探索大水电建设运行管理核心能力输出模式，有效应对相关风险。充分利用发挥集团已形成的大水电建设运行管理核心能力和专业优势，是有效应对相关风险，不断提高海外业务收入水平的有效措施之一。集团国际业务各主体要主动服务集团国际业务战略，积极探索新模式、新机制，更好地发挥国内大水电建设运行管理核心能力对国际投资承包业务长期可持续发展的支撑和风险防范作用。建议研究并支持建设公司、机电公司、长江电力等国内大水电建设运行管理核心能力的主要载体，在国际业务、项目公司、区域公司等层面参股，适当分散重大项目、关键项目股权，通过项目纽带、资本纽带建立更加紧密的协作关系，合理划分协同利润，形成内部配套协同关系，突出整体效益最大化。建议发挥集团人力资源统筹作用，各主要子企业领导层交互进入，扩大员工轮岗、借调、调动范围，实现人力资源高效统一配置。近期来看，为应对巴基斯坦、巴西的市场突出风险，通过制度化安排，选派建设、运行、财务等关键岗位人员，或由专业化公司承担技术改造等专项任务形式，通过核心能力输出实现管控风险。建议探索由相关专业化公司通过担任业主工程师模式，提供建设、技改、运营等方面的技术咨询与管理服务，并通过合同建立工作方案，优化奖励机制，使相关主体分享项目增量收益。建议进一步研究专业化公司以技术咨询、派出专家以及团队等各种形式参与国际业务。对相关前期市场研究、尽职调查、专项工作等取费方式及标准，可通过文件形式予以明确。

3.3.2 利用资源：国外资源、资本和市场

在战略引领上，意识到需要充分利用国外资源、国外资本和国外市场，共同开发世界大江大河、重点流域、重点国别的大型水利水电项目，推动水电项目成为国家间战略合作的重要载体。持续加强国际化经营模式的实践与创新，坚持资源、融资、产品三头在外，利润回流国内的国际化经营之路，努力开拓海外清洁能源市场，进一步提升品牌影响力和资源优化配置能力。

在国际化能力提升方面，由于国内外市场经营环境存在较大差异，建议相关主体在总结大型水电建设运营管理经验的基础上，根据国际市场环境、具体项目特点，借鉴国际一流能源电力企业管理经验，将技术、标准、管理经验与国际市场和海外项目进行较好地转化和结合，并在实践过程中不断完善，使核心能力在境外发挥更大的作用。

在投融资活动执行中，要重视与海外金融机构及投资者建立稳定、融洽合作关系，拓展构建长期、稳定的海外融资渠道。加强与资本市场的交流与互动，深入研究国际金融市场运行规则及相关法律法规，逐步增强对成熟、复杂的中长期融资产品及金融工具的使用。按照集团集中管理、上下联动的总要求，充分发挥集团公司资金池和财务公司的作用，不断降低融资成本，加大国际资本市场直接融资力度，利用海外资金开发海外资源，持续多元化融资渠道。积极引入有政府背景、资金实力强的境内外财务投资人，邀请本地企业参与股权投资，建立风险共担机制。

3.3.3 国际业务管理理念：现代化治理与风险管控

1. 以股权多元化倒逼治理现代化

构明晰战略定位、建现代企业治理模式，促进国际业务提质增效。坚持"治理现代化、股权多元化、资产证券化、经营属地化"的改革发展总体原则，坚持和加强党的领导，按照现代企业制度，规范公司治理；通过引进内外部战略投资者，实现三峡国际总部、区域公司和项目公司多个层面的股权多元化，优化治理结构，建立规范运作的董事会和职业经理人制度；通过适时启动上市工作，实现资产证券化；通过推动风险可控前提下的属地化经营，与项目所在地形成利益共同体，实现与项目所在地的互利共赢；通过平台构建与提供专业化服务，促进长江电力、建设管理公司等集团公司各专业主体在国际业务中形成合力；通过优化各层级公司的债务结构，实现及时和最大程度地分红；通过改革，不断提升公司发展质量和效益，着力培养公司在战略管控、投资并购、筹资融资、风险合规管理、公司治理等方面的核心能力。

重塑管控机制要求建立适应国际化经营的授权决策和经营管理体制。一是做好各层级公司之间的制度衔接，结合实际调整区域公司现有制度，避免制度"上下一般粗"。二是深化劳动、人事、分配三项制度改革，实现管理人员能上能下、员工能进能出、收入能增能减。三是建立专职董事机制，推动专职董事培养和选拔任用，提升专职董事履职能力。四是构建中外员工一体化、符合国际规范和市场化要求的薪酬体系，将薪酬与预算、绩效和任期考核紧密结合。五是推动信息化建设，建立并不断完善公司信息管理系统，做好与三峡集团和区域公司现有信息系统的对接，提高管理效率。

2. 业务布局逻辑：鸡蛋不要放在一个篮子里

一是国别集中度。为分散投资风险，实现全球市场的均衡配置，在单一国家的投资项目占公司境外投资项目的比重原则上不超过50%，占所在国装机总量不超过10%，两项指标以高者为限，以有效规避单一国别投资环境变化对公司整体国际业务经营造成的不利影响。

二是项目集中度。公司进入某一具体国别市场应充分考虑单个项目规模和后续可开发的项目规模，确保形成一定的影响力。单个投资项目原则上装机应具备一定规模（20万kW），且后续可开发的项目装机规模应达到50万kW以上。

三是资源集中度。市场容量和资源禀赋是公司开展境外投资的重要基础。公司在全球业务拓展中应统筹考虑所在国市场容量、需求发展趋势和水、风、太阳能等清洁能源的资源蕴藏量，为业务拓展预留充分的资源空间。

3.可持续性开发

（1）注重生态保护，打造绿色工程。三峡集团发挥全产业链的优势来匹配沿线国家的资源。提出采取的可持续性开发理念将风险管理与市场机会结合在一起。三峡的一个理念是产品是清洁的，同时是低价的，因为三峡具有综合产业链的能力，故能充分发挥当地资源，切合当地需求，提供最有竞争力的可持续的清洁产品。

（2）积极融入当地，共享发展成果。三峡集团在做好海外项目投资开发的同时，致力于成为负责任的全球企业公民，与项目所在国家和地区成为利益共同体、命运共同体和责任共同体，得到了当地政府、人民的信任和支持。

（3）坚持合规经营，促进管理提升。三峡集团始终秉承合规性原则和最高道德规范标准，确保合规经营，公开发布了《可持续发展政策》与《道德与合规性原则》两项政策承诺，各境外实体公司也基于当地监管环境，按照国际规范建立了合规经营体系。

（4）坚持合作共赢，促进行业可持续发展。三峡集团始终重视发展全球伙伴关系，不断加强与国际水电界的交流与合作，深度参与国际行业协会和机构的重点工作，积极参与行业标准的制定和相关课题的研究，提升集团的话语权与国际影响力。

4.资本、品牌、标准国际化

2014年11月22日，三峡集团旗下的三峡国际能源投资集团有限公司与IFC签署关于三峡南亚公司的股权认购协议以来，丝路基金和美国能源基础产业投资公司也相继启动了对三峡南亚公司的战略投资工作。卡洛特项目贷款银团由多家机构组成（中国进出口银行、国家开发银行、丝路基金和世界银行旗下国际金融公司），并做成"有限追索"的项目融资。一个资本引领、资本运作、全产业链集成的系统工程首先是"引进来"国际资本，经过多元化资金的资本结构组合，其次是打造一个更高的平台再"走出去"。同时、三峡国际总部、区域公司、项目公司均建立了清晰的股权多元化途径。

为打造"海外三峡"这一品牌，三峡集团积极践行"一带一路"倡议，以经济合作形式为载体，充分发挥三峡集团水电开发运营优势和三峡工程品牌影响力，持续升级企业管理模式，努力推动中国水电标准国际化、共享共建理念全球化。从天性上讲，中国人民不具备侵略属性，"己所不欲勿施于人"是中国人民开展国际合作的优秀品格。把中国水利水电行业的设计单位、施工建设力量一起编队出海，100%执行中国标准，100%使用中国制造的产品、建材，带动大量中国优势产能共同"走出去"。战略需要顶层设计，更需要上下互动，把"走出去"的实践与顶层设计相结合。

为实现品牌、标准的国际化，集团公司领导及专家在国际行业组织担任重要职务或主导专委会工作，参与国际行业标准制定；加强与联合国机构、政府间机构、NGO的交流合作，发挥行业引领作用；参与重要国际会议，不断提升集团公司国际影响力；借鉴国际先进理念、工具及优秀项目实践经验，促进海外业务管理提升；围绕集团重点业务金沙江项目、海上风电的技术与管理难点开展专题交流等，取得一系列重要成果。同时，中国三峡集团秉承"长期发展，本地运营"理念开展海外业务，在基础设施建设、社区帮扶、环境保护和教育发展等方面主动承担责任，为当地带来经济、环境和社会效益，尽显中国央企的责任与担当。

3.3.4 资本运作的典范：三峡南亚

三峡南亚公司作为三峡集团实施"走出去"战略的国际业务板块子公司，在"资金融通"的支持下，实现了南亚地区清洁能源项目的高质量和可持续发展。在其建立之初，三峡南亚便通过资本运作为企业创造了更多机遇。面对着巴基斯坦电力行业面临困境带来的机遇与挑战，三峡南亚作为项目发起人，在投资主体层面引入战略投资者，分散风险、消除多方政治力量的担忧，实现了项目的落地。在项目公司层面，其所属的风电一期项目、风电二期项目和"中巴经济走廊"首个大型水电投资项目卡洛特项目均已成功完成项目融资，创造了快速融资关闭的神话，其创新的融资模式经验值得借鉴。

1. 三峡引领、国际参与

三峡南亚公司引入丝路基金（SRF）和世界银行旗下国际金融公司（IFC）作为战略投资者，在国际化经营理念、公司治理、资本运作、环境保护、合规经营、可持续发展方面快速积累经验。同时，在卡洛特的项目融资中，SRF和IFC既作为发起人/投资人股东，又作为贷款行，与国家开发银行、中国进出口银行共同组成贷款银团，集各家所长，共同打造国际项目融资范本。

在未来融资渠道的选择上，三峡南亚着力打造多渠道、多元化的融资体系，加强与亚洲基础设施投资银行、金砖国家开发银行等金融平台的合作；探索债券市场、资产支持证券、种子基金、信托等融资渠道，创新融资模式；或者设立基金+公司+运营方持股的项目公司，增强各利益相关方黏性，在加快发起人/投资人资金周转的同时打通全产业链。在建设期和运营期，探索通过引入当地战略投资者或在当地证券市场上市的方式，加速资本金回流，实现滚动开发和可持续发展。

2.有效风险分担机制

三峡南亚转变传统无限追索融资的观念，考虑到购电协议运营期的稳定现金流提供了保证，且执行协议为现金流来源提供了主权级担保，运营期的风险已极大被缓释，三峡南亚公司在与国家开发银行就项目开发全生命周期风险进行仔细研究后，决定在风电二期项目融资中摒弃传统融资要求的无限担保；卡洛特水电项目发起人/投资人更是仅提供完工担保责任，在担保方式上取得了极大进步。有限追索的担保责任减轻了对投资人/发起人财务状况的影响，有利于增强其信用评级，进一步提高其融资能力和资源配置效率。

在未来业务中，在商业保险已覆盖大部分风险的情况下，探索仅以项目资产和权益作为担保、不再需要股东担保的模式。在现有实践中，中国出口信用保险公司保险作为防范政治风险的主要控制措施，为"走出去"项目有效缓释了风险。与此同时，也可考虑采用国际增信机构如世行集团多边投资担保机构（MIGA）担保，MIGA的股东为全球主要国家的财政部，遵守共同多边条约，在解决争端方面有较高的代位求偿权，可利用其国际影响力有效分散政治风险。同时，也可考虑利用中资银行旗下较大的担保机构、第三方信用机构等规避风险。

3.降低外汇风险

一是采用多币种进行融资。在三峡南亚公司作为投资人/发起人的科哈拉水电项目融资过程中，不仅考虑引入巴基斯坦银行进行当地币融资，以规避卢比汇率波动及外汇管制风险；同时响应人民币国际化倡议，推动巴基斯坦政府将人民币确定为第五种可调价外币，落实人民币融资，以降低项目投资成本、电价水平和外汇风险，实现各方互利共赢；并充分运用经巴基斯坦央行批准的锁汇工具，管理外汇风险和还款风险，在风险可控的前提下加强与"一带一路"建设参与国的资金融通。但在选择币种时仍需考虑将项目成本币种结构（如EPC合同）、预期电费收入币种结构（PPA）和贷款币种结构相匹配，以尽可能降低外汇风险敞口。

二是灵活运用金融服务。探索同一外汇管制区域的各项目创建资金池，调配不同币种资金以满足不同项目资金支付需求；在贷款协议的条款上，可根据不同国家的外汇管制力度对设置离岸、在岸账户作灵活安排，在最大程度上保证资金流动的自由度和还本付息的灵活性。同时，灵活设置提款条件，兼顾发起人/投资人、贷款行和政府等各方利益，匹配基础关键性商务文件。

3.4 未来的全球清洁能源市场

3.4.1 "一带一路"沿线清洁能源投资模式

通过研判国内外清洁能源企业投资经验得知，国际领先的电力能源企业，技术水平较高，强调能源供应的一体化服务，其主营业务基本覆盖了设计、施工、运营、输电、配电等整个电力生产、运营产业链的上下游，确保能源品质。同时，全球典型电力能源企业的国际化程度较高，强调风险控制。国际业务布局的重点区域分布在欧洲、北美、南美洲等区域市场，对于东南亚、南亚、非洲等区域的发展中国家布局较少。国际领先的电力能源企业资产负债率总体水平较低，投资风险相对可控，且一直将清洁能源视为其业务主要发展方向，清洁能源装机规模平均占比在50%。我国电力能源公司清洁能源装机占比较低，但近年来也在逐步加大清洁能源投资规模，不断优化业务结构。由此，在六大模式的基础上，融会贯通设计了三峡集团的未来几年的投资模式。

1.投资模式设计原则、思路与框架

三峡集团在"一带一路"建设中进行清洁能源投资，既要充分利用现有投资模式，又要进一步拓展投资模式，实现集团的战略投资目标和财务投资价值。总体上应遵循战略引领、互利共赢、成本效益和风险控制四个原则。

同时，鉴于模式的形成不仅受东道国环境影响，还受到项目特点、企业竞争优势等多种不可控因素的综合影响。从投资方式上可分为绿地投资和跨国并购模式，投资主体上可以分为独立投资模式和联合投资模式。从电能消耗方式上，可以分为本国消纳和电力互联互通两种模式。

进一步将投资模式和投资主体进行组合，并结合实际经验，可以得到三种基础的对外投资模式，即绿地投资模式、参股并购模式和控股并购模式。其中绿地投资模式可进一步根据主体不同划分为独立投资、联合跨国公司投资、联合东道国企业投资和联合国际金融公司投资。在以上三种模式的基础上，充分考虑到投资模式的灵活性、能源区域发展的关联性和产业与能源的融合性，会得到绿地加并购模式、园区开发模式和产业能源融合模式。

2.具体模式类型

投资机会是海外投资的核心问题。结合国别分析和三峡集团的核心竞争力，对三峡集团优先投资的国家清洁能源的资源禀赋，电力供应情况进行梳理，对每个国家的清洁能源投资机会提出具体建议。投资环境是决定投资模式选择的重要因素，也是进行投资模式选择的重要依据。通过对三峡集团清洁能源投资实例研究，重点以市场类型、外交关系、东道国、产业竞争状况和资产争议等因素为模式选择筛选标准，提出对"一带一路"沿线提出的投资模式类型的具体建议。

（1）绿地模式。根据投资主体不同可以分为独立投资和联合投资。独立投资是指以三峡集团为同一、唯一、统一主体，通过资本和技术对东道国进行绿地开发建设，可省略多主体间的协商和沟通环节，降低中间成本。在独立绿地投资的基础上，投资主体加入东道国企业、跨国公司或国际财团，多主体共同开发绿地项目，降低建设难度和风险。对于与我国关系友好，发展电力市场类型比较相近，产业竞争弱，不存在资源争议的地区，可以采用绿地投资模式。对有资源争议，政府鼓励联合投资的，或本地的建设能力比较强，对外资的优惠力度比较大的，可以采用独立投资基础上引入跨国公司的模式。

（2）参股并购模式。通过参股并购东道国企业，获得优质开发资源和海外市场。企业不需要进行大规模的基础设施开发，建设成本风险较低。对于电力建设能力比较强，政府对行业限制比较大，可以采用参股并购模式。

（3）控股并购模式。通过控股并购中国企业可以降低交易成本，并由于主并企业能够决策目标企业的经营活动，因此更容易发挥协同效应。对于建设能力比较强，与中国关系比较稳固，市场比较规范，可以选用控股并购模式。

（4）绿地并购组合模式。由于一带一路沿线国家国别投资环境的多样性，有时绿地和并购投资模式可能适应性都不强，因此企业可以尝试将绿地并购模式相结合，先并购再绿地，变相取得东道国绿地开发资质，也可以先绿地再并购，以降低投资和建设风险。对外资投资电力行业管控比较大的话，可以尝试绿地加并购模式。

（5）园区开发模式。对基础设施条件较差、商务环境及物流渠道短期难以改善的东道国主体，可以将项目开发区域规划为一个小规模园区，在园区内达到"几通几平"，无论硬的基础设施还是软的商务环境，在小范围内达到国际通商环境水准。

（6）产业能源融合模式。根据产业和能源两大投资客体延伸出的产业能源融合模式，有效利用产业和能源两者的相互作用，实现产业带动能源需求，能源带动产业活力的海外投资目标。对资源丰富，开发量比较低的市场适合这种模式。

此外，对于国外投资方没有限制的，本国企业投资能力较强健，采用投资模式无模式限制，视具体项目特定。

3.4.2 直面国际投资业务挑战

三峡集团作为全球清洁能源投资人，在开展海外投资活动时始终聚焦于自身有比较优势的水电、风电等清洁能源的行业。对待潜在投资市场，全面评估市场的各项要素，以判断潜在市场的风险级别作为是否进入该市场的基本条件。同时今后仍将加大对宏观经济以及目标市场的深入研究，夯实投资基础工作，对每一个具备投资级的市场，从小到大不断的累积经验和风险管理能力。在公司管理上保证内部决策公开、透明、高效，推动股权多元化、利益分享、投资风险分散。从战略安排上积极推动资产证券化，通过多元融资渠道提升资产流动性。

从事国际投资最根本要有两个基础条件：一个是资本实力，另一个是风险管控能力。而国际投资业务面临的挑战也是多维度的。

（1）投资固有的风险属性。从承包商的角度来讲，挑战主要是如何拿到项目，如何完成项目，以及最终如何收回投资，实现盈利。从投资方的角度来讲，挑战则在于对风险和收益的把控。投资公司所面临的风险系数高且更为复杂。这种风险是转嫁不出去的，并且贯穿了一个项目的全生命周期，在范围上也覆盖了方方面面。为了控制风险，很多企业都采取了相关措施来应对潜在的各种风险，如通过战略规划、前期立项、尽职调查、可研报告、经济分析等一系列程序加强项目的评审，加强决策过程监控和建立监督问责机制，避免违规决策和盲目投资；同时借鉴国际顶级咨询机构的力量，通过与相关机构合作把控风险。

（2）中国企业在"走出去"过程中，也面临内部恶性竞争、国际标准制定难、安全风险加大等问题。为进一步推进"一带一路"沿线国家清洁能源开发，建议国家把清洁能源项目建设放到"一带一路"建设更加突出的位置，进一步加强统筹协调，加大政策支持力度，为我国企业投资开发有关国家清洁能源营造更加良好的政策环境（风险担保机制；政府主导、企业为主体的清洁能源发展线路图；能源外交配套政策支持；安全风险防控）。

面对国际投资业务的挑战，政治、经济与人是开展国际投资业务需要从投资国和目标国分别认真考察的三个维度。同时需要处理好供给和需求的关系，在有需求的前提下供给应该是极具竞争力的，然后是科学地做好结果导向的风险管理。三峡集团经过提炼总结出，要想实现中国水电可持续发展，需要做到：一是系统性。在规划、设计及运行等各个环节，以整个江河流域为对象，进行流域水资源规划，最大限度发挥水资源利用效率；同时，实现流域梯级综合开发，趋利避害，使整个流域实现经济效益、社会效益和生态效益的统一。具体而言，就是要将现代化理论设计计算与实体模型试验相结合，让多个相关专业以及不同领域专家、部门进行交叉验证、审批，再把比较验证结果放到设计方案中进行重新调整和落实，最后形成闭环，让这个闭环在全生命周期里不断循环，持续改进和提高，以保证项目、生态、环境等方面的动态平衡与和谐发展。二是整合资源。深度整合跨界资源，让更多政府部门以及不同行业资源汇聚到一起，实现交叉互动，让他们各尽其责、各尽其能，形成汇聚水资源发展利用的强大合力。三是生态友好可持续。坚持生态优先、绿色发展的水电开发理念，确保水电开发可持续发展。四是社会效益。做好水电站建设的移民安置工作，让水电开发不断促进地方经济社会发展，造福当地百姓。

央企"走出去"重要的是与"一带一路"沿线国家创造命运共同体。注重加强与国际金融机构的深度合作，创新联合体运营，构建真正的命运共同体、利益共同体、责任共同体，分担海外风险，分享市场红利。三峡集团将继续深度参与国际可再生能源发展，积极提供中国方案和工程实践，为全球水电和高比例可再生能源发展贡献中国智慧。

3.4.3 尚待验证的投建营一体化

在海外工程承包市场日益艰难的当下，面对海外业主资金和运维难题的诉求，投建营一体化成为一些工程承包公司发展海外业务的选择。但关于其是否真能有助于整个行业的核心竞争力提升、成为整个行业的高质量发展的前进方向？还需要认真地思考与实践检验。面对挑战，三峡集团就投资业务与承包业务的关系、划分界面开展了一系列思考。

面对这些疑问，三峡集团首先应当认识到，在未来基础设施投资、建设及运营业务各类企业股权逐渐分散的大趋势下，工程建设市场发展的主流方向应该是更加专业化。我国工程建设企业在国际业务中不断向基础设施投资领域扩展，这是中资承包商试图拓展其产业链、业务到基础设施投资领域的结果，而投建营一体化是海外投资初期的阶段性、过渡性结果。一体化的潮流源自市场对各类更具专业化的服务产生了集成的需求，而基础设施投资人便通过融资、保险、工程设计、制造、建设、运营等全产业链服务提供这一类集成服务。

从承包商角度分析，一体化是企业多元化战略的一部分，但因投资、建设、运营三项工作需要完全不同的能力来履行职责，而一个工程建设企业的内控流程是很难满足要求的，也与市场基本的商业规则不相符。因此从国际基础设施案例来看，即使投建营表面上是一个集团承担，但法律意义上是由不同的三个法律主体承担的，例如ACS公司的投资、建设、运营等业务是不同的法律主体承担的，各个平台的股权结构是不一致的，各自在市场上均有其专业比较优势，且其投资的领域和市场与其建设板块的业务重合度不高，基本不参与发展中国家的基础建设投资。鉴于在现阶段，工程公司通常把投资作为扩大承包市场的手段来看待，且投资多位于发展中国家。但是其本身没有投资的全面风险管控体系，且其承包业务对资金周转率要求高，故存在很大的生存隐患。所以建议中资工程建设企业需要加强风险管理能力，减少敞口风险。

从投资人角度，投建营一体化的核心是投资，投资人承担了项目全生命周期、全面的风险。因此，其需要根据融资协议即各种合同来管理投资各阶段的风险，统一集团内部单位承担建设及运营服务必须保证其价格是合理的，招标过程是透明的。三峡集团在未来的清洁能源投资中仍将按照既定的标准和规则选择承建商和运营商，若集团其他平台拥有技术或成本上的比较优势，才会选择一体化。对于承包商，鼓励本地市场的承包商多参与，培养、提升本地承包商的能力；对于运营商，鼓励本地的运营商参与，同时鼓励中资给当地运营商提供技术支持，并投入专门的资金加强本地运营方面的人才培养，以保证投资的项目尽量多地为本地社区创造就业和发展机会，同时保证资产长期安全运行。面对重债国家的风险问题，投资人最好选用项目融资的方式，风险由中资、当地及第三方银行分担，但项目融资在中资银行的接受程度不高。

总而言之，投建营一体化是企业满足市场发展的结果，三峡的海外实践建议多从本地融资、鼓励本地承包企业的参与、积极培养本地的运营人才、鼓励与本地的合作伙伴共享利益，这样才能实现多赢、共赢的结果。为实现高质量发展，三峡建议企业，一是应该着重提升设计、建设、运营等方面的核心能力，在技术输出的基础上加快本地化建设、融合，加大环保安全方面投入，修炼内功。二是对标世界一流建筑企业，例如西班牙ACS，通过大举并购降低管理成本、加快专业化的分工。三是在把主营业务做细的同时，更需要从长远战略上进行多元化发展，向产业链上下游延伸。四是优化业务布局，不仅关注整体的营业额与利润来源，同时关注集团下属平台的业务重合度问题。

3.4.4 疫情与国际业务

此次疫情突发对全球化造成较大冲击，但经过数十年的全球化发展，各国经济相互融合、高度依存，疫情不会在短期内导致产业链的显著断裂，国际分工也不会出现严重倒退。各国间能否进行强有力的多边合作，各国政策能否有效推进经济复苏，对"后疫情时代"经济增长将产生重要影响。由于世界各国应对疫情措施不同，经济恢复模式及速度也会有所不同，预计我国将在全球主要经济体中率先实现经济秩序恢复。

就电力行业而言，各国的封锁措施对工业、服务业的冲击较大，全球电力需求显著下降。据国际能源署统计，2021年一季度全球能源需求比上年同期下滑3.8%。但需要注意在化石能源消费显著降低的同时，可再生能源却逆势上涨。

2021年一季度，全球煤炭需求下降近8%，石油需求同比下降5%，天然气需求也同比下降约2%，可再生能源是唯一需求增长的电力来源。同时，回顾2008年金融危机，为缓解流动性压力，实体机构迫不得已大量出售资产，导致资产价格下跌，折现能力严重下降，使得危机中海外标的"价值洼地"效应明显。例如，三峡欧洲公司抓住了资本市场大跌前仅有的窗口期，通过大宗交易的方式出售了部分葡电股份，获得了良好的投资收益，其专业表现受到欧洲投行界一致夸赞。一季度，三峡欧洲公司利润和营业收入均创新高，净利润同比增加142%。因此，危机期间或是重要的海外投资机遇期。全球范围内电力市场化改革不断推进，将引入新的市场主体，合作形式将更加广泛，能源转型是大势所趋。

虽然危中有机，但仍要苦练内功。后疫情时代，企业为了保证可持续发展，一是持续做好境外疫情防控常态化和长期化的准备，确保境内外员工生命安全和身心健康；二是精心做好绿地项目建设、电力生产运营和大水电二批技改的复工方案，努力推动各项工作按期完工；三是继续高质量推动公司改革方案落地和引战工作；四是高度重视市场开发、加大工作力度，争取在新能源、输配电项目方面的投资并购工作取得新的成绩；五是统筹梳理对照公司考核目标完成情况和重点难点问题，各相关部门和各区域公司要及时对标对表落实好各项工作任务，采取有力措施，确保公司全年生产经营目标的完成。

当前，中国企业海外形象建构的一个重要切入点是履行好企业公民的应尽责任。对于三峡集团来说，目前最大的责任就是加强疫情防控，保障所在国的能源供应。同时加强与各方的沟通，分享三峡的防疫方案。例如，三峡巴西公司坚持疫情防控和生产经营"两手抓、两不误"。一方面，三峡巴西借鉴国内电力系统疫情防控应急预案和疫情防控期间电站运维工作经验，制定三峡巴西的电站应急预案和运维专项预案，组织多次演练均取得良好效果。"三峡防控方案"还得到了巴西电力监管机构的高度认可，并被推荐给其他发电公司学习借鉴。上半年三峡巴西公司生产运营正常，营业收入有望与往年持平。另一方面，三峡巴西公司在疫情发生后第一时间行动起来，秉持"携手抗疫、共克时艰"的理念，积极履行全球企业公民责任。在全力保障企业自身员工及生产经营的防控需求、着力解决现场防疫物资短缺困难的同时，积极主动支援当地政府、社区及医疗机构，向公司所在州政府捐赠呼吸机、监控仪和除颤仪等一批当地急需的医疗设备，用行动诠释人类命运共同体的理念，展现担当负责的全球企业公民形象。

这次疫情是全人类共同面临的挑战，也更加凸显了"人类命运共同体"的思想内涵和时代意义。随着疫情在全球发展，世界经济在短期内会受到一定影响和冲击，但相信经济全球化的浪潮不会因此衰退，互联互通、共建共享仍然会是多数国家的选择，"人类命运与共"的思想将日益成为新的共同价值观。所以在疫情影响下，中国企业在海外开展经营，最关键的是要跟利益相关方建立"命运共同体"。通过人员高度本地化、产业帮扶、环境保护、奖学金计划等一系列行动，实现共同发展。经过这次疫情考验，结合三峡"走出去"的经验，中国企业开展国际化经营，需要特别关注几方面的能力建设：一是跨文化的经营管理能力；二是能在不同政治、经济、社会环境下讲好"中国故事"的跨文化沟通能力；三是在"一带一路"建设中全球资源的获取和利用能力。有了这些能力作为支撑，中国企业的海外经营就一定能行稳致远。

作者简介

王绍锋，博士，现供职于中国三峡集团有限公司（三峡集团），副总经济师，国际业务部主任。在加入三峡集团之前，曾长期就职于中国水利电力对外公司，任公司副总经理十一年，党委书记四年。作为初期筹备组主要成员之一和后来的主要领导班子成员，在三峡国际投资能源投资集团有限公司（三峡国际）任职七年。作为创始人和董事长成功创立中国三峡南亚投资有限公司。

第4章 海油工程：高质量发展下更高性价比的引领者

引言

海洋石油工程股份有限公司（以下简称海油工程）是中国海洋石油集团有限公司（以下简称中国海油）控股的上市公司，是中国唯一集海洋石油、天然气开发工程设计、陆地制造和海上安装、调试、维修以及液化天然气、炼化工程为一体的大型工程总承包公司，也是远东及东南亚地区规模最大、实力最强的海洋油气工程EPCI（设计、采办、建造、安装）总承包之一。

2000年4月，海油工程在"三合一"的基础上，经过重组正式在天津市工商局注册，注册资本17 000万元。2002年2月公司在上海证券交易所上市，注册资本44亿元，总资产288亿元，最大年收入220亿元。2021年，公司在天津塘沽、山东青岛、广东珠海等地拥有大型海油工程制造基地近350万 m²，居世界第二；拥有21艘船舶组成的系列化海上施工船队：单吊重7500t浮吊、3000m水深铺管起重船、4万t浮托及下水驳船、5万t动力定位半潜浮托船、3000m级深水安装船队为代表，海上安装与铺管能力居亚洲第一、国际前列。公司拥有设计、建造、浮托安装3万t级超大型海洋平台的能力及业绩，拥有超过300m水深的导管架设计、建造能力，具备3000m水深条件下的海管铺设能力及超过1500m水深铺管业绩，3000m水深水下设施的安装施工能力和700m水深水下施工及安装能力的业绩。构建了运营中心、设计院、建造事业部、安装事业部、工程技术服务分公司、特种设备分公司、液化天然气分公司、国际交流中心、采办共享中心等专业化管理架构和多元化产业布局，具备了海油工程设计、海油工程建造、海油工程安装、海上油气田维保、水下工程检测与安装、高端橇装产品制造、海油工程质量检测、海油工程项目总包管理、液化天然气工程建设等九大能力，在海外拥有18家境外机构，业务涉足20多个国家和地区。

近年来，海油工程在巩固提升传统海洋工程能力基础上，紧抓全球油气行业发展大趋势，加快向绿色低碳、高附加值产品产业转型升级，培育形成了LNG产业（包括全球LNG模块化建造、国内LNG接收站和液化工厂工程）、深水与水下工程产业、FPSO产业等一批适应行业发展大趋势的重要产业，形成了新的核心竞争力和新的增长极，公司作业能力、综合实力不断增强，发展空间进一步拓展。

经过40多年的业务探索和发展，海油工程形成了"更高性价比的引领者"的发展愿景和"建设中国特色国际一流能源工程公司"的"一个建设"发展目标，明确了"一是坚持打造以设计为核心的海洋石油工程总承包能力；二是坚持以服务国家能源战略为依托，推进公司国际化发展；三是坚持拓展能源工程一体化服务能力"的"三个坚持"发展定位，构建了"坚持以设计为龙头的EPCI总包能力建设"为唯一核心；以经营管理能力和技术引领能力为两个基础；以国际化、深水化、新产业化为三个发展方向；以人才、市场、成本、风控、信息化为五个抓手的"1235"发展布局。

海洋石油行业具有特殊的高风险、高成本、高技术三个属性。海油工程作为中国海油的子公司，身处风险密集、资金密集和技术密集的高风险、高投入行业，在对外合作中学到国际石油公司许多先进的管理经验，尤其是风险的防范和管控。为保障企业安全运营和可持续发展，实现国际一流能源工程公司战略目标，满足全球经济一体化和国内外监管的要求，海油工程借鉴国际先进的管理方法，结合公司实际，提出基于效益、效率和风险平衡的思想引领公司发展。

随着全球高端用户（如壳牌等）越来越强调项目的社会效益，业主们不再单纯以低成本作为项目中标的首要条件，而是越来越看重项目的质量和安全。在保证质量的同时，降低风险、降低成本，勇于创新，要用科技的力量去解决一系列棘手的问题。多年来，海油工程的每一个创新、每一次进步始终都围绕着实际需求展开。始终坚持一条原则，不是为了"面子"而开发技术，而是要看是否能在效率、效益提升和风险管理上真正有价值地去开发技术，在实现技术的先进性的同时，考虑经济性和适用性，从而在实践中实现领先。

2017年，"海洋石油228"驳船在南海成功托举"巨无霸"平台，标志着我国已具备浮托技术自主设计能力。此外，海油工程在浮托安装领域先后创造过三项世界纪录：成功完成世界上难度最大的荔湾3-1组块浮托安装；成功安装世界上规模最大的"动力定位浮托"海洋石油平台——惠州25-8DPP平台；成功安装世界上最大的"低位浮托"海洋石油平台——陆丰7-2平台，创世界"低位浮托法"最深作业纪录。作为海洋工程行业重大的颠覆式技术创新之一，浮托技术改变了海上安装模式，并极大地推动了模块陆地设计建造一体化。"超大型浮托技术"

利用BERT模型指导，平衡"效率、效益与风险"的关系，结合万吨浮托的经验积累，提出在海洋环境窗口更窄的"开敞海域"进行超大平台浮托安装。在攻克长周期涌浪的安装稳性、"T"形船设计及上部平台与基础导管架对接冲击力管控等难题后，单个平台海上平均安装时间从45天缩短为8天，实现了"整体设计、整体建造、整体运输、整体安装、海上零调试"的构想，创造了单体浮托安装3.2万t的世界第二重量和开敞海域世界第一重的纪录。这验证了"海油工程人"心中的那句话："只有在效率和效益上下苦功夫，才能换回来抵消更高风险管控的成本。"

党的十九届五中全会提出，坚持创新在我国现代化建设全局中的核心地位，把科技自立自强作为国家发展的战略支撑。"十四五"期间，要从强化国家战略科技力量、提升企业技术创新能力、激发人才创新活力等方面来提升我国科技创新水平，引领经济高质量发展。我们深知，海洋石油装备被视为流动的国土，深水油气开发技术更是国家综合实力的象征。大国重器，只有把核心技术掌握在自己手中，才能真正掌握竞争和发展的主动权，才能从根本上保障国家能源安全、经济安全和国防安全。后疫情时代，国际形势复杂多变，行业亟待转型，企业战略亟待重塑，这意味着海油工程也将主动跟随"双循环"的新发展格局调整企业发展战略，从更高的角度去认知，敢于提出更高的要求，执行和满足各国的标准，以新发展理念引领高质量发展，从而造福人民，报效国家。

4.1 跨越式国际化发展：从近浅水到打入"国际深水俱乐部"

4.1.1 第一阶段：艰难前奏曲（1966—1999年）

1. 从土法上马向具备现代化海洋油气开发生产能力的跨越

20世纪60年代中期，石油工业部做出"上山、下海、战平原"的战略部署，在渤海海域和南海西部海域正式展开勘探。这标志着我国海洋石油工业的正式起步，但相比世界海洋石油晚了将近70年。20世纪60年代，以美国为首的西方国家对我国进行严密的军事、经济及技术封锁，任何稍有技术含量的设备和产品都不允许输出到中国，中国在与世界基本处于隔绝的状态下开始了海洋石油勘探。约30年，海油工程建设既无法汲取世界海洋石油发展来之不易的经验，也无法借鉴世界海洋石油在装备和技术方面取得的成就。可谓一切从零开始，关起门摸索，在国家工业基础相当薄弱的条件下，不得不"土法上马"，甚至重复世界海洋石油已经走过的一些弯路。

1966年12月15日，在"一无设计规范、二无合适钢材、三无大型安装设备"

的困境中，老一代海油人"土法上马""人拉肩扛"，依靠一台点焊机、几把大锉、弯尺和三名掌握一些焊、铆技术的工人，发挥自力更生精神，努力克服毫无海上施工经验带来的种种困难和风险，自主完成中国第一座海上固定式1号钻井平台设计、制造、安装工作，成功建成"海1平台"，中国的海油工程由此起步，这是20世纪中国海洋石油工业最具标志性的里程碑之一。

1972年，我国海洋石油人在渤海自主发现了第一个稠油油田——埕北油田，依据"土法上马"的经验，我国海油人将5号沉浮式钻井平台改造为6号采油平台生产储油平台的基础，建成了国内首座稠油开采及注水开发试验性平台，并于1977年年底投入生产。在埕北油田"全海式"开发工程中，一大批设计人员、国际级焊工、浮吊操作、运输船员等持有国际通行证书的骨干人才涌现出来。这页带着"洋字码"的纸成为中国海洋石油工程"黄埔军校"的证书，为海油人带来了思想上的改变，而正是这个改变，让人们看到了一条通往全球的路。1986年，中国第一座现代化海上采油平台全面投产，成为我国在20世纪最具标志性的里程碑。

2.在学习和追赶中实现海上油田建设能力的跨越

20世纪80年代初，国家决定将海洋石油工业作为另一个"特区"，实行对外开放，成立了中国海洋石油总公司。成立之初，总公司做出一个重大决策，老埕北油田封井停产，投入与日本石油株式会社的合作开发。根据合同规定，在建设阶段由日方担当作业者，中方全面配合参与设计和建设的全过程。在合作的过程中，现代海洋油气工程知识体系、全球海洋石油思维模式、决策方法和现代项目管理理念冲击着这群奋斗了近二十年的中方人员。到那时，高层们才普遍认识到"要想再次跳起来，必须把身子蹲下来"。于是，中方人员放下身段从规范开始学，从基础技术开始学，从现代管理开始学。

此外，在合作油田建设之时采用中方专家与外方专家平行作业的办法，在相互比较中取长补短，走出提高海上工程设计水平的"终南捷径"。从方案论证到工程设计，该项目云集当时国际上知名大公司的技术专家，分别在日本东京、英国伦敦、美国休斯敦、中国北京和天津等地轮流工作。中方设计人员通过参与项目研究和设计，直接学习国际现代海上油田建设的科学内涵。从海上石油勘探开发的规划、油气田勘探开发阶段的划分、油气田开发的经济评价及各项费用预算的编制，到油气田开发工程的可行性研究、概念设计、基本设计、详细设计、陆地建造、海上安装，油气田设备采办、设备调试与投产全过程各阶段的运作与管理，以及项目的计划、进度、费用和健康、安全、环保四大控制的实施、项目的财务决算等专有技术和管理程序，都让中方人员耳目一新，并从中吸收了新的管理理念和设计思想。

3. 从对外合作向合作与自营并举的跨越

通过学习国外先进技术，中国海洋油气工程不断提高自身海上油气田工程建设的技术能力，积累管理现代海上油田建设的经验，为向合作与自营并举的勘探开发过渡奠定坚实基础。

中国海油在20世纪80年代初就提出"合作与自营两条腿走路"，目的在于通过合作勘探开发引进国际先进技术和管理，并在自营油田的勘探开发过程中进行消化吸收和发展自身能力。在海上油田工程建设中，中国海油与国际石油公司在国际反承包项目中进行合作。所谓国际反承包项目，是由外商投资国内项目，国内施工单位作为承包商的一种工程承包模式。中国海油从一开始就坚持派出骨干人员参与合作油田对等部门的日常工作，参与技术委员会、项目平行研究及工程建设的现场管理工作，同时派出专业技术队伍参与合作油田的反承包工程服务，经受国际标准、国际惯例和国际市场竞争规则的考验。在合作的过程中，中方人员意识到绝不能完全依赖外国公司勘探开发海上油田，而需要不断强化自身海上油田建设的能力，培养在世界海域找油找气和有效开发的能力。

20世纪80年代中后期，辽东湾、北部湾、珠江口盆地的合作和自营勘探出现了重大突破，相继发现了一批合作和自营油气田。其中，绥中36-1探明储量达3亿t以上，流花11-1、崖城13-1在全球石油界引起极大反响，进一步激发了外国投资者的热情，掀起新一轮合作勘探和自营勘探开发的高潮。

4. 从国内"同等优先"向海外市场无保护竞争的跨越

在对外合作中，所有合作油田作业需一律按照国际市场的运作规范，在世界范围展开招标投标竞争。在此关键时刻，中国海油一无过硬装备，二无国际流行技术，三无升级设备的资金，四无真正挑起大梁的专业人才和管理体系，仅有在本土资源国"同等优先"的法定待遇和因外籍劳务受限带来的优势。在参与合作油田的反承包作业时，标书总比别人"薄"，包装总比别人差，回答具体技术要求总是不精准。海油工程队伍在国际优胜劣汰的残酷竞争中体会到要想真正在国际市场站稳脚跟、跻身世界强手之林，就要拿别人的标准来衡量自己。自身不硬，是没有出路的。这正好印证了对外开放之初中国海油领导层大胆提出的"按市场规则办"和"按国际惯例办"，全面与国际接轨，改掉"低标准、老毛病、坏习惯"。

1987年9月，由中方与阿吉普、雪弗龙、德士古联合开发惠州21-1油田总体开发方案经国家石油工业部批准，进入开发建设阶段。在惠州油气群联合开发期间，中国海油坚持以外方为主，完全按照国际标准、借助国际市场力量，采用有针对性的技术。当时国际工业最高水平的流花11-1油田和陆丰22-1油田的工程设施建设是中国在毫无深水技术的情况下，大量引入外方最新技术服务的典范。南海东部油气区在1996年实现了年产原油超千万吨的目标。1993年，原渤海海油工程公司花费宝贵外汇引进了一艘二手起重铺管船，经过在国内合作油田铺设海底管线实践中积累的经验，借助法国SCS公司在世界市场所享有的声誉，驾驶这艘被命名为"滨海109号"起重铺管船开赴印尼爪哇海域，参与美国阿科公司的FSA工程。原渤海海油工程公司通过国际同行的引领，在伙伴关系中一起打拼，不断发展自己国际竞争力。在工程建设的过程中，他们第一次喊出了"业主就是上帝"的口号，严格按照作业者必须保证设备24小时满负荷运转的要求，在40天满负荷高速铺管作业过程中，优质高效完成了40km7条海底管线的铺设。1995年，他们再次赴印尼参与阿科NGL项目铺管工程，克服连续8个月在海上艰苦的施工，出色地完成在30m水深铺设30km的输气管线、两套立管安装、穿越18条管线、清管试压及延伸平台连接的工作。因为工作出色，质量上乘，阿科现场作业者特地在立管上铭刻"中国制造"几个大字，以表达业主由衷的赞许。这段留在马六甲油田工程建设史上的佳话是中国海洋石油工程队伍借船出海的成功标志。

4.1.2 第二阶段：启航世纪路（2000—2010年）

1.从经营市场化向资本市场化和专业化的跨越

在新世纪的开端，计划经济时代"小而全""大而全"的企业模式与对外开放后国际竞争环境格格不入，成为海油工程进行大刀阔斧改革的一个契机。借鉴国际国内同行业先进的管理经验和成功的管理模式，结合中国国有企业自身情况，中国海油进行了大胆的探索和实践，提出了"油公司集中统一，专业公司相对独立，基地系统逐步分离"的"三条线"改革路径，并通过"三步走"战略成功实施了体制改革。

顺应集团的改革路径，2000年4月20日，海油工程在中海石油平台制造公司、中海石油海上工程公司、中海石油开发工程设计公司"三合一"的基础上，成立海洋石油工程股份有限公司，打造集海油工程设计、陆地建造、海上运输与安装、调试、维修为一体的大型工程总承包海上工程公司。通过机构改革和重组，强化资源的优化配置，大幅提高了专业公司自主经营的能力，推进产业升级，强化了在国内外市场的竞争能力。

2002年2月5日，海油工程在上海证券交易所正式挂牌交易，成为中国海油在境内上市的第一支股票，并在2003年至2004年连续入选"上证180指数样本股""CCTV中国最有价值上市公司"等权威榜单，获得资本市场深度认可的海油工程，如一艘马力全开的巨轮，在新世纪昂首启航。

2.从引进向自主建造海上大型工程装备的跨越

我国广阔海域对外开放，仅仅起步在渤海湾的海油工程装备更是难以应对国际竞争的局面。中国海域的工程建设从租赁国外的先进装备到购入国外的二手起重铺管船"滨海109"，再到自主建造海洋石油工程建设系列大型现代先进装备，经历了一个艰苦的跨越过程。

1998年，大型起重铺管船"蓝疆号"启动建造，拉开了海油工程建造大型装备的帷幕。起步要建设的就是单吊重3800t的"亚洲第一吊"，其设计部分由美国公司完成，新加坡公司承包其余部分，并在烟台来福士着手建造。2001年，这艘起重铺管船建成交付，成为海油工程第一次能够迎接南海朝阳的自己的装备，从北到南一系列大型钢结构物的吊装迎刃而解，海上油气田建设工程如虎添翼。

随着海上油气田建设需求向超大型钢结构设计转变，海油工程决定投资购买国内建设的起重能力达7500t的"蓝鲸"号。2008年7月21日，这艘当时世界单钩吊重最大的浮吊，在南海乐东油田轻松试吊3510t的平台成功，随即在孟加拉湾、波斯湾等海域开始承担重型结构物的起吊工作，并顺利完成海外首秀。2009年，为建设"海上大庆油田"，大量超大型钢结构物的联体吊装发挥了无可替代的作用。

从国家海洋事业的长远发展出发，海油工程先后在青岛和珠海兴建了300多万平方米的大型海上工程装备建造场地，一举在国际海油工程领域确立了地位，奠定了海油工程装备建造的"大型""国际"和"高附加值"的发展定位，成功打造海油工程国际化品牌。此外，海油工程着眼深海油田的开发建设，世界知名的3000m水深的深海铺管起重船海洋石油201、海洋石油287等一系列大型先进装备相继启动建造。

3.主动求变，提出建设国际一流能源工程公司

与一些企业在生存危机下的被动改变不同，海油工程"走出去"是其进行的主动战略选择。当时石油行业正处于景气度高峰期，国内海上油田开发建设如疾风骤雨般繁忙，海油工程业绩逐年高速增长，订单接踵而至，应接不暇。

然而，形势大好不代表可以高枕无忧。中国加入WTO后，国有企业的环境正在发生巨大变化，全球能源工程公司都在迅猛发展，并纷纷进入中国市场，市场竞争日益加剧。同时，海油工程的装备、人员、技术和管理等已无法适应公司快速发展的需要，过度依赖国内业务量导致高峰期生产能力不足，高峰过后又呈现生产能力过剩的状况。如何在有利形势下确保企业可持续、健康发展成为新的挑战。

2006年，紧跟中国海油走出去的步伐，在综合考虑内外部环境后，海油工程提出了"建立国际一流能源工程公司"的远景规划，正式开启了国际化的谋篇布局。这一战略目标要求海油工程必须在国际舞台展现"中国力量""中国品质"，在企业运营管理实现全面升级改造，真正具备与国际一流工程企业同台竞技的核心竞争力。

4. 从传统业务向主业延伸、两翼发展跨越

2007年，海油工程在做大做强常规海上油气田建设和维修主业的基础上，提出主业延伸、"两翼"发展战略。"左翼"为中下游的炼化及陆上工程，"右翼"为深水领域。由此，海油工程形成了国内外市场相统一的"大市场"格局，海外市场开始破冰。同年，海油工程与全球FPSO行业龙头MODEC公司签署5年合作协议，并成功中标MODEC公司的FPSO项目。这是公司首次真正意义上自行承揽的国际项目，增强了海油工程参与国际竞争的自信。MODEC项目为海油工程大大提高了公司的国际知名度。此后，世界首例模块化冶炼厂镍矿项目、当时世界最大LNG模块化工厂Gorgon项目、当时最大海外订单ICHTHYS项目等国际订单接踵而来，海油工程逐渐成为国际客户耳熟能详的大型海洋工程公司。

2008年，海外市场开发再获新突破。海油工程与合资企业KONIAMBO NICKEL SAS（KNS）签订了世界首例集成化、模块化的KONIAMBO镍冶炼厂的大型镍冶炼设施工程合同，由亚太地区最大的海油工程制造场地——海油工程青岛制造场地负责。

2010年，海油工程在立足传统海洋石油产业建造的同时，加快实施主业延伸、"两翼"发展战略步伐。大力拓展自升式钻井平台、半潜式钻井平台、大型FPSO、模块化LNG工厂等新产品建造领域，转变发展方式，提升制造水平，全面优质服务中国海洋石油开发事业，打造具有国际竞争力的专业化、国际化能源工程公司。

4.1.3 第三阶段：潮起征途新（2011—2015年）

2010年，中国海油的油气年产量由成立之初的9万t增加到5000多万吨，成功建成"海上大庆油田"，实现了"一次跨越"，同时油气保障能力实现了历史性跨越。在国内海上油田开发建设如火如荼的时刻，海油工程再次求变，紧密围绕中国海油"二次跨越"发展纲要及海外发展目标，牢牢把握合作、稳健、差异化的发展原则，依托公司总包和低成本比较优势，以国外本土化、国际标准化、全球集约化作为国际化战略核心，踏上了"二次跨越"的新征程。所谓"二次跨越"，就是到2020年，进入全球最强石油公司行列，基本建成国际一流能源公司，成为治理高效、管理科学、科技领先、文化先进、员工全面发展、具有高度社会责任感的跨国公司；到2030年，保持全球最强石油公司行列位置，主要经营指标和公司软实力指标达到国际一流，全面建成国际一流能源公司，成为国家放心、人民满意、社会认同、市场认可、股东尊敬、员工自豪、具有高度社会责任感和国际影响力的全球化公司。

在新的历史时期，海油工程通过实施"四大能力"建设，全面推进国际化发展战略。"四大能力"建设即：以设计为核心的总承包能力建设；以大型装备为支撑的海上安装能力建设；以海管维修为突破口的水下设施维修能力建设；巩固常规水域市场地位，加强深水作业研究和能力建设。这不仅提升了海油工程在国内和国际能源市场提供工程服务的能力，还推进转型升级、优化治理结构、持续管理创新，努力建成具有国际竞争力的专业化国际化能源工程公司。

1. 鹏程海外，系统规划海外业务布局

立足于开拓国外市场，海油工程于2012年对国际化能力建设与管理进行了战略调整，在合并中化建国际工程公司架构的基础上，组建了海油工程国际工程有限责任公司（以下简称国际工程公司）。国际工程公司以海油工程为后盾和依托，依靠海油工程EPCI总承包能力和低成本优势，不断提升其海外市场开发和海外项目管理水平。

为了形成"集中管理、全面辐射"的管理效能，海油工程积极推进境外机构合理布局，已建立所属境外机构14家，初步形成"一道防火墙"（国际工程公司）、"一个中心"（新加坡项目运营中心）、"四大区域管理中心"（东南亚、非洲、欧美、中东）的海外布局，海外业务遍及20多个国家和地区。

2013年起，海油工程的国际化步伐再次提速，4年累计承揽国际项目超过30个。其中，俄罗斯亚马尔、缅甸Za-wtika1B、巴西国家石油FPSO等项目可谓"巨制"，具有里程碑意义。

2014年8月，海油工程成立海外架构优化小组，全面梳理公司现有的海外公司架构，研究提出海外架构优化方案以加快公司国际化战略实施的步伐，适应日益增长的国际项目需求，进而有效统筹管理海外资金和资产，打造海外区域的业务平台。

2. 积极调整产业结构，促进转型升级

围绕"以油气田工程建设、油气田工程服务为核心，有效发展中下游工程、关注研究新能源和新兴工程"的产业发展战略，海油工程积极调整产业结构，优化资源配置，大力发展高端制造业，致力向高附加值产品和服务转型。

（1）海油工程装备从产品导向向客户导向转型

第一，海油工程总包的中国首个浮式LNG试点项目及应急配套工程建设——天津浮式LNG实现供气，标志着海油工程在低温应急配套LNG全容储罐自主设计和建造领域取得实质性突破。

第二，橇装业务进入稳定期。特种设备公司首次实施了换热器建造，首次进入发电机组成橇设计领域，全年完成橇装设备306台套。此后，海油工程成功掌握往复式压缩机成橇核心技术，实现了天然气压缩机橇的自主供货，天然气压缩机模块从此"海油制造"。

第三，模块化工厂形成规模化，澳洲Gorgon和Ichthys等项目有序实施，模块化生产线建设已形成规模和能力，成为公司引领模块化工厂的品牌业务。

（2）积极推进建造公司的战略转型

建造公司逐步向"技术管理型"公司转型。海油工程形成以建造公司、青岛公司、珠海公司、特种设备公司、检验公司、液化天然气工程技术公司的发展平台，为差异化、专业化发展插上了腾飞的翅膀。

（3）积极收缩关联度低的外延产业

2013年，海油工程向中海石油炼化有限责任公司出售了所持海油工程英派尔工程有限公司和中海油山东化学公司股权。这两家子公司主要业务属于石油石化中下游业务，与公司主营业务海洋油气开发工程差异较大，与本公司突出发展主业战略不匹配，不能形成较好的协同效应。此次股权转让有助于公司集中有限的资源和精力发展海油工程主业，实现投资收益6800多万元。

3. 以科技创新为突破口，工程技术初步实现从浅海向深海的跨越

根据中国海油"自主创新、重点跨越、支撑发展、引领未来"的方针政策，海油工程积极进行"南海深水建设""中下游建设"的规划部署，实施"科技驱动"战略，紧密围绕制约公司产业发展的重大技术瓶颈开展技术攻关工作，取得了可喜成果，初步实现了工程技术由浅海向深海的跨越。

具体来看，海油工程自主设计建造总重超过6个鸟巢的7万t级"荔湾3-1导管架和组块"平台，吹响了向深水进军的号角，作业能力实现里程碑式突破；"海洋石油201""海洋石油278""海洋石油286""海洋石油291""海洋石油289""海洋石油285""海洋石油287"等深海重器相继入列，海上施工能力获得实质性突破；"海洋石油278"作为公司战略规划中未来深水船队中的一员，是公司主业延伸、"两翼"发展的业务战略定位的具体实施；大型海上平台浮托技术实现全系列、全海域、全天候"大满贯"，为公司的深水战略打下坚实基础。

4. 合作共赢，持续加强海外客户拓展维护

海油工程坚持用好"洋拐棍""借船出海"，通过建立技术联盟、生产战略联盟、市场营销战略联盟等方式参与国际竞争，把加强国际合作、实现优势互补作为成长壮大的必由之路，有效解决了市场狭小、资金有限及跨国作业等瓶颈问题。海油工程相继与挪威 Kvaerner、美国 Fluor、法国 Technip、美国 Worley Parsons 等知名工程公司建立了长期合作关系，通过与英荷 Shell 签订 EFA，使公司现场管理水平大幅提升，撬动了其他油公司对海油工程的认可，在模块化建造、深水及水下业务等方面推进合作，为国际化奠基。

在巩固现有合作伙伴关系的基础上，海油工程加强与大型石油公司的业务联系与合作，成功进入美国 ExxonMobil、法国 TOTAL、阿联酋 Adma、意大利 ENI 等合格承包商名录，逐步进入高端市场。同时，公司不断完善客户管理体系，拓展与核心客户沟通的深度和广度，多次走访客户并邀请外方业主或合作伙伴到公司参观交流，逐步拓宽市场渠道。

（1）Kvaerner 海油工程设计有限公司

2013 年 4 月，Kvaerner 与海油工程就全球商务开发签订了十年战略合作协议。Kvaerner 作为海油工程在国际深水与复杂项目环境下的最理想的合作伙伴，为海油工程提供国际管理、设计工具与工作方法，以支持海油工程在国内与国际发展的雄心。

2014 年 7 月 2 日，海油工程与 Kvaerner 公司在青岛联合成立了设计采办合资公司 Kvaerner 海油工程设计有限公司（KCET），旨在为国际 EPC 项目提供联合工程设计服务，拓展深水设计与国际化采办业务。同时，海油工程在澳大利亚、阿布扎比、加拿大分别设立了分支机构，进一步完善海外机构布局。国际市场开发的广度和深度持续加大，公司海外业务已基本形成以澳洲、东南亚、中东为主要区域的市场布局，并逐步向加拿大、欧洲等市场发展。

（2）中海福陆重工有限公司

2015 年 8 月 20 日，海油工程和 Fluor 成立合资公司（占股 51%、49%）——中海福陆重工有限公司（CFHI）地处广东珠海建造场地。"这一合资公司与我们致力于成为一体化解决方案供应商的领导地位的战略完全一致。"[①] Fluor 公司董事长兼首席执行官 David Seaton 说道。中海福陆重工有限公司为 Fluor 公司提供了建造低成本大型陆上项目模块的能力，同时也为公司对全球客户交付陆上制造服务的长期战略创造契机。

---

① 来源：《2013—2014 海油工程咨询报告》

5.国际油价低位运行，打响提质增效攻坚战

2014年6月以来，国际原油价格出现"断崖式"下跌，低油价导致全球油气开发投资额骤减，海油工程行业竞争更趋白热化。海油工程在加强国际化基础建设的基础上，创新合作模式，做优在建海外项目，推动"五化"管理，挖掘设计采办建造安装一体化潜力，依靠过硬实力在国际市场"虎口夺食"，相继获得巴西国家石油FPSO、荷兰壳牌SDA等多个国际项目，为抵抗行业"寒冬"充实了"粮草"。

（1）坚持"五化"管理

通过全面深化开展"质量效益年"活动，充分释放设计标准化、采办集约化、设计采办建造一体化、海上安装管理协调区域化和橇块产业化的"五化"管理效能，实现主要生产链条的无缝衔接和资源共享，各工程项目按计划、安全、高质量运行。

（2）拓展资源，盘活全局

为了降低成本、盘活存量资产，海油工程对技术性能和运营效率低下、修理成本不断增加的船龄过大船舶进行清理和处置，已出售"滨海261"船和"海洋石油299"船，并启动了"滨海102"船以及"滨海105"船的出售工作，以降低船舶运营成本，盘活船员资源。

安装公司在文莱、缅甸、新加坡设立3处海外项目补给、修理、采办点，实现了海外岸基支持"零"突破。其中，文莱、缅甸主要服务本土项目；新加坡负责全球范围的项目支援，已先后完成整个印尼BD项目的动复员和泰国ZAWTI-KA项目的"蓝鲸""蓝疆"两艘主作业船动员。油气市场低迷，恰恰孕育出全球大量质优价廉的闲置资源。安装公司对部分项目资源进行全球竞争性招标，将ZAWTIKA项目拖轮的平均租价降低了30%。向组织机构注入新鲜血液，是开拓资源的又一举措。2015年，安装公司将外籍员工队伍从工程技术方面扩充到市场开发、安全管理等项目管理领域。通过引入高管理水平和经验丰富的专业人员，在国际项目体系制订、海外投标、海外项目管理等方面不断寻找新的增长空间。

（3）推进长期战略合作的分包模式，降低外取资源成本

海油工程的建造板块和安装板块分别与国内外优秀建设单位和海事单位建立长期战略合作关系或签订长期协议，不仅通过借助外部场地和船舶资源缓解了自身重大资源紧缺局面，而且长期合作协议下稳定的外取资源价格水平也为公司节约了成本支出。在国际油价低位运行的严峻时刻，海油工程中标俄罗斯亚马尔LNG项目的MWP1工艺模块建造合同（Yamal项目），该项目的成功实施适时弥

补了公司国内工作量的严重不足，成为海油工程应对"低油价"寒冬的最重要支撑之一。

4.1.4 第四阶段：奋进勇争先（2016—2020年）

2016年，在以习近平同志为核心的党中央领导下，中国的改革开放进程全面提速。在新的历史时期，海油工程坚持问题导向和全面国际化战略发展方向，坚持创新驱动和统筹兼顾，以做优、做强海外平台为中心。坚定不移强化战略定力，深入谋划"1235"发展思路——以设计为龙头的EPCI总包能力建设为唯一核心，以经营管理能力和技术引领能力建设为两个基础，以国际化、深水化、新产业化为三个发展方向，以人才、市场、成本、风控、信息化建设等为五个具体抓手。紧跟党和国家战略部署，积极对接集团公司发展战略，深化产业调整与转型升级，奋勇争先，挺进深水，深耕"一带一路"。在这一时期，一个个纵横世界版图的超级工程成为一张张中国品质的闪亮名片，推动"海油工程制造"迈入高端制造的新纪元，向着建设中国特色国际一流能源工程公司的目标稳步前行。

1.国际市场，五洲"花开"

在国际市场开拓方面，海油工程充分利用"一带一路"机遇，在中东、欧洲、东南亚、美洲、非洲区域揽获了一批重点国际项目，包括首个欧盟炼化项目——壳牌SDA项目、北美地区最大的液化天然气工厂——加拿大LNG项目、泰国湾雪佛龙平台组块拆除项目、卡塔尔EPCI项目等。其中，西非市场的尼日利亚Dan-gote项目是海油工程首次在非洲市场获得的大型海洋油气工程项目；中东市场的卡塔尔NFA总包项目是海油工程在中东区域首个独立承揽的EPCI总包项目，标志着公司总包能力在中东区域市场获得了进一步认可，有利推动公司在中东区域发展目标的进一步实现。

2018年10月，海油工程设立中东区域中心，助力全面国际化发展。经过几年的努力，海油工程在中东区域从上游市场的外租资源和海上安装项目，逐步拓展到国际传统上游总包市场。该年度，公司在中东区域投标12个项目，累计投标金额达到90亿美元，为2019年全面进入中东海油工程总承包市场打下了坚实的基础。随后，在沙特市场，海油工程正式进入沙特阿美海上总包长期服务协议（LTA）名单，树立了其在中东区域的品牌形象，获得沙特阿美超大型海上总包项目MARJAN项目投标邀请，并在激烈竞争中获得第三标。

此后，海油工程以改革为抓手，积极推进海外机构合理布局，形成"一个中心"（休斯敦）、"四大区域管理平台"（亚太、中东、南美西非、北美欧洲）的海外布局，形成"集中管理、全面辐射"的管理效能。

2.逐梦深蓝，"海油工程制造"进入国际高端油气装备市场

（1）挺举"巨无霸"

2017年5月31日，海油工程"海洋石油228"驳船"挺举"重达12800t的文昌9-2/9-3上部平台，将其稳稳镶嵌在扎根海底的导管架上。此次作业意味着我国首次实现了浮托技术的完全自主设计，两项国产新成果首次应用，打破了国外的技术垄断。海上安装是公司生产链条中高风险、高投入的关键环节，目前海油工程作业水深已提升至1500m，成功打入"国际深水俱乐部"。海油工程紧扣"中国制造2025"发展规划，抓住"一带一路"契机，在打造高端海油工程产品上持续发力，努力成为具有国际一流水准的海上油气工程领域的EPCI总承包商。

（2）摘下"北极"明珠

2014年7月，海油工程中标合同金额达101亿人民币的亚马尔项目。这个被冠以"超级订单""首个极地项目""技术等级最高""高端模块"等众多豪华标签的项目，对于陷入困境的海洋工程行业来讲，无疑是一块极具吸引力的"蛋糕"。该项目所需建造的核心工艺模块，素有LNG工程"皇冠上的明珠"的美誉。

2017年8月16日，随着亚马尔LNG项目最后2个核心工艺模块的交付，海油工程抢占高端装备市场的行动画上了圆满的句号，一举打破了国外企业长期垄断LNG核心模块建造的亚洲市场格局，这距离公司首次提出"建立国际一流能源工程公司"的目标正好十年。事实上，亚马尔项目是海油工程国际化战略的缩影。十年深耕，海油工程在国际市场实现了从制造外壳"粗加工"到核心工艺"精加工"、从"照单做菜"低端辅助性分包向高端"一站式"服务总包的质变，模块化建造水平和项目管理能力得到业界普遍认可，成功跻身国际LNG项目建造"第一梯队"。作为"一带一路"精品工程的亚马尔项目，为"一带一路""中国制造2025"的深入推进和实施起到了超预期示范作用。

（3）驯服"巨无霸"

自2015年5月承揽巴西石油FPSO P67/P70项目两艘"姊妹船"以来，在长达5年的匠心打磨过程中，海油工程组织了近千人的项目管理团队，克服了集成化程度高、工程工作量大、项目周期紧张、工程界面复杂、疫情防控等困难，完成了190多项技术革新和工艺创新。最终，在2018年和2020年先后对巴西石油FPSO（海上浮式生产储卸油装置）P67、P70两艘35万t世界级"海上油气工厂"交付投产。通过该项目，海油工程自主掌握了超大型FPSO的自主建造和集成能力，在竞争激烈的南美巨型海上浮体处理工厂市场上打出了"中国制造"的响亮品牌。这标志着中国在超大型FPSO领域的自主建造和集成能力达到国际先进水平，为中巴两国拓展能源领域战略合作搭建了友谊桥梁，为公司发力高端海油工程建设、开拓国际海油工程市场搭建了良好的国际舞台。

3. 保持战略定力，积极应对低油价冲击

受新冠肺炎疫情大流行对海外经济活动的冲击，全球经济受到严重打击，原油需求进一步降低，原油价格明显下滑，2020年布伦特原油全年平均价格约40.49美元/桶，较2019年均价下降37%。面对突如其来的疫情和低油价严峻考验，中国海油表示，要做好长期应对低油价的充分准备，利用低油价形成的倒逼机制，切实增强应对市场的竞争力。把低油价压力转化为深化改革创新、破解发展瓶颈和降本提质增效的动力，努力化危为机，实现新形势下的高质量发展。

2020年以来，面对外部环境带来的挑战与机遇，海油工程保持战略定力，专注主业发展，对外优化市场开发策略，一如既往深化改革、不断提升EPCI总包能力、持续降本提质增效、加快产业升级，全力提高管理水平和技术水平，在海洋油气工程行业的发展中，保持相对稳健发展的态势。

4.2 新时期全面国际化战略：争做"中国特色国际一流"

4.2.1 战略愿景：更高性价比的引领者

2021年是"十四五"开局之年，站在新的历史起点时期，海油工程将立足新发展阶段、贯彻新发展理念、助力构建以国内大循环为主体、国内国际双循环相互促进的新发展格局，落实国家能源安全战略。

面对更具挑战的生产形势，海油工程瞄准"建设中国特色国际一流能源工程公司"的发展目标，坚定"追求精益与卓越"的理念，坚持"第一次把事情做对"的行为准则和"安全、诚信、人本、创新、共赢"的核心价值观，安全、高效、高质量地推进工程项目建设，践行"更高性价比的引领者"的发展愿景。在大力发展海油工程主业的基础上，面向海外和深水提升管理能力和技术水平，降本提质增效，努力打造一流的上游和中下游工程能力，不断推进国际一流能源工程公司建设，做更高性价比的引领者。

1. 国际化发展定位

在中国海油"中国特色国际一流能源公司"战略目标下，海油工程作为国际化发展排头兵，明确了"以服务国家战略为己任，以客户为中心，坚持高质量发展，建设中国特色国际一流能源工程公司"的总体定位、"大型、高端、深水、国际化"的产品定位和"坚持打造以设计为核心的海洋石油工程总承包（EPCI）能力、坚持以服务国家战略为依托，推进海油工程国际化发展、坚持以服务中国海油为首任，拓展能源工程一体化服务能力"的发展战略，力争成为中国海油国际化发展海外品牌的一张名片。

2.国际化发展目标

总的来看，海油工程的全球化是要做全球一流企业，即在国际竞技中成长为一流企业，而不是简单地"走出去"。因此，在全球市场进入上行通道时，海油工程作为中国海油旗舰工程企业以及国内海上油气工程龙头企业应抓紧机遇期，乘势而上，实现效益最大化，跻身国际一流行列。具体而言，未来海油工程将积极开拓国际市场业务，通过国际化手段，扩大业务规模、提高全球竞争力；积极参与全球资源整合，通过全球供应链、全球收并购等方式提高整体运营效率，实现资本利用效率最大化。通过对海油工程整体文化理念、激励手段等变革，充分激发员工国际化开拓自主性、积极性，发挥员工潜力，真正实现全面国际化。争取在2025年实现全球能源工程企业前十，2030年实现全球能源工程企业前五，最终建成"中国特色国际一流能源工程公司"；通过国际化战略实现海油工程整体成长性、盈利性、稳定性的发展目标。

3.国际化发展路径

国际大型工程公司的国际化发展通常会经历五个阶段，包括成立初期、快速发展、海内外扩张、全球化战略推进和战略重组。现阶段的海油工程正处在全球化战略推进阶段（第四阶段），其海外资产份额及国际化程度显著提高，业务和市场趋向多元化，通过实施"四大能力"建设，降本提质增效，全面推进国际化发展战略，稳步实现跨越式发展。

未来海油工程试图通过两个阶段实现全面国际化建设。第一阶段（2020—2035年）：初步建成中国特色国际一流能源工程公司，综合能力排名进入全球同行业前5名。第二阶段（2035—2050年）：全面建成中国特色国际一流能源工程公司，综合实力全面达到国际一流，建成兼具传统工业精神和智能工业能力的综合性中国特色国际一流能源工程企业，在能源领域具有较强号召力和领导力，在全球企业享有更广知名度。

4.2.2 战略导向：业务组合及区域市场选择

1.战略SWOT分析

新时期国际形势日益复杂，但海油工程的国际化发展势在必行，其内外部环境见表4-1。

海油工程国际化战略SWOT分析表　　　　　　　表 4-1

	优势	劣势
内部环境	1）成本优势 2）政治优势 3）硬件实力 4）模块化建造实力 5）技术团队优势 6）国内品牌优势	1）单一客户 2）业务涉猎面窄 3）资产组合失调 4）管理体制和机制不敏捷 5）全球资源整合能力不足
	机会	威胁
外部环境	1）国家"一带一路"倡议 2）全球上游油气投资市场缓慢复苏 3）油气行业变革 4）全球将进入科技创新活跃期	1）全球经济受疫情影响出现收缩 2）低油价环境 3）国际油气市场供应格局发生剧变 4）能源与地缘政治关系日渐复杂

（1）优势（Strengths）

①具有成本优势。劳动力技能与高效率等带来的低成本竞争优势是海油工程核心竞争力，通过采取低首付低总价的低成本策略，海油工程在全球海油工程市场的市场占有率迅速提升。

②具有政策保障优势和国有企业优势。依托国家石油公司及集团公司的资信支持和兄弟公司发展新技术新装备客观需求，海油工程具有向高难度深海发展、向高风险国外发展、向陆地高质量中下游设施发展的优越条件。

③硬件实力越来越强，拥有一流模块化建设场地设施及港口配套。高性能的施工船舶装备逐年稳步增加，公司的硬件（场地资源、船舶资源）在国际市场认可度高，具有很强的竞争力，为国际化发展提供了良好的装备和技术基础。

④模块化建造实力越来越强，同类产品的建造工期比其他国家短，拥有较强的工期控制能力、安全管理和质量管理能力。在工作量增加的情况下，安全绩效保持在较高水平。

⑤具有高水平的专业管理和技术团队，在浅水领域和常规油田开发建设方面的技术、人才、装备和设施能力较强，技术队伍越来越大，在中国市场EPC总包处于绝对的优势地位。

⑥海油工程有一个稳定的国内市场。在国内具有市场先行者的品牌优势，特别是海上油气工程的公司，公司在国内市场拥有广泛的客户和供应商资源，具有强大的市场开发优势。

（2）劣势（Weaknesses）

①单一大客户（中国海油）使海油工程整体经营业绩抗风险能力不足。

②业务领域相对较窄，新兴业务涉猎面不宽，海油工程市场承揽量受海洋

油气市场波动影响明显，国际市场开发也呈现波动现象。

③海油工程资产组合失调。2014年"低油价"以来，受全球海油工程市场趋势和集团内"抱团取暖"等综合影响，海油工程利润率和资产利率水平呈现波动。

④国际化业务管理体制和机制不敏捷，管理主体和实施主体分散，国际化业务实施决策效率低。

⑤全球资源整合能力不足，国际采办渠道和议价能力亟需提升。

（3）机会（Opportunities）

①顺应国家"一带一路"倡议，海油工程作为中国海油旗舰工程企业以及国内海上油气工程龙头企业应抓紧机遇期，乘势而上。

②全球上游油气投资市场正缓慢复苏，市场规模扩大，海上油气投资支出增加，为海油工程国际化提供大量市场空间。

③油气行业发生变革。国际油气工程企业"大者恒大"的趋势明显，且在经历了资产并购与重组后，全球领先油气工程公司大多进入业务调整期，为海油工程的国际化发展提供了良好契机。

④全球将进入科技创新活跃期，将迎来更加激烈的科技竞争。工程技术难度加大，需要海油工程提高工程实施能力，"智能海油工程"发展趋势明显。

（4）威胁（Threats）

①全球经济遭受疫情冲击，正在从量化宽松向量化紧缩缓慢过渡。油气公司资金收紧，迫使海油工程扩充融资渠道。

②低油价环境下，油气企业面临业务量减少，合同额降低等风险。

③国际油气市场供应格局发生剧变，世界石油市场出现沙特阿拉伯、俄罗斯、美国三足鼎立的供应格局。

④能源与地缘政治关系日渐复杂，未来能源安全受到影响。

2. 业务组合

全球海洋油气工程服务市场规模将增大，潜力巨大，其中改造服务占据主导地位，亚太及中东将成为核心市场。天然气生产和消费的全球化布局，促使作为传输纽带的LNG产业飞速发展，未来将有大量新建需求，亚太、非洲、北美将成为关键市场。下游炼化产能稳步上升，新增产能将向亚太新兴经济体和中东集中。

为了更好地分散风险、提高效率，使短期、中期和长期的项目群情况更加符合公司运营和战略规划，新时期海油工程将形成以海洋油气工程为支柱、中下游业务与新能源支撑可持续发展、新兴业务培育潜在增长机会的多元国际化业务组合。其中，核心业务包括浅水油气工程建设和LNG工程。其作为海油工程国际化发展的业务龙头，引领各项业务发展方向，体现企业核心价值，构筑国际市场核心竞争优势。战略业务包括深水油气工程建设和海洋油气工程服务，市场吸引力较高，具有产生稳定运营效益的潜力，能为海油工程国际化业务创新增长积蓄发展能量。培育业务包括炼化工程、海上风电、浮式电站、非常规、技术咨询，未来可支撑国际化核心和战略业务的发展，具备一定市场增长潜力，可以在远期助力海油工程国际化业务实现多元化发展。

3.区域市场布局

在国际市场，拉美、亚太与中东及非洲是上游海洋油气工程投资热点地区，中游投资则集中于北美、亚太。亚太地区侧重全产业链共同发展，中东在浅水和炼化市场存在较大需求，拉美、非洲在深水、水下市场具备更高吸引力，而北美地区则关注服务和LNG市场。

从海油工程当前的国际市场布局中不难发现，近年来，海油工程主要在区域上深耕中东、亚太地区。同时在业务上持续跟踪浅水项目，重点关注亚太全产业链以及北美LNG和非常规项目机会，渴望逐步实现多元区域和业务的全面发展。未来，随着海油工程业务能力和市场竞争力的不断提升，综合考虑外部市场趋势与海油工程内生发展需求，海油工程将积极开拓国际市场，继续深耕中东、亚太地区，扩大在北美、拉美、非洲市场布局，择机进入欧洲。同时在业务上寻求美洲海上项目机会及非洲LNG项目机会，为长期实现中东、亚太、北美、非洲全产业链拓展布局和多元化发展奠定基础。

4.2.3 战略规划：阶段化建设中国特色国际一流能源工程公司

为了实现"国际一流"的发展目标，海油工程紧抓市场机遇，通过市场开拓、能力提升、管理优化等手段，扩大规模、增加收益，同时减少波动。国际化业务发展将是其增加资产利用效率、提高抗风险能力、实现可持续发展的重要手段和路径，有助实现业务的成长性、稳定性和盈利性。结合目前的国际化发展现状，未来的国际化发展将围绕"多元化战略""大客户战略""品牌战略""能力提升战略"展开。

1.多元化战略

在全球能源结构调整趋深的背景下，全球油气公司已开始积极布局多元业务，纷纷向天然气一体化、炼化化工、新能源及综合能源服务等清洁与新兴能源业务靠拢。为适应行业整体发展趋势，海油工程渴望通过多元化战略，重点聚焦业务组合延伸及区域布局扩张，从增长规模提高收入与资产、降低风险提高抗风险能力、增大投入产出提高资源效率三方面推动海油工程进一步迈向国际一流能源工程公司。

（1）业务领域拓展

海油工程将在现有业务组合的基础上对各业务领域进行深入拓展，以较低的壁垒获得更大的市场，最大化利用企业现有资源，同时进一步提升抗风险能力。

①在海洋油气工程领域

一是与中国海油形成战略共同体，内外联动突破深水市场。近些年，海油工程利用国内现有的流花、陵水等深水、水下项目，进行能力培育，重点提高深水项目总包能力及水下作业能力，推动国外战略协同，海外市场优先争取中国海油海外深水浮体及水下工程项目机遇，实现海外经验业绩积累，并以点及面实现市场突破。短期内自主培育能力，长期则通过收并购实现业务快速扩张与市场进入。

二是从东南亚拆除市场着手，提高工程服务项目交付能力。一方面，海油工程将立足已有发展基础的亚洲市场，紧跟现有项目、把握现有客户关系，建立长期客户合作关系，实现市场突破。随后依托逐渐建立起来的工程业绩与品牌形象，进行全球范围扩张。另一方面，从业务能力较成熟的海上平台退役拆除市场着手，着重培养旧平台改造和延寿能力，率先实现工程服务项目的突破。

三是通过战略合作及模式创新，实现浮式液化天然气生产储卸装置（FLNG，又称LNG-FPSO）能力与业绩提升。海油工程应抓住浮式设施市场增长机遇，争取通过与国际油服公司在产业链环节上的合作以及与中海油国际融资租赁公司在业务模式上的合作，实现FLNG业务突破。

②在中下游业务领域

以中海福陆为抓手，从模块化建造切入炼化工程领域。中海福陆是海油工程旗下主要实施陆地标准模块化业务的主体之一，短期海油工程将以中海福陆为抓手，以模块化炼化工程建造为切入点，借助科威特国家石油公司建设的世界级炼油工厂项目——KIPIC模块总装项目打响国际品牌，以福陆全球资源布局为助力，与母公司福陆达成合作，争取每1～2年承接福陆涉足的模块炼化项目，布局炼化工程板块；长期将联合中国海油其他兄弟单位，培育炼化工程总包能力。

（2）业务模式延伸

为了最大化满足外部市场多元需求，同时提升企业内部综合能力，新时期海油工程在业务模式上将进行创新与延伸。

①从以分包为主的模式向总包与分包并进的模式转型。总包作为海油工程国内市场的优势业务，未来将对外实现优势业务的输出，构建企业在全球市场的

竞争地位。在具备成熟技术能力和丰富经验业绩的浅水等业务领域，短期内应形成以总包带动发展的业务模式，成为国际化业务收入的重要支柱。分包是本企业目前在海外工程市场的主要业务模式，未来也将持续作为其国际化的重要支柱。在目前尚不具备核心技术能力及多元化产业板块，如深水、LNG、海上风电等领域中，以分包项目为切入点，利用海油工程优势能力积累项目经验，长期撬动总包项目机会。

随着全球海洋油气工程总包项目模式增加，Saipem等全球领先企业多依靠总包驱动新签订单增长，新时期下海油工程从以分包为主的业务模式向总包与分包并进的双轮驱动模式转型，成为国际化业务的双支柱。

②以传统融资向高阶带薪融资方式转型。全球油气工程从单纯EPC工程向带资EPC工程延伸，带资工程成为行业新趋势。在油气公司普遍"口袋缩紧"的背景下，提供有力的资金支持成为海洋油气工程承包商获得项目的有效方式。

石油公司越来越关注工程承包商一体化服务能力，一体化是EPC未来发展的大方向。全球同业领先竞争对手选择从前端设计介入提高后续项目获取能力。早期介入是选择最佳技术方案和个性化制定、从而减少总投资成本的最佳手段。

③以投资驱动海上风电建造安装项目机会获取。当前海油工程在海上风电领域处在探索开拓阶段，新时期将采取以投资驱动海上风电工程输出的模式实现市场拓展，并从建设安装环节着手积累海上风电工程经验。

新能源项目的业主分布较传统电站项目更加多元化，其中不乏EPC承包商通过"投资+自建"的方式参与。通过这种方式，海油工程在获得EPCI工程收入的同时，还可以获得项目的溢价转让收益，既在高端市场建立了工程业绩，又实现了资金的高效利用。

2.大客户战略

全球领先工程企业大多通过与重点客户建立长期合作关系的方式，维持稳定收入来源，防范市场风险。Technip公司建立了完善的大客户维护体系并致力于为客户提供高质量和高附加值的服务。海油工程目前仅中国海油一家稳定大客户，且其贡献收入基本源自国内市场，尚未形成可以提供稳定收入来源的客户群。为了树立海外市场口碑，辐射周边区域，形成区域范围内"海油工程制造"的品牌形象，在全面国际化发展中，海油工程将进一步聚焦大客户，在重点市场通过大客户绑定的形式，形成稳定客户群体、实现稳定收入来源。

海油工程的大客户战略将从大客户识别、差异化策略制定、客户代表设置和客户关系管理体系建立四个方面着手，实现企业发展和客户利益的双赢。

（1）识别大客户

由于海油工程此前一直受到单一大客户的限制，且目前客户多集中在中东、东南亚地区，未来将通过对全球化和区域性市场的分析及对企业过往项目合作客户的梳理，识别不同性质的关键客户。

（2）制定大客户差异化策略

针对价格敏感型客户，通过短期低价策略赢得客户的青睐。在项目的前、中、后期通过对当地市场的客户诉求理解、技术标准规范的严格要求、品牌形象建立等获得长期合作关系。

针对定制化需求型客户，通过长期定制化策略，在项目累积中加强客户需求理解力和关系管理能力，针对需求提供差异化增值服务，以此来慢慢提升单价，通过对重点区域市场和客户的深耕细作，增加客户黏性，将短期的利益牺牲转变成长期的利益驱动。

（3）设置客户代表

在海油工程总部层面和重点区域层面分别设立客户销售团队，针对不同客户建立及维护客户关系。目前，总部设立大客户管理团队，负责在总部层面建立维护大客户关系及大客户信息处理；而在各地区，未来应加强设立海外区域客户代表，负责与当地业主进行日常的协调与沟通并及时与总部进行项目意见反馈。

（4）建立客户关系管理体系

海油工程将分别从项目投标阶段、实施阶段和完成阶段去进行日常客户维护，并对客户档案进行动态管理，及时更新客户需求信息并注意客户档案的后续维护及私密性处理，建立贯穿项目前中后期的全周期客户关系管理体系。

3.品牌战略

意大利知名承包商塞班（Saipem）极其注重品牌形象建立，其LOGO和品牌定位都随着全球市场的演变趋势和自身发展的战略调整与时俱进，2014年其将原先的"安全、可靠及创新"进行了顺序上的调换，转变为"创新"作为引领。这体现了随着油气工程市场竞争的加剧，工程技术要求的提升，科技创新力逐渐成为Saipem的核心价值主张。此外，Saipem通过每年邀请利益相关方参与项目"Stakeholder Engagement Program"，进行"事件重要性"调研，识别利益相关方关键诉求。结合调研结果、发展现状及规划目标，从对公司和股东的重要性两个维度排序，输出Saipem的品牌定位。并在每年都会对上一年度主要的价值主张进行表现评估，同时设定下一年的发展目标。通过对品牌的关键价值主张执行情况的监控，实现对品牌价值的有效管理。

与Saipem相比，海油工程长期以来在国内承接中国海油内部项目，很大程度上影响了全球市场知名度和品牌形象的建立，并降低了其对于品牌建设的重视程度。在全面国际化发展的新时期，海油工程将着力发展品牌战略，形成全球市场具有较高知名度的品牌形象，提升其在全球市场的议价能力，由此有利于抵抗可能发生的价格战风险，提高整体盈利能力。具体来看，海油工程将从品牌管理体系建立、标杆业绩积累、ENR排名上榜三个方面规划品牌战略，提升在国际市场的品牌价值。

（1）建立国际化品牌管理体系

国际化品牌管理体系的建立应从理念的转变开始，从总部层面加强对全球市场品牌营销的重视，并建立相应的管理体系以确保品牌管理策略的落地与实施。

（2）标杆业绩积累

在海外市场，海油工程将综合利用中国海油、中国政府等资源优势，在海洋工程和模块化工厂建造等全球未来重点布局地区，打造标杆工程项目，构建与业主的良好关系，并借助口碑项目进一步拓展该国、该地区、地区辐射范围内以及全球的"海油工程制造"高品质品牌形象。

（3）争取进入全球ENR榜单

2021年，共有78家中国企业进入"国际承包商250强"榜单，上榜企业数量蝉联各国榜首。在石油化工领域排名前10强的企业榜单中，中国石油集团工程股份有限公司和中国化学工程集团有限公司2家企业上榜，海油工程对标的国际领先油气工程公司也均榜上有名。因此，海油工程在新时期将提质增效，勇往直前，力争上榜。

4. 能力提升战略

海油工程在规划目标中强调运营国际化，即以市场需求为导向，拥有为全球客户提供成本领先的工程技术解决方案的能力，具备以市场化方式进行全球资源要素配置的能力；以公司品牌价值形成国际多元化客户结构；国际项目管理能力、国际采办能力稳步提升。海油工程2021年半年度报告显示，公司深入开展降本提质增效，重点强化目标导向、业财融合、标本兼治三方面，系统打造降本提质增效2.0版，从项目维度和组织维度提高管控效率，从自有资源提质增效和外取资源品类采购节资两方面双向降本，为公司整体经营绩效贡献了突出价值。2021年上半年，海油工程实现营业收入74.71亿元，归属于上市公司股东的净利润4亿元。

对比而言，海油工程当前海外项目中标率仍需大幅提升，一方面是由于工程实施的竞争力不足，尚未得到海外广泛业主的认可；另一方面，海油工程进入国际市场时间相对比较短，国际化人才相对缺乏，国际项目运营经验和风险防控能力不足，地缘政治、不同国家或地区政策、海域环境、远程资源调配均可能给海外项目作业带来运营风险。项目前期风险把控、工程履约管理以及信息化管理等项目管理能力有待提升。因此，未来海油工程将工程能力提升作为一项重要战略议题，制定能力提升战略。

（1）产业链能力提升

海油工程将积极参与全球资源整合，通过全球采办网络、全球建造工厂等全球化布局，使自身初步具备有效利用全球资源的能力，提升产业链各环节（项目投融资、设计、采办、建造和安装）能力。

将国际公司打造成海外资本运作平台。在内部能力建设方面，将国际公司打造成为海外资本运作平台，并建立海外投资资金池，形成从投资资金流出到EPC工程回款、投资退出资金回流的内部资金滚动，有效控制带资项目运作风险。

加强与外部金融机构的合作。充分利用政策红利及多样化金融工具，加强与进出口银行、亚投行及商业银行等外部金融机构的合作，有利于多元化融资方式，降低融资成本。

优化提升设计能力。补足工程环节能力缺失主要包括分包、战略合作以及参股或收购设计公司三种模式，新时期海油工程计划通过参股或收购方式引进人才，提高设计水准，同时也通过介入前期设计环节获得更多的项目机会，获得海外业主认可。

建立全球采办网络，提高全球资源整合能力。近期，在海外设立采办办事处，由海油工程的采办总部进行统筹管理，发生采购需求时，总部直接派驻采办人员前往当地进行采购。远期，在全球设立采办中心，每个中心进行独立运作，对海油工程的工程项目进行业务支持，不设立采办总部，各采办中心形成海油工程的全球共享采办网络。

提高建造场地利用率。由海油工程浮式产品的下部浮体（如FPSO壳体）建造环节进行分包，建造完成后运输至建造场地进行集成，最终完成交付。此外，与合作船厂组成战略联盟，成立合资公司，在场地未被使用时，将建造场地给船厂进行下部浮体的建造活动，避免场地资源的浪费。

推动建造场地全球化。为了降低国别风险和汇率风险，充分利用布局区域的市场潜力，海油工程将建造重点放在了美洲、欧洲和非洲，协同发展浮式平台业务，未来将建成全球化建造工厂以满足客户需求响应的及时性和周边辐射国家的建造需求。

升级船舶舰队，提高水下作业能力。近期，通过成立战略联盟锁定目标合作伙伴和潜在收购标的，共同承揽水下工程项目。远期，通过收购或与合作伙伴成立合资公司，获取水下EPC能力，主攻水下工程业务。

（2）项目管理能力提升

海油工程将重点培养包括项目评估、履约机制、全生命周期管理以及信息化等项目管理体系能力，提高工程在国际市场的竞争力。

建立项目前期筛选机制。在总部层面建立项目投标决策委员会，建立明确的项目前期研判筛选机制与考量标准，优选项目的同时合理把控风险。

建立全面工程履约管理体系。海油工程将建立并完善覆盖工程质量、进度、成本等方面的全面海外工程项目履约管理体系，提高对海外工程项目的管控能力。

推进贯穿项目全周期的项目经理责任制。为了确保在项目全周期中相关参与主体各司其职，同时有主体对项目整体绩效负责，海油工程在项目投标阶段即明确项目经理候选人，通过其全程参与，保证投标和实施环节的有效承接及落实。

推进高度信息化的项目管理体系。通过建立以EPCI工程总包项目为核心的生产管理平台和工程项目管理、设计、建造、安装应用统一技术路线，整合创建数字化解决方案能力，构建交付、运营、管理等方面数字化技术和能力基础；制定公司整体的数字化发展战略；对标国际一流企业，逐步建立数字化、智能化工程交付能力；与业主合作，开展智能工厂等数字技术的开发和应用。

4.2.4 竞合理念：亦"敌"亦"友"共进退

海洋油气工程行业是全球最国际化、最全球化的行业之一。所有的海上油田几乎全都是世界投资商、服务商竞技的博览会，各企业共御风险，分享成功，能登上这个舞台也就是走上了世界一流的舞台，跨入了世界一流的阵营。

海洋油气工程行业也是最特殊、最讲究竞合的行业。企业常常与过去的竞争对手进行联合投标，优势互补。在分包商的选择上，由于政治、文化等影响，业主通常会要求总包商选择他们认可的设计等分包商，这无疑也给以低成本取胜的海油工程带来了一些压力。这种战略性的合作和潜在项目的合作框架只能由双方高层进行战略性决策，能否得到业主的认可和认证成为承揽项目的关键点，也是竞合中的难点所在。

海油工程走出国门，走国际化之路是必然趋势。为了贯彻落实习近平总书记提出的"四个革命、一个合作"能源安全新战略，海油工程全方位加强国际合作，着力实现开放条件下能源安全及技术发展。

1.竞合模式

在合作领域方面，石油公司与EPC合作已经从传统的工程设计及施工环节，延伸到上下游的各个领域。随着设计能力的提高，高端化、一体化是未来EPC发展的重要方向，体现在EPC业务由"设计＋技术"为龙头的EPC业务管理向由"设计＋管控"为主导转变；此外，BOT、PPP等新型工程建设承包模式正在全球范围逐步流行。此外，领先企业通过联合投标模式实现业务能力互补，合作共赢。

在国际工程承包实践中，联合体模式和总分包模式是两种常见的承包模式。联合体模式是指两个或两个以上的法人或其他组织组成一个组织（这种组织一般是临时性的），用以获取工程承包项目，如成功获得，则共同实施所获项目的项目运作模式。从法律角度，联合体可分为契约型联合体和法人型联合体，前者的设立依据为合同（通常是联合体协议）；后者是合资公司，其设立依据是相关国家的公司法律。其中，契约型联合体又可分为松散型联合体（Consortium）和紧密型联合体（Joint Venture，或称联营体）。

在海油工程的竞合模式中，操作性相对较好的模式为紧密型联合体模式中的联合体项目公司模式。2019年11月海油工程与McDermott公司成立联合体共同承揽了沙特阿美石油公司旗下Marjan油田增产开发项目油气分离站4合同包1的EPCI合同（Marjan GOSP-4 Package1合同），其中海油工程工作范围为合同项下部分平台的陆地建造、运输和海上安装，这一项目正是海油工程竞合模式的最好例证。通过联合体模式的实施，承包商企业能够有效解决项目所在国对于当地承包市场准入的法律要求，以及业主对于承包商项目业绩的资审要求，降低竞争烈度，同时通过专业互补、强强联合提高竞争力，确保项目高质量实施建造。通过与沙特阿美达成合作，"中国制造"品牌进一步得到了国际主流市场的认可。海油工程也将以此为契机，深化与中东油气市场的合作，推动"一带一路"油气合作走深走实。

2.竞合策略

回顾国际同行以及过往的历程，海油工程未来的主要方向将集中在设计类业务、小产品生产项目公司资源的获取，主要通过并购、合资和联盟等方式，主要并购区域集中在欧洲及北美地区。国际市场开发以自主开发为主、联合和代理开发为辅。

一方面，积极培育与知名石油公司的战略联盟，积极进入石油公司供应链条，通过建立战略供应合作关系更好地服务上游客户，提升运营效率，促使业务能力的提升，保证公司在供应链整体绩效竞争中占据优势。

另一方面，充分利用国内国际两种资源，加强与国内国际同行合作，强强联合、优势互补，提高国际市场竞争力。对于公司来说其自身的资源是有限的，而市场上呈现着资源分散的局面。公司如使用有限的分散的资源必须进行有效整合与充分利用,才能使其产生的效益大于各自单独使用时所获得的效益总和。其他合作伙伴的核心资源组合起来,便会产生一种协同效应,组合起来的核心资源比组合之前更有价值、更加稀有和更难以仿效,大幅提升企业核心竞争力、拓展国内外市场的能力、应变能力和抗风险能力。

4.3 优化国际化治理:高效化、专业化、差异化、多维度治理体系

4.3.1 建立高效运作的公司治理机制

1.责任理念

坚持党对国有企业的领导是重大政治原则,必须一以贯之;建立现代企业制度是国有企业改革的方向,也必须一以贯之。作为国有控股上市公司,海油工程贯彻落实两个"一以贯之";不断完善董事会管理制度、组织机构和体制机制,推进"大设计""项目经理责任制"、采办领域"管""办"分离等改革举措,改革目标和路径愈加清晰;不断提升国际项目管理能力、采办能力和经营管理能力。

2.治理制度

海油工程严格根据《公司法》《证券法》《上市公司章程指引》和证券监管部门的相关文件和要求,制定了公司章程、股东大会议事规则、董事会议事规则、监事会议事规则、总裁工作细则、独立董事制度、信息披露和投资者关系管理制度、投资管理制度等公司治理规范性文件,形成了系统的公司治理框架。

按照各项法律法规及监管部门的要求,不断完善公司治理结构,为确保项目正常收款和法定代表人依法履行职责,及时修订和完善公司章程等治理制度及内部控制制度,切实提高了规范运作水平,保证公司依法合规经营,维护了公司和广大股东的合法权益。

3.控股股东及实际控股人

海油工程的控股股东及实际控股人为中国海油。公司与控股股东之间的产权及控制关系见图4-1。

4.股东权益

公司依据《公司法》《证券法》《上市公司治理准则》和《上海证券交易所上市规则》等法律法规,遵循中国证监会、上海证券交易所等监管机构的要求,建立了规范、清晰的公司治理结构,形成了科学有效的职责分工和制衡机制。公司股东大会享有法律法规和公司章程规定的各项权力,依法行使对公司经营方针、

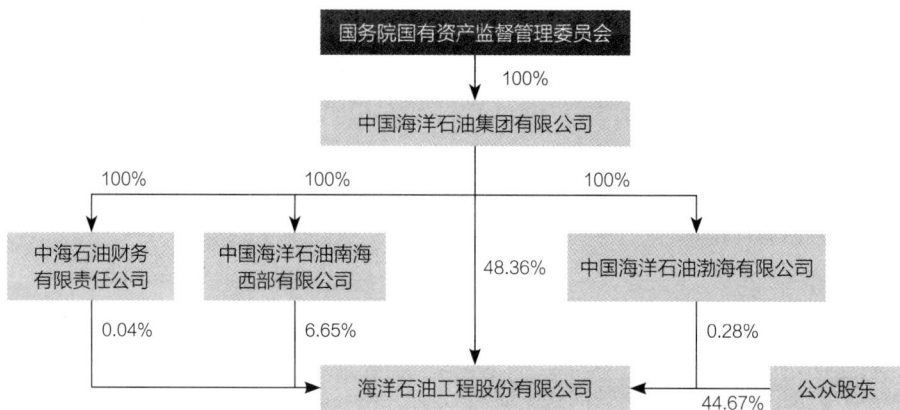

图 4-1 产权与控制关系图

图片来源: https: //www.cnoocengineering.com/

筹资、投资、利润分配等重大事项的决策权；董事会对股东大会负责，依法行使股东大会决议的执行权和规定范围内的经营决策权；监事会对股东大会负责，对公司财务、内部控制和高级管理人员履职等情况等进行检查监督；管理层负责组织实施股东大会、董事会决议事项，主持公司日常经营管理工作。

4.3.2 构建事业部制组织架构和专业化管理体系

1.事业部制组织架构

随着业务组合与业务模式愈发多元化，不同业务模式的管理偏好以及对于管理能力的要求不尽相同。事业部制组织架构将实现专业化管理，有助于各业务线的资源整合及优化，实现交付能力的提升和经济效益的最大化。

全球领先的油气工程建设企业中，以业务领域划分事业部的模式占比超过80%；而业务聚焦型的油气工程企业则多以服务类型和业务领域混合的模式设置事业部，如 Aker Solutions、Subsea7、中油工程等。但组织架构不是一成不变的，企业根据自身的战略发展方向和业务发展诉求的改变而不断调整组织架构。2011—2015年，Saipem 重组海上和陆上事业部的设计和施工能力，实现专业领域的资源协同。2016年起进行事业部重组，建立五大事业部，基本出发点是按细分行业专业化管理，各事业部在开拓市场、业务运营上掌握更多自主权。同时，根据战略重心的转移，领先油气公司也会相应设置专门的事业部，赋予其更多业务自主权，以促进其专业能力的提升和业务的快速拓展。

对标上述企业，新时期海油工程初步形成了业务领域与服务类型混合式事业部制组织架构（图4-2），将原有的经营单位整合成多个事业部，同时成立若干个共享机构，实现职能集约共享。

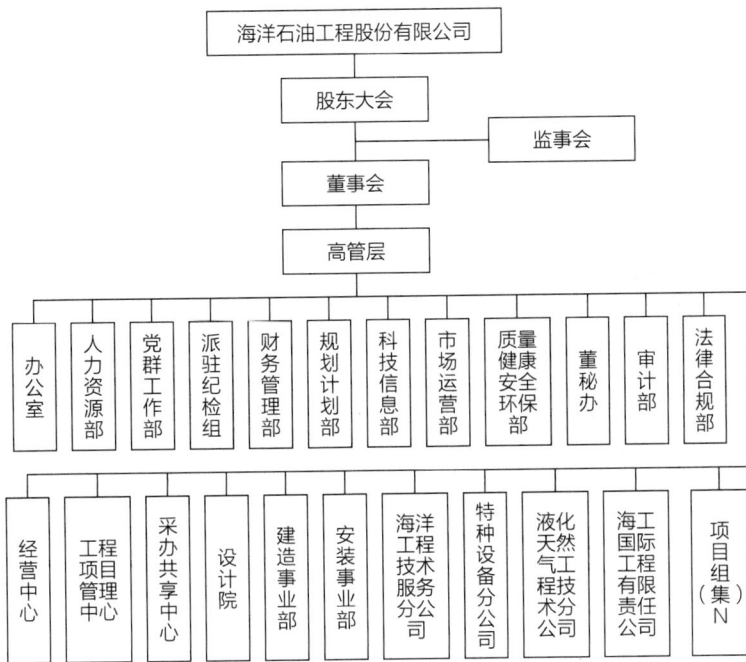

图4-2 海油工程事业部制组织架构图

图片来源：公司官网，https://www.cnoocengineering.com/

2.风险管理体系

安全是最大的效益，事故是最大的成本。海洋石油行业的高风险、高技术、高投入特点决定了安全生产是基石，没有安全就没有一切。一直以来，海油工程加快健全全面风险管理体系，做好以效益、效率和风险平衡理念为核心的风险管理文化建设。统筹考虑风险的两面性，注重抓住机遇的同时，强化风险的防范与控制；注重风险控制程度与效率平衡，强化关键风险点的管理控制，弱化非重要风险点的管理控制；注重风险管理体系的科学性和动态适应性，循环改进风险管理方法，保证体系持续有效。

随着国际政治局势越来越复杂，国际汇率、税率波动等经济风险频频出现，企业工作量与日增多，这都为企业风险管理带来巨大的挑战。后疫情时代，海油工程将以风险管控为保障，大力夯实合规运营能力基础，进一步健全全面风险管理体系的框架，按照风险识别、风险分析评价、风险回顾、风险监控流程加强风险控制，细化应对策略，将效益、效率与风险平衡的风险管理理念融入内控制度建设和重大风险解决方案，形成风险防控的"闭环"管理，同时增加必要的针对国际化业务的风险管控环节，全面提升风险控制能力。

4.3.3 构建国内外业务差异化管控体系

国际领先工程建设企业大多实现全球一体化，采用统一管控模式；日韩企业多处于"一司两制"阶段，国内外业务采取不同运营模式，构建国际业务独立运营体系；而中国企业在推进国际化业务发展过程中，根据其自身发展历程与文化差异，普遍正处于"以内驱外"阶段，依托国内现存机制体制开展国际业务。

在新的时期，海油工程作为国有企业充分考虑其在国际化发展中的管控诉求，在参考国际领先工程企业实践的基础上，将发展"中国特色"的管控模式，在国际化扩张阶段建立"一司两制"的管控模式，进一步下放管理权限。

1. 至2022年，将完成区域推广，能力提升

海油工程将加强标准化管理体系建立，进一步放权海外公司，建立完善的信息系统，实现全面支撑；事业部强化专业管理能力，海外公司强化对区域内运营单元的日常经营管理和协同能力；海外公司将试点海外模式复制推广至全球业务布局区域，加强海外公司对当地运营单元的协调和日常经营管理能力。这一阶段的目标是将已有的中东公司模式复制到其他地区，加强各区域的职能集中共享和标准化管理。

2. 至2025年，将形成全球一体，区域深耕

海油工程将建立国内、国外的通用标准系统与系统平台，形成战略决策能力、业务组合能力、风险防控能力及资本运作能力；事业部进行专业管理，行使业务管理能力；海外区域公司设置完备，加强区域内各业务板块的协调管理。这一阶段的目标是事业部与区域公司将分工协作，国内外采用统一的体系标准，实现全球范围的资源共享和业务支撑。

4.3.4 建立适应国际化发展的多维度投资决策体系

近年来，海油工程在国内外不同区域的油气资产激增，资本性支出也大规模增加，存在资产收益与规模的增长不匹配等问题。与此同时，受全球宏观经济形势以及全球石油供需变化的影响，企业在资产组合、投资决策、资本多元化等方面都面临严峻挑战。在此背景下，企业需要按照其本身使命和战略对资本投资相关的评价决策体系进行调整，以此提高产业资本的效率及效益。

海油工程属于资源型企业，总体战略的实现对业务单元战略依赖程度相对更高（如开发和生产业务战略），而投资的效益正是未来战略成效、资源价格预期和当期成本管控的集中体现。基于这种特性，在企业国际化投资战略和投资管理决策过程中，需注重投资决策和投资组合的多维性和权重系数的选取，这关系到企业决策，乃至国家的商务、经济、外交政策与行为如何与公司战略匹配。因此，海油工程建立了基于战略、经济、风险的多维度投资决策指标体系。

1. 战略因素

战略契合维度主要从战略层面考虑项目是否适合企业当前的发展需求，对标国内外石油公司的战略，选定了投资策略、销售策略、市场充沛程度、价值贡献量四个维度的指标。四个维度可回答企业战略发展什么规模的产品（通过市场充沛程度、生产贡献量进行衡量）、发展什么区域（通过投资业务、投资区域进行衡量）、通过什么方式（通过销售策略进行衡量）三个问题。由于国际化发展充满不确定性，企业可根据其战略及策略，重新解析和调整指标以应对不断变化的外部环境。

2. 经济因素

经济价值维度主要从盈利层面考虑相较于历史数据和其他待评价项目的经济性影响。盈利能力通过衡量项目的投资回报能力、时间、竞争力三个方面进行评定，包含盈利、综合成本-含所得税等税费、内部收益率、财务净现值、静态投资回收期五个评价指标。

3. 风险因素

风险维度主要从风险层面考虑项目的风险是否在承受范围内，并且对风险进行记录，进而对不同产品、不同开发环境形成风险登记库。风险维度主要通过技术风险、经济风险、商业风险、组织风险、政治风险五个指标进行衡量，参考行业内领先的国际石油公司最佳实践，并结合企业各部门专家意见进行适当的调整。

通过以企业战略为基础、项目风险为底线、经济指标为目标的多维度项目全生命周期的综合评价模型，海油工程将全方位地对项目各方面的优劣展开分析，以企业战略和规划为导向，打造出一套客观、科学、有效的多维度的项目决策评价指标体系，保证决策的合理性和有效性。

4.4 低油价+后疫情时代：如何应对"黑天鹅"齐飞

4.4.1 战略评价：基于价值创造的重新审视

1. 战略考核与评价

理查德R.鲁梅尔特曾说："如果没有战略评价过程，组织既不能制定战略，也不能适应不断变化的环境。无论战略评价是由个人实施，还是作为组织评审程序的一个组成部分，它都属于指引企业过程的一个关键步骤。"

每个企业的国际化战略都是独一无二的，因此，战略评价要采用情景逻辑，依据海油工程所面临的问题对症下药。事实上，认识机会是计划工作的一个真正起点，确定目标是计划工作的一个实际开端，滚动调整是计划工作的一个管理要害，这是海油工程计划的核心特点。所谓海油工程的战略评价也是一个持续不断的过程，考核的指标不是一成不变的，而是像做规划一样，每年根据公司要求、发展需求和实际情况适当调整。沿着既定的公司发展布局和"十四五"规划，把战略任务和指标分解到年度季度月度、部门、单位和具体岗位，明确任务完成时间表、路线图和责任人，形成一级抓一级、层层抓落实的良好执行和评价格局。

2. 战略失效与再造

近年来，中东紧张局势、COVID-19的爆发、沙特和俄罗斯的石油价格战等"黑天鹅"事件频繁发生，国际原油价格也开启了下跌模式。此时的外部环境比以往很多时候都复杂，逆全球化和民粹主义同时加剧了中美"脱钩"的趋势。复杂的世界局势对企业国际化战略发展造成了巨大影响。根据权威资讯机构IHS Markit 于2020年12月份发布的数据分析，"十四五"期间布伦特原油平均价格难以超过60美元/桶。从行业资本开支来看，IHS Markit预计2021—2025年全球海上油气勘探开发支出合计5420亿美元，比"十三五"5810亿美元低6.7%，行业整体市场规模有所压缩。2020年海外主要工程承包商收入普遍下降，运营成本显著上升，经营亏损创下近年来新高。

一般来说，国际化战略的实施与评价依托于相对稳定、发展、创造价值的环境，一旦发生国际动荡、国际关系剧烈变化等突发事件等，全球化战略可能会失效，从而走上再造之路。

针对海洋油气工程装备制造产业来说，过去10年中，中国海洋油气工程装备产业的大部分产能都在满足国外市场需求，属于典型的外向型经济。中美关系恶化对海洋油气工程装备产业的影响主要体现在三方面。一是恶化的中美关系会迫使中国着力打开经济内循环，发展政策转变为内外双循环相互配合的模式。这可能导致国家对外向型经济的支持力度减弱，进而影响国家对海洋油气工程装备产业的支持力度。二是中美关系恶化将对全球经济增长及油气需求带来较大不确定性，给油价造成下行压力，利空海洋油气工程装备市场。三是美国对中国海洋油气工程研发制造企业的制裁将影响海洋油气工程企业与美国公司的合作，以及中国企业和美国海洋油气工程企业的技术交流和技术引进。

中美贸易战的常态化对中国海洋油气工程产业带来了巨大冲击，行业亟待转型，企业战略亟待重塑。后疫情时代将加速中国海洋油气工程装备产业的多元化转型，加快中国海洋油气工程装备产业集中化整合速度。其次，美国海洋油气工程技术的封锁会导致中国与欧洲海洋油气工程技术巨头合作交流增加。全球海洋油气工程技术有两个摇篮，一个是美国墨西哥湾，另一个是欧洲北海。两个地区都孕育出了最先进海洋油气开发技术，两个地区的油气开发技术水平也相当，相互之间可替代性高。最后，美国对中国海洋油气工程的技术封锁将使得国内加快海洋油气工程上游技术研发速度，包括大规模市场的海洋油气工程装备基本设计等。

在外循环经济面临更多调整和不确定性的情况下，未来海洋油气工程将形成以国内大循环为主体、国内国际双循环相互促进的新发展格局。一方面，全球海洋油气工程装备总装产业维持着中、新、韩三足鼎立格局。但中国主要占据海洋油气工程中低端市场，且在海洋油气工程核心设备和系统方面仍依赖于美国和欧洲。需要强调的是此时的"内循环"不是走计划经济的道路，不是"闭关锁国"，而是扎实基础，补短板，突破深水油气工程、高端装备制造等方面存在的"卡脖子"技术瓶颈。依靠国产化、依靠国内创新是解决按"原一般国际体系"可能存在的"卡脖子"的途径；另一方面从"结合自身优势，实现客户目标"的概念设计来创新，其本身就可能完全找到不依赖"原有一般国际体系"的技术和实现路径，更能增强抵御外部不确定性所带来的风险的能力。同时国内市场面临极大的机遇，国内油气的底线生产能力保障和增储上产"七年行动计划"、国家天然气产供储销体系建设仍在大力推进。对公司来讲，外部环境变化无法左右，唯有发展好主业，加快提升能力，方可赢得主动、化危为机。公司将紧紧抓住机遇，努力开源节流，加大市场开拓力度，全力保障订单数量和工作量水平，通过狠抓降本增效，深化改革发展，加强管理创新和技术创新，不断提升核心竞争力，打赢疫情防控和低油价攻坚战，持续为股东创造更多价值。

4.4.2 深耕蓝海：深海油气勘探开发"回归"

深海油气勘探开发正在缓慢地回归之中。但事实上，深海油气勘探开发面临着不容乐观的环境。

一方面，全球范围内的能源需求虽然增长，但增长率逐年趋缓。虽然传统油气仍是全球能源市场的主角，但从油气消费结构来看，未来二三十年大踏步转向天然气这一过渡清洁能源的趋势愈加显现。石油需求虽然保持增长态势，但增长率不断递减；天然气成为增速最快的化石能源。

另一方面，在页岩油气竞争、能源使用效率提升、地缘政治因素不稳定性以及其他新能源快速发展等多重因素的作用下，油价复苏的步伐缓慢，且存在不确定性。但深海和极地仍然是油气储量增长的主要区域，近年来一些巨型的油气发现已经看到，只要资源基础好，油价稳定，深水和极地在全球油气的地位将逐步凸显。特别要指出的是北极的天然气也将在未来新的地缘政治中发挥积极作用。

即使是在这种不利情况下，上游油气仍需要深水和极地的开采保障油气基本需求，随着深海及极地油气勘探开发逐渐回归。油气企业对深水和极地项目逐渐乐观，重启资本性投资。全球海洋油气工程装备和海上油气开采平台在向大型、高端、深海和极地的方向发展。

1.新机遇

随着技术发展带来的成本降低以及油价的企稳，深海和非常规资源将成为开发热点。非常规油气资源产量增速将达到10%，深海油气产量增速将达到11.4%。技术进步带来的开采成本降低，将使单井高产的深海项目以及非常规油气资源开发项目具备一定经济效益。

从地域上来看，美洲、非洲将是非常规资源和深海资源的热门地区。美洲是海上非常规资源产量的主要来源，占比超过65%；墨西哥湾、巴西和西非则是"深海三角区"，占比高达77%。

2.新挑战

（1）行业竞争面临新格局

第一，各地区呈现区域性垄断特征。欧美及中东市场相对分散，亚太、非洲和拉美市场集中度较高。大部分区域由当地油气公司占有最大的市场份额，非洲则由欧洲油气企业占据主导地位。第二，小型私营企业将加入上游竞争。油价下跌造成很多传统油公司业绩下滑，为规避风险多数选择缩减投资，这为小型私企加入上游投资领域提供了良好的契机。第三，全球整合加剧。油气工程企业通过收购并购获取技术能力，行业面临新格局。

（2）业务模式不断创新

设备租赁模式开始取代自主投资建设模式，F+EPC模式将逐渐增多。不同驱动模式的工程企业均呈现产业链延伸趋势。欧美企业多以设计作为业务驱动模式，且业务范围多呈现横向或纵向产业链全覆盖趋势；日韩以建造、安装为业务驱动，且有向提供高附加值服务方向延伸的趋势。

（3）油气开发模式转变

因海洋油气开发正向深度、边际油田、极端环境、替代能源等方向发展，油田开发模式将由水面开发向水下开发转变、从半海式开发向全海式开发探索、从有人值守平台向无人智能平台转变，这给勘探开发技术带来巨大挑战。人工智能技术将在海上石油开发中广泛应用，在降低成本的同时大大提高安全性和可靠性。这意味着行业竞争格局将发生变化，即人工智能与互联网等公司将参与海油工程领域的竞争。

3.新举措

全球范围内，深海油气勘探开发能力的第一阵营是欧美国家。他们垄断着高端装备总包、深水铺管等产业价值链高端。亚洲国家处于第二阵营，主导海洋油气工程装备制造领域。中国经过近十年努力，整体能力进入第二阵营，与新加坡、韩国正逐渐形成三足鼎立之势。巴西和俄罗斯等资源大国成为海洋油气工程装备制造领域新的竞争者，但发展势头放缓，尚未在世界市场形成强的竞争力。

2020年9月11日，习近平总书记在京主持召开科学家座谈会并发表重要讲话，指出石油对外依存度达到70%以上，油气勘探开发、新能源技术发展不足，应加快解决制约科技创新发展的关键问题。虽然我国的海洋油气工程产业链比较完整，在追赶国际水平时也取得了一定成绩，但仍有较大差距。例如核心设备仍依赖进口，通用设备和专用设备发展空间广阔；先进的设计和生产制造能力不足，深水和水下油气田开发技术及关键设备制造能力薄弱；海洋油气工程总承包技术和管理能力不足，企业国际化程度不高，全球整合资源的能力不强；国内装备制造业的产业集中度和专业化水平有待提升。

未来全球海洋能源工程市场竞争更趋激烈。中国海洋油气工程行业和企业必须抢抓机遇，直面挑战，在建立和健全产业链、构建产业价值生态方面努力，进行开放式创新，产业上中下游协同，产学研用结合，通过合资、收购、并购、参股等形成商业联盟。不断增强健康可持续发展能力，不断赶超行业国际领先水平，为海洋强国建设，保障国家能源安全贡献价值。

4.4.3 "海油工程智造"：向智能制造发展转型

这一场席卷全球的新冠肺炎疫情，对装备制造行业产生了巨大影响。第一，生产难以正常进行，生产进度不同程度延迟；第二，配套产品交付困难，造成总包商向客户交货延迟，客户的生产和经营活动也受到严重影响；第三，装备行业的售后服务与支撑不能及时开展；第四，营销与销售活动开展受限，严重影响企业的订单数量和后续的经营活动。疫情带来的种种不利影响，给全球海洋工程等装备制造企业转型升级敲响了警钟。中国的海洋工程企业在中国整体抗疫成功的形势下，采取了很多超常规的措施，包括数字化技术和4D建造技术的快速推广，完成了全球其他企业不能完成的任务，赢得了业界的赞誉。随着以5G、大数据、人工智能、云计算、工业互联网为代表的数字科技的高速发展，一场由数字化和智能化带来的产业革命已经在实施中，企业数字化智能化转型将带来全业务产业链的创新和管理变革。

作为深海战略的基础，海洋工程装备，特别是海洋油气生产装备，主要包括固定式生产平台、移动式生产平台、水下生产系统、海底管线等，其产品种类和数量规模约占海洋石油装备的60%～70%，具有"五高"——高技术、高投入、高产出、高附加值、高风险；"两化"——定制化、多样化的特点。智能制造的"弹性"和"柔性"正是解决这种不确定性和复杂性的利器，可满足大规模个性化定制而不增加成本，有利于海洋油气生产装备制造业快速提质增效、降低成本。

1.新机遇

（1）经济市场

从中美贸易争端开始，未来中美两国将会在更广泛的经济领域里发生摩擦，这种状态和格局可能会长期存在。一方面，随着中美贸易战，能源合作前景暗淡、油气进口通道、海外油气资产方面都会遭受深刻影响，主要包括对高端设备进口、技术引进、技术合作、对外合作伙伴选择、海外资产运营、海外并购等。但另一个方面，这也将推动自主可控技术的研发，为打造核心技术带来广阔的市场机会。

中国经济进入中高速增长阶段。中国GDP每增长1个百分点的增量，相当于5年前1.5个百分点、10年前2.5个百分点的增量，是全球每年经济增长绝对量最大的国家。中国经济增长速度在全球仍然独树一帜，这意味着与之相关的国内投资需求量依然保持较大规模。

（2）技术市场

未来一段时期内，全球将进入科技创新活跃期和双轨竞争期，无论是科技成果的产出，还是科技市场的繁荣程度，或是各国的科技投入能力，在这一阶段都将呈现出快速发展的态势，全球将迎来更加激烈的科技竞争。

全球主要经济体正式进入第四次工业革命时代——智能化革命时代。从自动化向智能化、网络化和集成化方向发展。中国也明确了"智能制造"的核心思路及"互联网+工业"的发展目标，即顺应"互联网+"的发展趋势，以信息化与工业化深度融合为主线，强化工业基础能力，提高工艺水平和产品质量，推进智能制造、绿色制造。

（3）制造业市场

行业竞争日趋激烈，斯伦贝谢、贝克休斯、哈利巴顿、威德福等油服企业因油价波动和自身原因导致经受巨大的经营压力甚至破产重组。新技术及智能化、数字化技术对国际能源市场影响加大，哈里伯顿宣布与微软达成战略协议，共同致力于推动油气行业数字化转型。壳牌声明其使用运用人工智能技术使产油采收率提高了10%，产气采收率提高5%。挪威国油Equinor在北海Oseberg油田建造了无人平台，成本节省超20%。技术的迭代速度超乎想象，想在未来的技术服务领域站稳脚跟，核心技术是必备的武器。

此外，海洋油气工程开发已成为发展海洋经济的先导性产业，并得到了国家战略各个层面的高度重视。《中国制造2025》将海洋工程装备制造业确定为十大重点领域之一，使其成为我国战略性新兴产业的重要组成部分和高端装备制造业的重点发展方向。工信部等八部委发布的《海洋工程装备制造业持续健康发展行动计划（2017—2020年）》明确提出积极推进智能制造。

2. 新挑战

（1）关键技术制约行业发展

相关国家在制造领域实行技术封锁，"卡脖子"关键技术制约海洋油气装备行业的发展。工业发达国家制造业的回归战略使得跨国公司在我国制造业的布局呈"逆转移"态势。

（2）行业数字化智能化程度偏低

在海洋油气生产装备设计、制造、运维数据孤岛较多，缺乏智能生产管理系统及智能生产线。因此，海洋油气生产装备制造效率和质量有待进一步提高。

客观地讲，现阶段国内海洋工程在智能制造领域的发展与发达国家相比有较大差距，例如，某欧洲海洋油气工程企业在十几年前即应用了一体化设计理念和BIM技术，利用PEM系统将设计与项目管理、生产管理深度融合，实现了设计、采办、生产流程、计划及成本控制的信息化和自动化管理，设计深度达到可生成6级计划即车间施工工单。当前经济社会数字化智能化技术发展突飞猛进，新的理念层出不穷，技术迭代更新越来越快，海洋油气工程行业的格局也处于快速的深刻变化中。

3. 新举措

未来的海洋石油装备制造业竞争，将更多地表现为高技术含量、高技术性能、高附加值驱动、高技术成果应用的价值链竞争，竞争将主导海洋石油装备制造业重新布局，成为未来发展的"总引擎"。寻求突破、主动创新、在新概念设计方面发挥自身优势，已成为中国海洋工程装备摆脱传统模式，向新型现代化模式转型发展的战略聚焦点。

为了尽快缩小与国际同行业的差距，增强公司核心竞争力，海油工程大力开展信息化、数字化建设，不断提升一体化管理、可视化生产和数字化交付水平，正在建设的天津临港智能化制造基地，成为海油工程向数字化及智能化转型的示范基地。解放思想，转变观念，对标一流，用快进思维高起点规划，高起点建设，补齐短板，延展优势。

未来应基于满足客户需求为出发点，采用以设计变革引领智能制造发展的路线，充分借助行业已经成熟的BIM以及正在快速发展的数字孪生技术，与国内国际一流技术支持厂商加强合作，大力推进"大一体设计"的技术革新，从3D设计快速实现向BIM、数字孪生的设计理念升级。同时，以设计为引领，加速推进公司各领域向智能化制造转型，以此作为公司核心竞争力之一，助力实现成为中国特色国际一流能源工程公司的目标。

参考文献

[1] 国家能源局《2020年能源工作指导意见》

[2]《海洋石油工程股份有限公司2018年年度报告》

[3]《海洋石油工程股份有限公司2019年年度报告》

[4]《海洋石油工程股份有限公司2020年年度报告》

[5]《海洋石油工程股份有限公司2020年半年度报告》

[6]《海洋石油工程股份有限公司2021年半年度报告》

[7]《海洋石油工程股份有限公司2019年度社会责任报告》

[8]《2013—2014海油工程咨询报告》

[9]《海洋石油工程股份有限公司国际化发展战略规划项目战略规划及管控设计报告》

[10]《海工瞭望（2019年第1期）》

[11]《海工瞭望（2020年第1期）》

[12] 海洋石油工程股份有限公司官方网站、公众号等媒体报告

[13] 国务院国有资产监督管理委员会网站等新闻报告

作者简介

金晓剑，中国海洋石油集团有限公司副总师、原海洋石油工程股份有限公司董事长、总裁、党委书记，于2019年9月受聘天津大学管理与经济学部兼职教授，天津大学能源工程管理中心主任，能源工程管理实验室负责人。我国海洋石油工业知名的技术专家和领军人物之一。本章基于既往公开资料和调研访谈资料，除事实陈述外，其他内容多为作者个人思考，不代表企业观点。

第5章　华为：万物互联的助推者

　　华为技术有限公司（以下简称"华为"）创立于1987年，是全球领先的信息与通信（Information and Communications Technology，简称ICT）基础设施和智能终端提供商。华为以丰富人们的沟通和生活为愿景，聚焦客户关注的挑战和压力，旨在提供有竞争力的通信解决方案和服务，持续为客户创造最大价值。对外，华为奉行以客户为中心的核心战略，将客户需求作为华为发展的原动力，以提升客户竞争力；对内，推行以奋斗者为本，按员工实际贡献进行价值分配。此外，华为的持续性管理变革也是其一大特色，正是基于此才造就了其高效的流程化运作，进而确保了端到端的优质交付。华为秉持开放、合作、共赢的生态理念，与友商共同发展，与供应商、合作伙伴、标准组织、研究机构等共同构建良好的产业生态链，致力于把数字世界带入每个人、每个家庭、每个组织，构建万物互联的智能世界。

　　从生产用户交换机（PBX）的香港公司的销售代理起步，到今天拥有19.4万员工，业务遍及170多个国家和地区，服务30多亿人口的行业领先企业，华为的一切成就与其国际化密不可分。从20世纪末开始，华为逐步将眼光投向了广阔的国际市场，开启了全球化扩张之旅。纵观华为的全球化历程，可概括为全面西化、法律遵守以及文化遵从三个典型特征。本章围绕ICT基础设施领域，回顾了二十多年来华为如何成长为全球通信设备产业的领先企业的国际化历程与战略，并着眼于国际化业务战略的最新制定和实施情况，识别出新时期战略管理的重要问题。

5.1 华为国际化的基因密码

　　1995年，中国通信市场的竞争格局发生了巨大变化：一方面，由于国际市场需求下滑，中国通信制造类企业拓展国际市场频频受阻；另一方面，大型跨国通信设备商纷纷转入方兴未艾的中国市场，以获取更多利润弥补其在其他市场的损失。在彼时的恶劣环境下，国际化成为华为"活下去"的唯一选择。1996年，华为开始了跌跌撞撞的国际化之旅。回顾华为的国际化历程，有几点理念始终贯彻其中，对华为独特的国际化战略的形成起到了提纲挈领的作用。本文将其总结为华为海外市场的四点战略指导方针。

5.1.1 拒绝机会主义，压强原则

早在华为国际化初期，任正非就提出："我们拒绝机会主义，坚持面向目标市场，持之以恒地开拓市场，自始至终地加强我们的营销网络、服务网络以及队伍建设。"这不仅源于华为自身的企业文化，更是由通信行业的特征所决定的。通信行业作为一个投资类市场，需要在基础设施建设方面进行长期规模投入，只靠短期的机会主义行为很难得到客户的认同。因此，即便华为在海外市场的开拓过程中一度停滞不前，但其始终把国际化作为一项长期战略持续投入，坚决拒绝机会主义。

追溯各个国家的拓展进程，华为著名的"压强原则"是拒绝机会主义的一大有力佐证。《华为基本法》第二十三条明确了何为压强原则："在成功关键因素和选定的战略生长点上，以超过主要竞争对手的强度配置资源，要么不做，要做，就要极大地集中人力、物力和财力，实现重点突破。"换言之，凡是战略，都是专注。压强原则的一个典型体现就是华为在研发上聚焦于核心电信设备，正是依托于这种专业化战略，华为先后突破了C&C08 2000门数字程控交换机、GMS全套移动通信设备、3G、4G和5G等几乎全部重大产品。

以C&C08 2000门数字程控交换机为例，在JK1000局用机一经推出便惨遭失利的情况下，任正非专门组织公司最优秀的研发人才成立相应部门，并将全部资金投入到C&C08 2000门数字程控交换机的研发上。实践证明，华为的倾力一搏成功了。自1993年首次在浙江义乌开通，到2018年正式下线，C&C08 2000门数字程控交换机在25年间服务了100多个国家和地区的数亿用户。C&C08 2000门数字程控交换机可以说是华为第一个取得大规模商业成功的自主研发项目，也正是这一项目的巨大成功，坚定了华为走技术路线的决心。目前，华为在研发上的投入力度世所罕见。2020年年报显示，当年从事研发的员工约10.5万人，约占公司总人数的53.4%。当年研发费用高达1419亿元人民币，约占全年销售收入的15.9%，这一数字为近5年之最，而未来还有望再创新高。近十年，华为的研发投入总计高达7200多亿元人民币。

基础设施企业国际化战略再造：理论与实践

5.1.2 以土地换和平，共享利益

在阿以争端的处理上，以色列前总理拉宾首次提出了"以土地换和平"的概念。2005年，任正非提出了"向拉宾学习，以土地换和平"的国际化战略。随着国际化进程的不断推进，华为越来越注重发展与竞争对手的长期战略关系，不仅将西门子、爱立信等竞争对手都称为友商，也愿意牺牲自身的一部分利益与其共同创造良好的产业环境，以求在竞合中实现互利共赢。一个典型表现为华为的国际市场进入模式，在国际化初期，华为常以建立合资企业的方式进驻某一市场。譬如，2003年11月17日，华为与美国的3Com公司成立了合资企业"华为3Com有限公司"。如此，3Com公司可将研发中心转移至中国以降低成本，华为则可利用3Com世界级的网络营销渠道来销售华为的数通产品。正是依托于3Com的资源和渠道，华为在国际市场特别是北美市场上打开了局面。无独有偶，华为通过成立合资公司、战略联盟等方式与思科、摩托罗拉、西门子、NFC、赛门铁克等先后达成一系列合作，大大加速了华为的国际化进程。

5.1.3 以客户为中心，快速响应

作为华为的核心价值观，以客户为中心同样贯穿了华为的海外市场拓展进程。可以说，营销是华为的核心竞争力。华为在国际化早期的营销策略是"跟着我国外交路线走的"，具体表现为其国际市场进入模式的选择。由于彼时知名度较低，华为选择对外直接出口：积极参加各种博览会、大型展会等进行宣传，旨在让更多人了解华为，从而获取更多订单。

任正非曾明确表示："客户是我们生存的唯一理由！"鉴于当前产品愈发同质化的发展趋势，服务才是留住客户的关键。因此，客户接待是华为最重要的工作之一，是一场精心准备的营销活动。华为的客户关系可精炼为"一五一工程"：一支队伍、五个手段（参观公司、参观样板点、现场会、技术交流、管理和经营研究）、一个资料库。客户经常先被邀请参观"新丝绸之路"，旨在令其了解中国电信行业的高速发展以及华为在其中的领先地位；其次，参观华为坂田基地，在华为技术人员的详细讲解中近距离接触华为的技术与产品；最后，进行技术交流，在高级会议室中，技术人员和市场人员针对客户的问题详细解答，深入了解客户的真实需求。可以说，每一个到华为参观的人，无不对其严密细致的接待工作留下深刻印象，客户接待能力也由此成为华为的核心竞争力之一。此外，华为在满足客户需求方面还有一个有力武器——快速响应。以泰国AIS公司为例，1999年6月，AIS和DTAC同时推出了预付费业务。华为快速响应AIS的需求，

在60天内完成了设备的安装和测试，远少于业界平均周期，从而为AIS快速抢占市场提供了有力支持。

5.1.4 农村包围城市，先易后难

"农村包围城市"是华为国际化战略的真实写照。不同于美国等发达国家基于"雁阵效应"的国际化路径，华为探索了一条崭新的自下而上的渐进式国际化道路：先进入技术壁垒较低的发展中国家，站稳脚跟后再循序渐进地进入发达国家。这一策略是由彼时华为自身能力和外部市场环境共同决定的，一方面，在国际化初期，华为的绝大部分产品还不成熟，甚至没有形成完整的产品线；另一方面，西方发达国家电信市场的技术准入门槛非常高，若要通过其供应商资格认证，需要相当规模的投入以及很长的时间，而发展中国家的基础网络设施相对较差，门槛也比发达国家低得多。因此，自1997年起，华为以俄罗斯、印度、中东、北非等发展中国家为起点，沿着迂回侧翼的国际化道路一步步前进。2004年，华为在英国贝辛斯托克设立欧洲地区总部，标志着华为海外拓展的重点逐渐从亚非拉发展中国家转向梦寐以求的欧美主流高端市场。

5.2 从初生牛犊到沙场老将的海外历险记

5.2.1 绝处逢生，稳扎稳打：1996—1999年

华为独特的竞争力源于其在国际化的进程中，面对的是全球顶尖的竞争对手以及世界各地差异化的客户需求。在华为工作了24年的一位高管曾言："华为其实没有国际化战略，只是要把种子先撒出去，把公司最优秀的一批人撒出去。这是第一步。"由此可见，华为在国际化初期采取的是撒种子式的探路策略。彼时，华为面临的最大挑战就是由于海外市场拓展经验不足，接触不到客户，最具代表性的便是俄罗斯市场。

1996年，C&C08机顺利打入香港市场，迈出了华为走向海外市场的第一步，华为备受鼓舞。1997年，华为正式进军俄罗斯，是华为进军国际市场的第一站。对于当时的俄罗斯市场，业界广泛流传着一句话："去俄罗斯做生意，一星期能挣一辆奔驰！"的确，彼时的俄罗斯电信市场受到经济发展迟滞的负面影响，市场需求很大，加之行业技术标准尚未统一，客户选择通信产品时更注重产品的性价比和增值服务。此外，中俄两国平等、信任、面向21世纪的战略合作伙伴关系的建立，也为华为进驻俄罗斯增强了信心。但天有不测风云，华为在俄罗斯的市场拓展初期进行得并不顺利。一方面，爱立信、阿尔卡特等行业巨头已经完成

了俄罗斯电信市场的跑马圈地，而华为在当地几乎无人知晓；另一方面，由于大量质量不达标的国内产品被销往俄罗斯，当地人对"中国制造"形成了根深蒂固的不良印象，华为的市场拓展不仅需要推销自己的技术和产品，更要扭转中国的国际形象。彼时，华为几乎接触不到客户，即便有幸接触到了客户，对方也对华为的产品质量持怀疑态度。

面临如此窘境，华为人并未轻言放弃，而是将压强原则发挥到了极致。1997年，俄罗斯经济陷入萧条，次年的金融危机更使整个电信市场进入停滞期，爱立信、NEC、西门子等跨国巨头因为看不到短期收益相继退出俄罗斯市场。然而，华为逆水行舟，先是采用本地化模式的经营战略，与俄罗斯当地公司成立华为在海外的第一家合资企业"贝托—华为"，再在撒种子式战略之上实施"土狼战术"。如果将通信制造业比作草原，那么草原上有三种动物：狮子（跨国公司）、豹子（跨国公司在中国的合资企业）和土狼（地道的中国本土企业）。作为最杰出的"土狼"，华为的市场攻略被称为典型的"土狼战术"，《华为基本法》也对此做了精炼总结："我们的经营模式是，抓住机遇，靠研究开发的高投入获得技术和性能价格比的领先优势，通过大规模的席卷式的市场营销，在最短的时间里形成正反馈的良性循环，充分获取'机会窗'的超额利润。不断优化成熟产品，驾驭市场上的价格竞争，扩大和巩固在战略上的主导地位。"依托"土狼战术"，2000年华为从俄罗斯国家电信局获得第一张只有38美元的订单，至此实现了俄罗斯电信市场由零到一的突破，4年的执着投入终于换取了当地客户对华为的信任。

转机随之而来，2000年，随着普京全面整顿宏观经济，华为先后斩获乌拉尔电信交换机和莫斯科MTS移动网络两大项目，大大促进了华为在俄罗斯市场的规模销售。2001年，华为抓住了俄罗斯电信市场新一轮采购机会，斩获俄罗斯国家电信部门上千万美元的GSM设备供应项目，同年华为在俄罗斯市场销售额超1亿美元。2003年，在独联体国家的销售额超3亿美元，首次成为独联体市场国际大型设备供应商之首。经过8年艰苦卓绝的奋战，从初期的38美元销售额起步，华为最终成为俄罗斯市场的主导电信品牌。

5.2.2 他山之石，可以攻玉：2000—2004年

经过我国香港地区和俄罗斯的市场拓展，华为虽然有了一定的国际化经验，但面对其他市场还远远不够，特别是在组织和资源配置方面。华为始终奉行以客户需求为工作导向，但此时华为对如何满足客户的需求仍处于摸索探路阶段，对海外目标市场的政治、法律、文化也一知半解。有鉴于此，华为在这一阶段的海外市场拓展中复制了国内市场的"根据地战略"：先以少量产品在目标市场实现

销售突破，了解国际市场上的一些运作规则，再在个别国家建立根据地向外辐射。20世纪80年代，日本的NEC和富士通、美国的朗讯、瑞典的爱立信、加拿大的北电、德国的西门子、比利时的BTM公司和法国的阿尔卡特来自7个国家的8种制式的机型，导致中国通信设备市场形成"七国八制"的进口高价市场垄断。华为正是基于根据地战略，才能从爱立信、朗讯、西门子等行业巨头的手中夺回中国市场。因此，华为才计划将此成功经验复制到国际市场的拓展之上。

以拉美市场为例，华为的市场开拓是以巴西和墨西哥为根据地展开的。1998年，华为开始进驻拉美市场。鉴于巴西和阿根廷的通信市场占据了约80%的拉美通信市场，恰逢巴西电信管理局计划打破国家垄断电信市场的局面，华为在种种因素促使下选择了巴西作为国际化的第二站。1997年，华为在巴西投入3000多万美元建立了合资企业。1999年，华为在巴西开设了拉美首家海外代表处。2004年2月，华为获得巴西下一代网络（Next Generation Network，简称NGN）项目，合同金额超过700万美元。另外，虽然华为在巴西的业务量位于首位，但事实上2016年以前华为在巴西一直处于亏损状态，因此华为又将目光投向了墨西哥市场。与俄罗斯类似，由于华为在当地的知名度较低，加之当地客户对中国制造的固有印象，华为在墨西哥的早期市场拓展也处于无人问津的尴尬局面。但华为一方面积极开展"新丝绸之路"活动，每年邀请当地政府官员与客户去中国参观，潜移默化地改变其对华为和中国的落后看法；另一方面，采用灵活的商务策略，抓住每次机会让客户感受华为提供的优质产品与服务，再复制成功经验。最终，华为突破了墨西哥美洲电信公司这一战略客户，其墨西哥子网占据了墨西哥移动运营商超60%的市场份额，从而帮助华为打开拉美市场并站稳脚跟。如今，华为在拉美9个国家设立了13个代表处，墨西哥代表处也由此后来居上，逐渐成为华为在拉美地区部最大的代表处。

不同于拉美市场，华为在非洲市场的进驻过程中，在根据地策略的基础上增添了新的内容。鉴于中非人民始终保持长期保持着友好关系，当地人民对中国企业有一种天然的好感，尤其是在中方援建坦赞铁路之后。有鉴于此，华为采取了一个重大战略：让自己的海外采购路线沿着中国的外交路线走，加强与广大发展中国家的友好合作关系，即"以国家品牌提携企业品牌"。2002年，肯尼亚总统在华为为TKL部署的智能网业务开通仪式上，试打了第一个电话，在当地反响良好，也首次在非洲大地上打响了华为这一品牌。经过华为员工的长期艰苦奋斗，华为在非洲人民心中几乎有了其他品牌不可替代的地位，认可度相当高。据报道，截至2019年3月，华为建设了非洲大陆约70%的4G网络，远超西方友商。

此外，2001年起，华为以泰国、新加坡、马来西亚等为根据地向外拓展东南亚市场；以10G SDH光网络产品进入德国Eschborn为起点，并在2004年在英国贝辛斯托克设立欧洲地区总部新技术研发中心，以英国为基地开拓欧洲市场，最终成功进入德国、法国、西班牙、英国等发达国家。华为研发中心落成反映了农村包围城市战略的阶段性胜利，标志着华为海外拓展的重点从发展中国家向发达国家的转移。

5.2.3 大刀阔斧，精益求精：2005年至今

2005年，华为的海外业务收入首次超越国内业务收入。因此，这一年可以说是华为国际化进程的分水岭，此后华为的海外业务拓展向前迈出了一大步，而这一切与地区部管理的实施密不可分。在国际化早期，华为进入国际市场的模式为派遣先头部队参展以宣传产品，并向海外市场派驻人员、设立营销办事处等；积累了一定海外市场拓展经验后，转变成在海外重点区域设立研究机构，以促进产品的国际化，并引入职业化管理来适应国际化的行为方式，虽有了一定的流程，但整体做法仍相对粗放。但随着国际市场在华为的业务占比中份额不断攀升，国际业务需要进行标准化的流程管理，统一进行规划，地区部管理应运而生并沿用至今。

在这一阶段，华为采取的是决策前移战略，提出"让听到炮声的人呼唤炮火""班长的战争"等理念。其中，典型措施则是亚太、中东、北非、独联体等8个地区部以及55个国家的代表机构和服务中心的正式成立。2007年，华为重新布局组织架构，将除独联体外的7个地区部升级为片区总部，并下设地区部，地区部之下则根据实际规模，每个国家成立一个或几个代表处。同时，华为总部将很大一部分权利下放到片区及地区部，令其在总部与一线间充分发挥桥梁纽带作用。一般流程如下：片区总裁定期向总部述职，并承接片区的经营销售任务；回到片区后，片区总裁负责组织片区的会议，其下的各地区部总裁需在会上向其述职，并承担所在地区部的经营销售任务；最后，地区部总裁回到所在区域后，需要组织所在区域的各国代表开会，会上向其述职并承担所在国的经营销售任务。

如此，相对庞大的经营销售目标被层层细化，最终将把决策权下放到一线团队。其中，决策权的不断下放相当于作战单元的不断缩小，而在听得见炮声的人中，一线的"班长"获得了指挥权，即客户群总监最终掌握了决策权，总部则转变为配置资源的平台部门。这一标准化流程不仅精简了流程控制点，有利于减少运营成本，同时还提高了一线作战的成功率，增加了收益的可能性。

5.2.4 救过补阙，闻名海外：2012年至今

华为在B2B市场作为电信基础设施供应商起步，2012年以前已在国内外斩获了不俗的业绩。2012年年报显示，华为运营商网络业务持续保持领先，实现收入1601亿元人民币，同比增长6.7%。然而，这与它在国际上低迷的品牌知名度不甚匹配，在业务层面则表现为消费者BG远远落后于运营商BG。随着华为从传统运营商市场到手机终端市场的业务拓展，其在B2B市场的思维和心态也必须随之发生改变。举一个最简单的例子，低调在B2B市场可视为产品可靠的代名词，而B2C市场则聚焦于产品营销，低调反而成了一大阻碍。实践证明，未来的营销之战终将变为品牌之争。华为也正是领悟到这一点，才将本阶段的国际化战略制定为提升海外品牌营销。

无论在电信基础设施市场取得了多少成绩，对于手机终端市场而言，华为仍是一个初学者，也由此交了不少"学费"。换言之，在产品层面，华为有着一段"试错"的过程。2012年，华为以Ascend智能手机品牌为起点，相继推出了一系列终端产品。以Ascend P1为例，其研发历程可谓是一波三折。为了给消费者带去更加轻薄的使用体验，华为不断提出新的研发方案，最后更是将其全部推翻重来，最终才有了P1在国际电子消费展上的惊艳问世。此后，Ascend P1在一年内先后登陆全球40多个国家，备受好评，曾被Engadget誉为"华为有史以来最好的手机"。同时，这也是华为手机由低端进军高端品牌的首次尝试，标志着华为从一个B2B供应商逐渐向B2C自有品牌转换。

经历智能机的首波浪潮后，国产厂商发现囿于低端产品，缺乏品牌溢价，只会令自己陷入"用规模换利润"的尴尬局面。因此，自2013年起，大家纷纷将目光转向中高端手机终端市场，华为也不例外。同时，由于用户体验和产品品质受主观判断影响较大，难以一概而论，价格因此成为衡量手机低中高端的首要标准。甚至可以说，意图塑造品牌的国产厂商们，正在经历一场特别的"价格战"：比拼的并非谁的价格更低，而是谁的产品能卖出更高的价格。华为由此改变了营销思路，P6手机的营销便是一个典型案例。2013年6月18日，华为发布了当年力推的P6手机。时任华为终端中国区总裁的王伟军表示，7月份P6手机的单月销售量超30万台，根据赛诺的大数据统计，这是2500～3000元的终端机型中首次达到这样的规模。此外，P6对华为而言，绝不仅限于首次在中端机型中取得良好销量，更重要的是其标志着华为品牌营销理念的根本性转变。时任华为BG副总裁及中国区首席营销官的杨柘对此做了精辟总结："过去，华为的广告宣传可以总结为：我有好东西，你买吧。但是P6反其道而行之，做到了说'我

这里有您要的东西，您要的东西在我这里'。"简言之，华为的营销思路从以前的"推产品"升级为"推产品+拉客户"。同时，品牌塑造也不再只聚焦于价格战，而是转移到如何提升品牌价值。

不同于价格上的单一策略，华为品牌价值的提升是多种因素综合作用的结果，涉及公关、广告、产品、服务、渠道甚至员工精神面貌的呈现。2016年，华为斥巨资聘请知名球星梅西担任其全球品牌形象大使，并在伦敦、巴黎、慕尼黑等地召开全球范围内的新品发布会。此外，华为将早期单一的直销渠道与服务、培训相结合，形成分销线与行产线两大模块，实现了营销渠道扁平结构到立体结构的优化。经过在品牌营销上的不懈努力，华为的品牌提升战略反响良好。在英国著名品牌管理和评估机构 Brand Finance 发布的"2019年全球品牌价值榜"上，华为上升至第12名。

此外，为顺应互联网发展，华为提出了"双品牌战略"：在华为品牌之外推出荣耀品牌。这一战略与当时华为所处的内外部环境十分契合：甫一从通信设施领域进入电子消费品领域，品牌的知名度尚未打响，做低端毕竟不是长久之计，做高端又没有强力的品牌和技术支撑。双品牌战略由此应运而生，相当于给华为提供了两条并行的发展轨道，华为主打商务办公，荣耀则主打性能极客。自2011年创办以来，荣耀的高速发展令人惊叹，其张而不扬的年轻品牌形象备受全球消费者的喜爱。无独有偶，双品牌战略并不是华为独有的，最为人所熟知的便是步步高旗下的OPPO与VIVO。虽然彼此独立运营，但还是会有合作，而荣耀虽依托于华为积累沉淀下的雄厚技术能力，却越来越展现出"去华为化"的发展趋势。如此，两个品牌的发展更为独立，也更符合市场的差异化需求。总之，华为的双品牌战略虽然不是唯一的，但其实施效果堪称典范。

5.2.5 稳中求变，与日俱进：2017年至今

华为的业务版块可划分为运营商BG、消费者BG以及企业BG三大业务集团（Business Group），其下再设业务单元（Business Unit）。其中，运营商业务是华为发展最久的业务，其主要职责为面向B2B领域运营商客户，对解决方案进行营销、销售和服务；消费者业务是华为目前最核心的业务，其主要负责公司面向B2C领域终端产品用户的端到端管理；企业业务的最新定位则是通过"Huawei Inside"，在坚持"被集成"的基础上，打造"无处不在的联接+数字平台+无所不及的智能"，致力于成为数字中国的底座、数字世界的内核。华为以运营商业务起家，但随着互联网的浪潮席卷全球，加之终端产品的潜在市场，华为决定充分利用互联网的聚合效应，打造自有品牌，大力发展B2C领域的终端产品市场。

仍以拉美市场为例，通过初期的根据地战略，华为在拉美市场站稳了脚跟，但其并未止步于此。2013年，华为宣布将在巴西建立智能手机生产厂及多个配送中心。2015年，华为消费者BG在拉美的智能手机发货量超过1200万台，比去年同期增长68%。由此可见，华为在拉美市场的B2C表现良好，而这与其在品牌价值营销方面的投入密不可分。在墨西哥，华为赞助的美洲队取得了2015年的墨西哥联赛冠军；在哥伦比亚，华为与J罗携手为消费者奉献了P8足球光绘轨迹。总之，华为之所以能在拉美市场取得长足增长，得益于其在拉美智能手机终端市场的高速增长，而这又与其在中高端手机市场的突破关系匪浅。

据华为2017年财报披露，运营商业务收入占比首次下滑至50%以下。2018年，消费者业务收入占比首次超过运营商业务，成为华为销售收入的最大来源，也标志着华为在B2C领域的重大突破。2020年，华为消费者业务整体业绩表现虽略有降低，但仍然十分强劲，智能手机发货量超1.89亿台，PC、平板、智能穿戴、智慧屏等终端产品的全场景智慧生态布局也进一步完善。随着5G网络的进一步推广及提速，预计消费者业务未来将会稳健增长。

在三大业务集团之外，华为在2017年增设一个新的业务单元——云BU（Cloud BU）。虽属BU部门，但其在层级上与三大BG并列。云BU是云服务产业端到端管理的经营单元，对云服务的商业成功负责，迄今为止已发布14大类99个云服务，上线制造、电商、EI企业智能等60余个解决方案，从而实现云、管、端三驾齐驱，也标志着华为真正进入多元业务发展阶段。2019年1月，华为将Cloud&AI正式升至第四大BG，对云业务这一新兴领域的重视程度昭然若揭。纵观全局，华为采取的业务多元化战略收效良好：首先，运营商业务前几年虽然增速放缓，但仍处于行业龙头地位，随着5G商用布局的步伐加快，未来很可能迎来新一轮的爆发期；其次，消费者BG将坚定打造华为终端云服务（Huawei Mobile Services，简称HMS）和鸿蒙生态，持续完善PC、平板、智能穿戴、智慧屏等全场景消费终端，从而助力于消费者业务的稳健增长；另外，企业BG在服务器存储等领域，稳居行业前列；最后，数据显示已有300万企业用户与开发者在华为云进行云端开发，HMS也已覆盖全球170多个国家和地区，全球注册开发者超过130万，由此可以预计云业务领域很有可能成为未来的一大收入来源。

5.3 独步一时的战略领航

5.3.1 战略定位：企业家学派

华为的战略形成过程表现出明显的企业家学派特点。任正非总裁的从军经历以及对毛泽东思想的推崇令其将许多军事化管理思想融入华为的管理之中，由此在国际化进程中衍生出"农村包围城市""班长的战争""让听到炮声的人呼唤炮火"等一系列独特的战略。同时，企业家学派的核心概念就是愿景。此处所指的愿景，可视为对战略的心理描述。愿景常常表现为领导者的具体指导思想，而非局限于一份详尽的计划，从而使得企业家战略具有相当大的灵活性。换言之，领导者基于其过往经验制定战略，提高了总体思路和方向上的可靠性，而表现为意象而不仅是文字和图表堆积成的计划，则使得战略的执行路线具有多样性和灵活性。迁移到华为的国际化战略制定过程，华为的愿景随时代变迁内容不断丰富，从"丰富人们的沟通和生活"到"构建万物互联的智能世界"，再到"共建更美好的全联接世界"，但内核从未改变，具体表现为其始终秉持的"以客户为中心，以奋斗者为本"的核心价值观。华为正是矢志不渝地沿着这一方向，根据市场环境与企业发展等内外部因素制定匹配的国家化业务战略，并不断调整自己的实施细节。

1. 通信行业特征

区别于其他领域，通信行业的最大特征就是产品采用统一标准，因此通信设备本身具备全球化的基本特征。例如，3GPP作为目前行业内的一个标准化组织，其成员包括欧洲的ETSI、美国的ATIS以及中国通信标准化协会CCSA等7个组织，因而上述成员所在国均适用于3GPP所制定的移动通信标准，包括WCDMA、CDMA2000等3G标准。2019年，工业和信息化部部长苗圩在"首届世界5G大会"开幕式上表示：实践证明，统一标准是全球移动通信发展的重要基础。他表示，从标准历程看，3G时代全球有3个标准，4G时代有2个标准。进入5G时代，在第三代合作伙伴计划3GPP总体框架下，各国电信运营、设备制造企业和研究机构共同努力，推动形成了全球统一的5G国际标准，目前开放合作仍然是推动移动通信发展的全球共识。

由此可见，技术标准的统一打破了市场壁垒，企业进入海外市场的压力也相应减轻，而国际标准的制定则成为通信行业的核心竞争环节之一。华为很早便意识到了这一点，因此从国际化早期就建立起标准制定和专利申请的统一架构，并始终坚持大力推进。迄今为止，华为已经加入了75个国家的标准组织，并始终积极参与国际标准的制定，仅2018年就提交了5000多篇标准提案。同时，这也从侧面反映了华为雄厚的研发实力，毕竟绝对的话语权一定基于强悍的实力。2020年，国际电信联盟第十六研究组（ITU-T SG16）通过了软件定义摄像机技术国际标准。该项标准由华为主导，也是华为又一项走在世界前列的高科技技术。

2. 创新2.0时代

《华为基本法》第一条写道："华为的追求是在电子信息领域实现顾客的梦想，并依靠点点滴滴、锲而不舍的艰苦追求，使我们成为世界级领先企业。"第二十九条则明确了其市场定位——业界最佳设备供应商。随着外部环境的不断变化，华为也不断地进行战略转型，业务板块及其销售占比等均随之改变，企业的愿景、使命与定位也由此增添了新的内容。

2017年4月11日，华为副董事长、轮值CEO徐直军在华为分析师大会上公布了华为的战略定位：聚焦ICT基础设施和智能终端，做智能社会的使能者和推动者。2020年年报则在此基础上做了延伸：华为致力于把数字世界带入每个人、每个家庭、每个组织，构建万物互联的智能世界：让无处不在的联接，成为人人平等的权利；为世界提供最强算力，让云无处不在，让智能无所不及；所有的行业和组织，因强大的数字平台而变得敏捷、高效、生机勃勃；通过AI重新定义体验，让消费者在家居、办公、出行等全场景获得极致的个性化体验。作为华为的生存之本，华为在创新上的坚守有目共睹，具体表现为其对研发的持续投入。正是华为每年将10%以上的收入投入到研发的举措，驱动了其持续向客户提供创新产品的能力，如华为自研的麒麟处理器等，从而保证了其在多个技术领域的领先地位。目前，华为正处于创新转型期，将从基于客户需求的技术、工程、产品和解决方案的创新1.0时代，进入基于愿景驱动的理论突破和基础技术发明的创新2.0时代。

3. 可持续发展

承接公司的愿景和使命，华为制定了可持续发展战略，并将其作为一项优先准则全面融入企业的整体发展战略。为支撑可持续发展战略目标的达成，华为基于ISO26000/SA8000等国际标准和指南建立了可持续发展委员会（Commission on Sustainable Development，简称CSD）管理体系。该体系基于公司所处的内外部环境，结合利益相关方的诉求，从领导力、策划、组织与能力支撑、流程运营、绩效评估以及持续改进六个方面，实现可持续发展目标的闭环管理。

同时，作为全球领先的ICT基础设施和智能终端提供商，华为的ICT技术在实现联合国可持续发展目标过程中发挥了关键作用。可持续发展目标（Sustainable Development Goal，简称SDG）是联合国在2015年设定的17个全球目标，提出了当前贫困、不平等、气候、环境退化、繁荣以及和平与正义带来的全球挑战。其中，ICT可有效助力SDG的实现，特别是优质教育、良好健康与福祉、产业，创新和基础设施以及性别平等4个目标与ICT的相关性最高。以优质教育为例，与ICT的高相关性表明，一国的整体教育水平与其ICT教育和培训水平密切相关。只有让需要的人获取所需技能，才能促进整个社会的公平发展。

作为全球化的企业，华为在关注自身发展的同时，从未忽视企业社会责任（Corporate social responsibility，简称CSR）的承担。一直以来，华为坚持将可持续发展融入业务运营中，促进可持续发展的落地。未来，华为仍将继续努力为社会创造经济效益，同时关注可持续发展的机遇与挑战，持续完善自身的可持续发展管理，助力营造和谐的商业环境。

4.合规与诚信

随着外部监管环境愈发严格，诚信立业、合规经营已成为企业战略中不可或缺的一部分，而高层重视在诚信合规中的重要作用不言而喻。华为管理层始终坚持诚信经营、恪守商业道德、遵守所有适用的法律法规，并带领企业持续投入以建立符合业界最佳实践的合规管理体系，特别是将合规管理端到端地落实到业务活动及流程中。华为重视营造诚信文化，不仅要求每一位员工遵守商业行为准则，而且注重员工合规意识及能力的培养。通过培训、宣传、考核、问责等方式，确保合规遵从融入每一位员工的行为习惯中。同时，华为将合规管理延伸至供应商和合作伙伴：一方面，要求供应商遵守供应商社会责任行为准则和诚信廉洁承诺，向供应商传递合规要求，开展尽职调查，停止与不合规、不诚信供应商的合作；另一方面，将合规要求纳入合作伙伴管理政策，并嵌入合作伙伴认证体系，要求各类合作伙伴学习和签署行为准则，停止与不合规、不诚信合作伙伴的合作。

具体而言，华为的合规建设包括反商业贿赂、贸易合规、金融合规、网络安全与隐私保护、知识产权与商业秘密保护等多个领域。以反商业贿赂为例，华为深刻意识到商业腐败行为对市场公平竞争的不利影响，始终坚持诚信经营，对腐败行为持"零容忍"态度。不仅成立了商务稽查部作为面向全公司的反商业贿赂合规（Anti-Bribery Compliance，简称ABC）部门，而且在子公司也设立了ABC组织以有效承接ABC职能。此外，华为还采取多种措施以确保反商业贿赂合规，包括发布《反腐败声明》《华为公司反腐败政策》《华为公司合作伙伴反腐败政策》，聘请经验丰富的外部咨询顾问设计反腐败和反商业贿赂合规体系等。

5.3.2 公司层战略

ICT基础设施作为华为历史最为悠久的业务，虽此时正值B2C领域的高速成长期，但称其为华为的核心业务仍不为过。正如时任华为董事长的梁华所言："ICT基础设施是'通往罗马'的根本保障。"任正非总裁在与高校校长对话时也曾表示，没有基础研究，对未来就没有感知。ICT基础设施的重要地位不言而喻。纵观ICT基础设施领域的发展，其战略与公司的整体发展战略基本保持一致。简言之，华为正依托芯片设计、数学算法、基于电子信息技术的架构设计等核心能力，构建端、网、云协同的ICT基础设施平台。

1."联接+管道+使能者"战略

在华为分析师大会上，徐直军还公布了华为的三大战略：做多联接、做大管道和使能者。

首先，做多联接，则要致力于打造全联接的世界，联接所有的人和物、人和人、物和物做多联接，是华为过去三十年和面向未来一直努力实现的事情。同时，联接并不是终点，而是新的起点，要让体验持续提升。

其次，做大管道，则是指以视频为信息的基本载体，并把视频作为推动管道流量增长和变现的关键，从而促进运营商的视频业务发展。同时，打造面向全行业的基于视频的生产系统，以提高生产和决策效率。

最后，在使能者方面，主要集中在云化和数字化。通过打造全云化的ICT基础设施，促进所有组织以及华为的数字化。同时，作为未来基本的商业模式，华为将驱动云服务成为运营商面向客户的统一平台。

2.整体计算战略

2019年9月18日，华为副董事长胡厚崑在"第四届华为全联接大会"上分享了华为的最新战略投入方向——计算产业，并从突破架构创新、投资全场景处理器族、坚持有所为有所不为的商业策略以及构建开放生态四个方面进行布局。

（1）突破架构创新。鉴于华为自身的多元业务布局，构建一个覆盖"端、边、云"全场景的处理器架构可谓是华为业务智能化的基本需求，达·芬奇计算架构由此产生。该架构采用创新的处理器架构以匹配算力的增速，同时为华为打造计算产业打下坚实基础。

（2）投资全场景处理器族。目前，华为已发布了多个系列的处理器，包括支持通用计算的鲲鹏系列，支持AI计算的昇腾系列，支持智能终端的麒麟系列，以及支持智慧屏的鸿鹄系列等，未来也会继续加大此方面的投入。

（3）坚持有所为有所不为的商业策略。华为不直接对外销售处理器，而是以云服务面向客户，以部件为主面向合作伙伴，优先支持合作伙伴发展整机。

（4）构建开放生态。2015年发布的沃土计划进展顺利，已覆盖了130多万开发者和14,000多家金融独立软件供应商（ISV）。未来5年，华为将继续投入15亿美元，汇聚500万开发者，使能全球合作伙伴开发应用及解决方案。

基础设施企业国际化战略再造：理论与实践

5.3.3 业务层战略

1."平台+AI+生态"战略

华为企业业务被称为"华为未来的支柱业务",近年来增长迅猛,而这与"平台+生态"战略密不可分。所谓"平台",包含三重内涵:一是基于云、管、端协同的新ICT技术平台;二来是华为为生态伙伴开放各种能力的资源平台;三是作为支撑广大客户商业成功的服务平台。"生态"则是指由于云计算、大数据的蓬勃发展,传统产业链上出现了数据分析服务商等新兴的生态伙伴,其价值不可取代,从而促使各方平行、平等地基于平台进行合作。换言之,华为的生态战略着眼于将传统产业链上1:1的线性合作转变为1:N、N:N的矩阵合作。

此外,鉴于智能世界数字化转型的不断深化,华为将"平台+生态"战略逐步升级为"平台+AI+生态"战略,并在"华为中国生态伙伴大会2019"上提出。利用AI等数字化技术,可以大幅缩短生态伙伴注册、认证、激励流程,从而提高生态合作效率。在此战略的指导下,华为将与合作伙伴一起为政府和企业客户提供无处不在的联接、无所不及的智能,并基于华为沃土数字平台,融合云计算、物联网、大数据、AI、5G等多种新ICT技术,构建数字世界底座,支撑客户数字化转型成功,将数字世界带入每个组织。

2.HMS生态和鸿蒙系统

2018年3月22日,美国正式宣布不让华为产品进入美国市场,谷歌不再提供GMS生态服务,各芯片的厂家也将断供将华为。与此同时,华为表示"鸿蒙"系统早已等待多时,随即推出了自己的生态服务HMS。2019年8月31日,培养鸿蒙生态的土壤——方舟编译器正式上线,为之后的生态发展奠定了良好基础。2020年1月,华为在全球发布HMS Core 4.0,标志着华为的生态正式开始建立,基于华为在服务器、电脑、芯片的布局,不多时就建立起HMS的生态平台。2020年3月26日,华为P40系列在线上全球发布。作为首次搭载HMS生态的华为手机,P40系列对HMS生态的推广意义重大。同年4月8日,数据虚拟化引擎河图在P40上发布,备受瞩目。总之,方舟编译器为HMS提供了土壤,HMS为鸿蒙提供了软件生态,鸿蒙绝不是安卓或者IOS的替代产品,而是一个面向未来、适应未来的系统。

华为消费者BG的CEO余承东在给员工的2019年新年信中提到:华为的全球化若要继续稳步前进,解决海外生态问题是重中之重。同时,要致力于加快构筑HMS Core能力,打牢生态基础,形成"自研芯片+鸿蒙OS"的新体系。2020年1月,华为宣布将在英国投资2000万英镑,旨在鼓励英国和爱尔兰的开发者将应用程序整合进HMS生态系统。在一些亚太国家，华为也采取了类似的投资措施以加速这一计划的落地。华为对HMS生态及鸿蒙系统的重视程度可见一斑。皇天不负有心人，目前在全球注册HMS开发者的人数已经超过130万。截至2020年12月31日，华为推出的应用商店AppGallery的下载量累计超3840亿次，并在全球拥有5.3亿的活跃用户，已成为全球第三大应用市场。据悉，面对当前海外业务受阻这一局面，华为将在2021年继续着力打造整个HMS生态，以支撑华为手机在海外的高销售。

5.3.4 黑天鹅时代的危机管理

华为轮值董事长徐直军说过："面对未来更趋复杂的外部环境，我们唯有持续提升产品和服务的竞争力，聚焦为客户和社会创造更大价值、开放创新，才能抓住行业数字化、智能化的历史机遇，实现持续稳健的发展。"

2020年7月13日，华为发布的半年财报显示，其上半年销售收入为4540亿元，同比增长了13.1%。在全球疫情蔓延、美国持续打压的情况下，华为顶住压力，形成逆势增长，而这与其化挑战为机遇的种种举措密不可分。

1. 疫情中的供应链管理

新冠疫情可谓是2020年最大的"黑天鹅事件"，但其也让人们更清楚地意识到人类命运共同体绝不只是一个口号。疫情之下，华为在有效保证员工身体健康与安全的前提下，始终保持对客户需求的快速响应。据悉，目前华为中国区的生产活动已全面恢复，短期内可以满足全球客户的需求。同时，面对疫情仍在海外肆虐的境况，华为采取的战略为致力于保证供应链的持续运行，具体措施包括供应链团队每天跟踪全部供应商的动态，并为其提供力所能及的帮助以保证生产。当前，全球都采取在线的方式进行会议、购物、生活、娱乐，对网络的流量需求大幅增长，从而对网络的稳定安全运行提出了更高的要求。华为已覆盖全球170多个国家，致力于同这些国家的客户、政府共同全力确保网络的安全稳定运行，满足快速增长的网络需求。

2. 后疫情时代引领全球5G商用进程

鉴于数字化ICT基础设施在抗疫中发挥的重要作用，以5G创新驱动产业智能化、数字化发展以应对潜在挑战，可以说已经在全球达成了广泛共识。在数字化工作、智能化产业协同极大概率成为新常态的今天，后疫情时代5G的价值也必然被再次放大。疫情期间，华为在72小时内开通火神山医院5G网络的举措令人叹为观止。面对近在眼前的5G商用化临界点，华为要如何在后疫情时代继续引领全球5G商用进程呢？在2020年7月28日的"2020共赢未来全球线上峰会

（Better World Summit）"，华为常务董事、运营商BG总裁丁耘表示疫情新常态下，华为将针对网络建设和业务发展，从4个方面做好准备，以快速释放网络潜能，激发商业增长。其中，可以总结为运营商的过去、现在、未来三个方面，在5G建设中重新统一。围绕5G价值激活，华为将：首先，合理利用以往建网成果与存量网络，减少不必要建站，以消解5G建设带来的成本与运营压力。例如，华为通过All-In-One天线等极简站点解决方案，持续帮助全球运营商优化站点TCO；其次，建设精品网络，聚焦用户体验。以华为与韩国LG U+的合作为例，其通过不断推出创新的5G业务，给用户带来体验上的提升，商业上在今年一季度营业总收入增长了11.9%的成绩；最后，着眼未来，有效建立目标网络。实现5G成本优化的另一个重要原则，是站在更长远的战略发展中，将5G作为历史阶段的一部分，建立长期目标网络。未来，华为将全力协助全球运营商打造面向未来演进的目标网，支撑运营商的持续商业成功。综上，在运营商过去网络建设、现阶段网络体验升级，以及未来目标网的打造中，可以看到华为既能为运营商提供端到端的技术支持、案例探索，还可以与运营商一同总结商业经验总结、提供未来全局化的战略判断。而全球运营商5G舰队的下一站，就是期盼良久的5G ToB市场，这也是华为下一步的重要发展方向。

5.4 华为如何打造出海利器

5.4.1 交付项目管理：业务核心

华为交付项目管理以客户为中心，在服务与成就客户的过程中不断发展，目前年均交付4500个ICT项目。迄今为止，交付项目管理共经历四次重大变革，且每一次变革都使其项目管理迈入了一个更高的台阶，见图5-1。同时，在愿景和使命的指引下，华为形成了"四个一"的交付项目管理能力框架：一组治理规章、一套流程方法、一个集成平台以及一支优秀队伍。四个维度各司其职，协同

图5-1　交付项目管理的四次变革

运作，共同推进华为交付项目管理能力的不断提升。

1.一组治理规章：三级PMO体系

华为交付项目管理的组织架构以项目管理部（Project Management Office，PMO）为核心部门，现已形成"1个全球PMO+12个区域PMO+140个代表处PMO"的三级PMO保障体系。为实现公司战略和目标，公司依托PMO展开项目群组合规划和管理，并在其下进行项目群和项目管理。在构建以项目为中心的管理体系与文化中，PMO的定位可概括为"三力一行"：战略执行力、决策支撑能力、运营改进能力以及践行"以客户为中心"的价值观，其主要职责由此确定（图5-2）。回顾PMO的发展历程，每次改进均以提高项目管理成熟度为宗旨，其最终目的为将项目管理实践和专家经验整合成一套专用于本企业的项目管理方法论，并在企业内广泛推行。

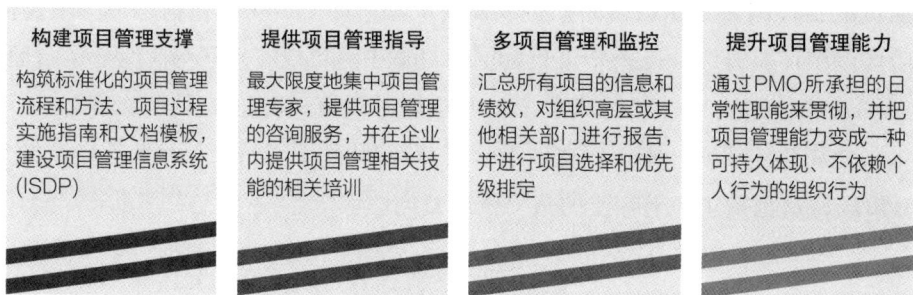

构建项目管理支撑	提供项目管理指导	多项目管理和监控	提升项目管理能力
构筑标准化的项目管理流程和方法、项目过程实施指南和文档模板，建设项目管理信息系统（ISDP）	最大限度地集中项目管理专家，提供项目管理的咨询服务，并在企业内提供项目管理相关技能的相关培训	汇总所有项目的信息和绩效，对组织高层或其他相关部门进行报告，并进行项目选择和优先级排定	通过PMO所承担的日常性职能来贯彻，并把项目管理能力变成一种可持久体现、不依赖个人行为的组织行为

图5-2 PMO主要职责

2.一套流程方法：能力组件化与按需调用

华为的交付项目管理流程可分为六步，贯穿一个项目的分析、规划、建立、实施、移交直至关闭。此外，每一步下还要进行更为细致的解耦。例如，在项目规划阶段，需依次进行范围识别、交付策略制定、初始主计划准备、资源和供应需求计划制定、项目风险分析以及交付方案制定等一系列操作，方可转入项目建立阶段。同时，为使这一流程更加简化、高效，公司引入IT管理承载实现场景化可编排，并形成能力组件库。具体而言，面对部署类、运维类、偏软类三种不同场景的项目管理活动，可基于场景适配性有选择性地灵活调用组件库中的28个能力组件。

3.一个集成平台：ISDP使能千行百业

集成服务交付平台（Integrated Service Delivery Platform，ISDP）是华为围绕以客户为中心，基于过去三十年对项目管理、作业实施、交付信息资产等领域的探索经验及多年研发投入心得，打造出的面向华为、运营商以及合作伙伴的数字化交付作业平台。该平台的诞生标志着华为正逐步从以"人"为核心的交付走向专业化、平台化的交付，且已取得阶段性成功。

　　ISDP以集成协同、智慧自动以及移动互联为三大特点，旨在实现高效有序、全程可视、智能化的项目交付，其发展历程见图5-3。目前，ISDP已覆盖170+国家的超1.2万个项目，支撑2000+网络优质高效交付。2020年新冠疫情大流行令交付工作严重停滞，而ISDP不仅为企业项目的成功交付保驾护航，令其在全球成功交付了数十万5G和4G基站、光网络及核心网站点，为疫情期间多地网络的安全运行助力良多。

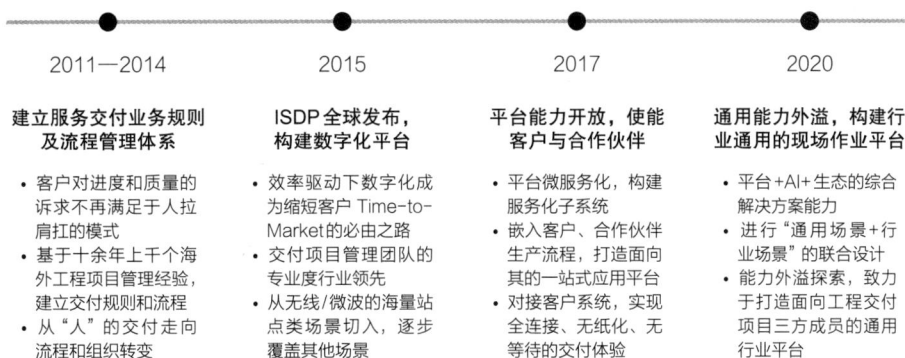

2011—2014	2015	2017	2020
建立服务交付业务规则及流程管理体系	ISDP全球发布，构建数字化平台	平台能力开放，使能客户与合作伙伴	通用能力外溢，构建行业通用的现场作业平台
• 客户对进度和质量的诉求不再满足于人拉肩扛的模式 • 基于十余年上千个海外工程项目管理经验，建立交付规则和流程 • 从"人"的交付走向流程和组织转变	• 效率驱动下数字化成为缩短客户 Time-to-Market 的必由之路 • 交付项目管理团队的专业度行业领先 • 从无线/微波的海量站点类场景切入，逐步覆盖其他场景	• 平台微服务化，构建服务化子系统 • 嵌入客户、合作伙伴生产流程，打造面向其的一站式应用平台 • 对接客户系统，实现全连接、无纸化、无等待的交付体验	• 平台+AI+生态的综合解决方案能力 • 进行"通用场景+行业场景"的联合设计 • 能力外溢探索，致力于打造面向工程交付项目三方成员的通用行业平台

图5-3　ISDP发展历程

　　2020年12月3日，华为在技术服务伙伴大会上推出面向运营商和行业客户、重点聚焦现场作业的ISDP+解决方案。ISDP+将携手合作伙伴，从人员、安全、作业、质检、数据五个方面实现现场打卡到场景化打卡的转变，将多端采集、远程可视、多方协同、无死角监控等能力融入作业和管理两大平台。华为始终致力于利用ISDP及其衍生解决方案，不仅使自身交付项目的端到端管理受益，更希望助力更多运营商及行业客户的现场数字化转型，最终使能千行百业，旨在通过华为提供的产品或服务增强被使能企业的竞争优势。

4.一支优秀队伍：英雄主义与集体主义协同发展

　　纵观华为交付项目管理的发展，无论智能化、自动化水平如何提高，核心要素始终是"人"。为保障项目的顺利推进，华为围绕以"人"为核心的优质队伍打造，中心思想则是英雄主义与集体主义并行并存、协同发展。一方面，公司根据自身业务需要，总结出如图5-4所示的6力6维模型，使能项目经理成为精英，并将一个成功的项目经理的角色模型定位为"HEROS"。其中，"H"是指项目团队的领导者；"E"是指系统集成与交付合作生态管理者；"R"是指项目经营、质量和客户满意的责任者；"O"是指项目端到端的运营者；"S"则是指客户商业成功的整合者。华为指出只有不断发展上述5个方面的能力，方能更好地成就客户，持续打胜仗。另一方面，华为深刻意识到孤狼战术并不持久，只有群狼战术才能助力企业经久不衰。这也与华为狼性文化的最新内容相符合。换言之，交付项目管理以项目为中心的文化，其内涵除了要培养具有英雄主义精神的优质项目经理，还注重集体主义文化的建设以及二者的协同演进，从而驱动项目管理团队不断成长。例如，建立多维度、多层次、全方位的交付项目管理人才培养框架，逐步夯实项目管理队伍基础。首先，全面培养领军人物并将其分配至合适岗位之上，令其可充分发挥其优势才能；其次，加强专家队伍建设，并及时主动转型；最后，通过专业武装激活专业队伍，增强岗位黏性的同时加强岗位轮动。

图5-4 6力6维模型

5.4.2 国际化管理模式：择其善者而从之

将种子撒出去是华为国际化的第一步，而第二步，则是在此过程中，通过变革逐渐形成面向全球竞争的管理体系。任正非总裁针对华为的管理变革，曾提出一个著名的"三化理论"：先僵化，后优化，再固化。其中，"先僵化"是指向西方学习，同时改掉东方人想法有时脱离实际的毛病；"后优化"是指管理不能完全搬用西方的管理模式，而是要结合实际情况，改造成华为特有的管理模式；"再固化"则是指制度流程体系要例行化、规范化、标准化。在此过程中，华为迈出的第一步即为"先僵化"，也就是"全面西化"。可以说，外部的管理咨询团队见证了华为的成长。自1996年起，华为先后邀请了IBM、埃森哲、普华永道、美国合益、日本丰田等多家业内知名咨询公司，帮助其构建起研发、供应链、财经、市场以及人力资源等方面的管理体系，累计支付的咨询费高达几十亿美金。

1998年，成立仅十年的华为引入IBM参与其集成产品开发（Integrated Product Development，简称IPD）和集成供应链（Integrated Supply Chain，简称ISC）项目的建立，5年期间累计花费4亿美元对管理流程进行了升级改造。华为的手笔之大业内罕有，但也正是因为其构建了与西方公司十分接近的制度流程体系，才为其立足于全球市场提供了根本性支撑。

1.华为与IBM

1996年，华为迎来了发展的第一个春天，销售额和净利润的增长势头强劲，国内的知名度也大大提升。同年，任正非发现了公司在管理上存在一定的漏洞，当即决定向西方公司学习以进行优化。1998年8月10日，任正非在管理会议上宣布华为与IBM合作的"IT策略与规划项目"正式启动，包含了华为未来3～5年向世界级企业转型所需开展的IPD、ISC、IT系统重整、财务四统一等8个管理变革项目。2000年，两家公司宣布合作开发网络设备。2011年，IBM建议华为开拓新领域，打入智能手机和平板电脑市场。事实证明，这一决定是无比正确的，仅从2011年华为的营业收入来看，该新兴业务的收入就占了五分之一。

直到目前，IBM仍在一些关键项目上为华为提供帮助，特别是在流程管理变革及企业信息化建设方面卓有成效。当前，华为正大力发展B2C领域业务，充当IT供应商角色，而IBM的Rhapsody工具在此过程中发挥了不小的助力作用。该工具通过帮助华为的工程师使用模型来生成代码和测试用例，以及新招聘的工程师了解这些代码和产品架构，将产品开发周期从几个月缩短至几周。通过使用这一工具，华为可将产品上市时间从几年缩短至几个月，从而至少将产品上市速度加快了50%。同时，在规模效应的作用下，Rhapsody工具通过提高开发者工作效率每天为华为节省了数百万美元的成本。

2.华为与埃森哲

华为与埃森哲的合作从2007年开始，华为聘用埃森哲并在其帮助下启动了客户关系管理（Customer Relationship Management，简称CRM），即从"机会到订单，到现金"的流程管理。2008年，华为与埃森哲对CRM体系进一步发展完善，开创了"机会到合同，再到现金"的新模式，从而大幅度提高了工作效率。

2014年10月16日，华为和埃森哲正式签署了战略联盟协议，决定共同面向电信运营商和企业ICT两大市场的客户需求，创新开发并推广解决方案。此外，华为和埃森哲互相协作，优势互补，充分利用华为在优质的软硬件产品和丰富的解决方案上的优势，并结合埃森哲在咨询、系统集成和服务外包方面的能力，双方共同为电信运营商提供业务支撑系统（Business Support System，简称BSS）及系统集成服务，以满足运营商在计费、客户关怀及其他业务支撑部门的需求。结合华为私有云基础设施方案与埃森哲"基础设施即服务"的解决方案，双方还将为各行业的企业客户提供预先设计的集成的私有云解决方案。根据协议，其他共同的机会成熟时，双方可将电信运营商和企业解决方案方面的合作扩展到更多潜在领域。

3. 华为与普华永道（PwC）

2019年11月7日，在中国国际进口博览会上，普华永道内地及香港地区市场主管合伙人梁伟坚代表普华永道，与华为云全球合作伙伴业务部部长陈亮宣布双方达成战略合作伙伴关系，签署战略合作备忘录。自此，普华永道中国将加入华为云全球合作伙伴体系HCPN（Huawei Cloud Partner Network）。普华永道中国和华为云将强强联手，利用自身的品牌影响力、优势资源和技术，加速Cloud 2.0时代企业数字化转型。

4. 华为与德国国家应用研究院（FhG）

FhG对华为的帮助主要集中在生产管理和质量控制。在生产管理方面，华为在FhG的建议下重新设计了对整个生产工艺体系，包括立体仓库、自动仓库和整个生产线的布局，减少物料移动的同时节约了生产时间，从而有效提高了生产效率和质量。在质量控制方面，华为建立了严格的质量管理和控制体系，得到了合作伙伴对华为生产线的高速评价。此外，华为还建立了一个自动物流系统，有效降低了库存管理所需人员数量，并确保了先入先出，从而节约劳动力，提高物流秩序。

5.4.3 国际化进程中的文化适配：求同存异

在华为的全球化扩张进程中，与其他国家的价值观发生冲突几乎是无可避免的。在这种情况下，华为秉持"求同存异"的策略：国家间相同的地方，谋求认同、共同进步；国家间不同的地方，给予充分的尊重和保障。

华为的企业价值观为"以客户为中心，以奋斗者为本"，而这与欧美当地的文化导向不谋而合：国外的优质企业同样注重客户感受，绝大部分员工也乐于为实现自己的理想而努力奋斗，同时接受"多劳多得"的薪酬分配机制。因此，华为的文化导向很容易便得到了欧美当地人的认同，从而为业务的展开降低了市场壁垒。此外，华为制造的通信设备产品本身就具备全球化的基本特征，侧面加速了华为与当地文化的适配。同时，从供应链角度看，随着中国经济的快速发展，中国的通信设备制造行业也逐步发展壮大，越来越多的企业从参与国内市场竞争逐步扩展到参与国际竞争。市场的变化对企业的供应链管理体系提出了新的要求，需要通信设备企业加快全球供应链管理体系建设，使之与全球市场发展相适应，实现产品的全球快速低成本交付。华为的产品定位恰好满足国际化的需要，从而较容易得到国际上广泛的认同。另外，华为对当地文化的尊重还体现在其对"存异"的包容。对于中国的企业文化与西方价值观确有冲突的地方，如国内的"996"工作制以及午休时间长短等，华为会遵守所在国的劳动法以及惯例，在保障员工合理休息时间的前提下，以使命感驱动外国员工努力创造价值。

5.4.4 人才培养战略：机遇与挑战并存

1. 从基层做起，实践中成长

华为优渥的薪资待遇吸引了大批优秀的有志青年，下一步则是考虑如何培养人才的问题。任正非曾言："销售是市场活动中最具实战意义的工作，最能锻炼新人的意志力和心理素质"。因此，为了更好地开发潜能，同时令新人更深入地了解企业，新人进入公司后被安排的第一份工作通常都是销售。

新人们需要在销售岗位磨炼三年，在三年后的淘汰赛中生存下来的人才会被派往其他部门，而这段销售的经历给了几乎所有的华为人刻骨铭心的印象。此外，华为机关干部的候选者必须到海外的生产一线锻炼，而只有最优秀的人才才有可能被外派到基层。由此，任正非提出了"少将连长"的升迁管理哲学：从基层摸爬滚打上来的员工，只要有战功就能当"少将"，当管理者，不论年龄和资历。

2. 海量招聘，海量淘汰

自1998年一次性在高校招收了800多名毕业生后，华为的校招延续至今。1999年招收2000名大学毕业生，2001年直接招收近5000名高校毕业生。基数之大在当时震惊了全国，被媒体誉为"万人招聘"。2019年，受经济形势的影响，各大企业纷纷缩招，而华为的校园招聘人数却实现了大幅逆势增长，仅双一流毕业生招收人数便达到了近8000人。

华为如此大规模地招揽新人，是否会出现人才饱和的现象呢？事实上，除了新人，对待每一位员工，华为采用的都是末位淘汰制。每次绩效考核成绩排名靠后的5%员工都会被淘汰，旨在激活整个组织，消除"沉淀层"，从而让作为大公司的华为始终保持小公司的活力。

3. 重视员工培训，提倡工学结合

华为非常重视对人才的培训，将其视为公司的基本政策之一。为此，任正非在2005年正式注册了专门用于员工和客户培训的"华为大学"。其中，上岗培训的主要对象是华为的新员工，为期半年的封闭训练的主要内容包括：军事训练、企业文化培训、技能培训、市场营销培训、实践培训。岗中培训为在岗人员

设立，主要培训方式有：在职培训与脱产培训结合、自我学习与教授教学结合、传统培训与网络培训结合。

除了上岗培训和岗中培训，华为创造性地增加了"下岗培训"的环节。对于因能力不济而被淘汰的员工，如果他们还希望继续施展才华，华为会给予他们下岗培训的机会。若员工进步较大，可以返回公司继续工作，从而展现了华为人性化管理的一面。

5.4.5 团队建设：合作与分权并行

1. 合作精神："胜则举杯相庆，败则拼死相救"

在华为的培训教材中，重点提到了大雁南飞时的合作精神，华为公司受此启发采用了矩阵管理系统：要求各个职能部门形成互助网络，在一方困难时迅速做出集体反应。华为市场部有个著名的口号："胜则举杯相庆，败则拼死相救。"任正非也提出华为文化的真正内核就是群体奋斗，即个体的力量也许并不十分出众，但一旦成为群体就会爆发出惊人的战斗力。疫情最严重的春节阶段，华为于2020年2月1日开始正式复工。有条不紊地工作开展一方面得益于华为对内部各单位的密切关注，另一方面离不开各单位的良好配合，华为的团结合作精神由此彰显。

2. 权力的分散管理：三权分立

在很长一段时间内，华为企业内部都对身为创始人的任正非有一种强烈的个人崇拜，对企业良性的权力循环十分不利。任正非很快意识到了这个问题，从而开始收缩自己的权力。具体而言，华为借鉴了美国政治制度中司法权、行政权和立法权相对独立的"三权分立"思想，并运用了这一思想的核心，即权力的分散管理。

华为建立了轮流主席制度，即"轮值CEO制度"。顾名思义，高层管理者轮流掌权，没有谁拥有绝对的职位。任正非本人虽持有一票否决权，却也从未使用过。在华为的治理结构中，3级部门以上的组织均会成立办公会议、行政管理团队以及跨部门的委员会。三种组织分别享有提议权、批准权以及否决权，从而实现了三权分立。其中，办公会议主要负责部门日常业务运作，强调首长负责制，首长有最后的批准权；行政管理团队主要负责人力资源相关工作，如干部任命等，强调集体决策，一人一票，但团队领导有最后的否决权，没有最后的批准权；委员会侧重于务虚，讨论公司的未来发展方向等，对重大决策有否决权。在干部任命上，部门首长有提名权而无批准权；管理团队有批准权而无提名权；委员会则具有否决权。另外，党委考察干部品德，具有一票否决权。

此外，华为还建立了大平台管理模式。在销售和服务、财务、生产和供应链以及研发四大共享平台的基础上，又分为4大产品线和20多个地区部。在各个地区部采取矩阵管理，进而吸纳内部信息的共享。如此，相当于各地区各平台都有自己的管理者，进而高层管理者的权利层层向下分割，避免权利过度集中。

5.4.6 团队激励：多手段合理分配

1.奖励透明公正：程序公平理论

组织公平感理论的相关研究兴起于20世纪60年代中期，核心内容为分配公平、程序公平和互动公平三个维度，衡量企业中的员工对公平的判断、知觉和感受。其中，程序公平关注的是达到分配结果的过程是否公平，即决策时使用的手段和程序的公正性。

华为在奖励薪酬的分配方式上，贯彻了程序公平原则，实现了按劳分配、公正透明。在提倡全力创造价值之外，华为还明确了合理分配价值的前提是正确评价价值，由此形成责任结果、贡献以及商业价值三大价值评价导向，并坚持突出重点、抓主要矛盾、分级分类以及向目标倾斜三大原则。在此基础上，华为建立了向奋斗者、贡献者倾斜、导向冲锋、不让雷锋吃亏等价值分配指导方针，帮助其在物质激励与精神激励间寻找到价值最高点，从而驱动价值创造，形成增强型正向反馈的良性循环。以不让雷锋吃亏为例，任正非提出"不让'雷锋'白白付出自己的辛勤和智慧"，意思是既希望自己的公司中能涌现出更多像"雷锋"一样的员工，兢兢业业，甘于奉献；但也不让员工徒劳无功，而是用丰厚的物质奖励予以回馈。这一点恰好是以奋斗者为本的文化传承基础，而血脉相传的文化正是企业最佳的利益驱动机制。此外，价值分配的指导方针还衍生了一系列分配政策。例如，在晋升问题上，坚持"让最有责任心的人担任最重要的职务"，而不将资历、工龄视为晋升标准；在薪资问题上，秉持"决不羞羞答答"，而是"坚定不移地向优秀员工倾斜"；在股权分配上，员工的持股份额根据"才能、责任、贡献、工作态度、风险承诺"等情况综合确定，从而形成了优秀员工集体控股、骨干员工大量持股、低级员工适当参股的股权分配格局。

更为关键的是，在规范的HR机制之下，华为的人力资源部每天可以对数万名员工进行精确的绩效考核，用数字说话，同时约束有志向的员工每天都积极投入。在此过程中，华为从IBM引入并加以改良的绩效管理工具个人业务承诺（Personal Business Commitment，简称PBC）功不可没。与传统的KPI相比，PBC在保障企业战略落地方面具有绝对优势。华为的PBC结构包括三个部分：一是组织绩效目标，包括管理者负责的组织的绩效目标以及员工所在部门的且有清晰

163

第2部分　典型基础设施企业案例分析

组织绩效目标；二是个人绩效目标，特指管理者的个人业务目标和人员管理目标；三是能力提升计划，即根据目标达成的挑战所制定个人能力提升计划。由此观之，PBC的核心优势就是可以将管理者和员工有限的精力投入到最重要的事情中，避免其陷入无意义的忙碌之中，而这与华为的"压强原则"不谋而合。华为借助PBC按照绩效对员工的等级进行了公正的划分，并根据考核结果对人员的发展进行调整，包括晋升、内部调动、再入职等。正是得益于PBC带来的更加明确的目标，每一位员工的执行力才得以提升，从而为华为的飞速发展提供有力保障。

2. 薪酬分配：泛化的薪酬理论

早在1997年华为便开始谋划人力资源开发与管理系统的规范化变革。结合世界顶尖咨询公司美国合益集团（Hay Group）的建议，华为逐步建立并完善了人力资源的开发和管理体系，包括薪酬体系、职位体系、任职资格体系、绩效管理体系以及各职位系列的能力素质模型。全面的体系建设标志着华为的人力资源建设日益走向成熟。基于此，华为将薪酬机制进一步细分完善。基于Hay Group设计的三张表格，华为上级部门从每个岗位的能力要求、风险和责任度三个维度进行了相应级别的划分，从而建立起了25级的薪酬架构体系。这一体系旨在最大程度保证公司内部价值分配的相对公平，从而激励员工创造更大的绩效。目前，华为已形成了"以岗定级、以级定薪、人岗匹配、易岗易薪"的薪酬管理体系。

此外，借鉴英国管理学家John E Tropman提出的多元化、定制化的薪酬体系设计思路，华为在对于员工的报酬问题上，采用泛化的薪酬理论。薪酬不仅与绩效挂钩，而且把福利、保险、额外津贴、工作环境、个人成长机会等因素作为一个薪酬整体来进行考虑。在高额的薪资之外，华为积极寻求其他方法给予优秀员工丰厚且适当的回馈。

（1）高薪资

任正非非常重视"知识"的价值，提出了"知本为上"的原则：把知识当作企业安身立命的根本，利用知识推动产品创新和公司进步，并用产品的更新换代来反哺知识。为了防止人才流失，任正非秉持"人力资本的增值大于财务资本的增值"的理念，并不吝惜发放高薪资。2020年8月，华为分别以156万元和201万元的年薪聘用了应届毕业生姚婷和张霁，引起网友热议。此外，华为推出了"天才少年计划"，旨在借助顶级薪资，招揽顶级人才，专攻顶级项目。

（2）年终奖金

华为年终奖金的发放比重相当高，甚至超过所有报酬和福利的30%。同时，华为尊崇"按劳分配"的原则：通常市场部门和技术研发部门的员工所得较多，文职人员和体力工人相对较少。原后备干部系主任胡赛雄解释了华为奖金分配模式的特别性：传统公司的绩效奖励是在年底将公司的利润分配给职员，类似于"分钱"和"抢钱"的概念；华为则在每年年初基于各部门的战略目标，制定绩效奖励的规则，在年底根据规则进行奖励，从而使得员工在一年内都干劲十足，积极创造业绩，更倾向于"挣钱"的概念。

（3）股权转赠

华为给予出色的员工公司股权，参与公司利润的分享，提高员工福利的同时还有助于增强凝聚力，形成一种"荣辱与共"的公司文化，与华为"以奋斗者为本"的文化内核不谋而合。任正非总裁曾明确表示：华为不会上市。其中，一个重要原因是华为采取员工持股制。目前华为98%以上的股票都已出于激励目的分配给员工，只是由公司的工会代为持有。一旦华为上市，这些员工的股票就要重新分配，由此面临着一个巨大的难题：上市后员工纷纷暴富，很可能只想着抛股获利而变得不思进取，进而导致公司利益受损。同时，华为采用的是特殊的虚拟股体系。2008年，公司对虚拟股制度进行调整，实行饱和配股制，即规定员工的配股上限，每个级别达到上限后，就不再参与新的配股。这一规定使得手中持股数量巨大的老员工配股受限，却有利于激励新员工。2020年初，华为完成了新一届持股员工代表会的投票选举，公司与员工的权益高度绑定，而作为华为创始人的任正非只持有1.4%，可见放权和股权转赠的力度之大。

3.让大学受益:《拜杜法案》原则

《拜杜法案》于1980年被美国国会通过。此法案的核心内容是在政府资助科研成果的情况下，让大学、研究机构能够享有专利权，从而极大地带动了发明者转化成果的热情，而华为充当的就是理论中资助者的角色。很早之前，华为就意识到基础研究的重要性。"产学研结合"的口号早已提出，却迟迟缺乏有效的落地措施，而华为也是基于高科技"产"业层面，期盼在"学研"层面实现突破。目前，华为在全世界有26个研发能力中心，拥有在职的数学家700多人，物理学家800多人，化学家120多人，并设有一个战略研究院，用于资助全世界著名教授的科研工作。华为并不热衷于取得投资回报，而是真正想让大学收益，改善学风"泡沫化"、学者"唯论文论"的现状。

重视基础研究，为华为创造了价值。任正非曾表示5G标准是源于十多年前土耳其Arikan教授的一篇数学论文。Arikan教授发表这篇论文两个月后，华为发现了它的价值，并对其实验室给予资金支持。十年时间，华为把Arikan教授的论文变成了产业技术和标准，可以说真正实现的产学研成果的转化。

5.5 新的征程缘何荆棘丛生

5.5.1 战略评价

业务领先模型（Business Leadership Model，简称BLM），是20世纪初IBM公司联合哈佛商学院共同开发的一套战略管理和领导力发展工具，基于斯氏业务设计模型、纳德勒-塔什曼组织一致性模型和动态能力理论而构建。2005年，华为销服体系和IBM合作领导力项目的时候，发现IBM的BLM工具可以弥补业务部门战略落地的缺失，实现业务战略和人力资源战略的有效连接，于是将BLM模型引入并推广。2013年以来，华为进一步提出多流程全面融会贯通，运用一套数据表格实现真正的大规模高效化运营，标志着华为对BLM模型的实施已经进入了一个新阶段。BLM有八个黄金准则，华为将每一条都运用到了极致。

1.市场洞察与战略意图

市场洞察力是战略思考的起点。作为战略规划与评价最核心的内容，市场洞察决定着战略的具体执行，是对市场趋势、客户需求、竞争态势、宏观环境的综合分析。虽然每个人对市场的理解水平各异，但有一点毋庸置疑：在一定的市场洞察认知基础上，与客户接触越频繁、越深入，个体对市场的理解水平就越容易提高。这要求企业密切关注市场动态，以客户需求为导向开发产品。在这一点上，任总做了良好的示范，一年365天有大约200天都在客户界面上。基于对市场的洞察，华为明确了自身的战略意图，即未来5年的战略目标。既有销售收入和利润诉求，也有对市场地位的诉求。华为早些年曾言，"终端销售要超过1000亿美金""市场地位要超越苹果成为第一"，从目前形势来看，这些目标的实现指日可待。

2.战略创新与业务设计

从无线业务到终端领域，华为一直走在创新前列，切实体现了其将创新作为战略思考的焦点。同时，华为还坚持"开放式创新"：先后在德国、美国、瑞典、英国、法国等国家设立了23个研究所，与世界领先的运营商成立了34个联合创新中心。创新要以市场为导向，华为曾因此有过深刻教训。在NGN交换机问题上，华为不顾客户需求，将最新研究出的高新技术介绍给客户，导致其一度在中国电信市场出局。引入BLM模型后，结合之前的教训，华为打造了"以客户需求为导向，前端是客户，末端也是客户"的端到端流程，进而从根本上改变了华为技术导向型的公司价值和研发战略。

3.关键任务与正式组织

关键任务是企业需要重点突破的地方，其设定统领执行的细节。华为从中得到启发，秉承"力出一孔"的理念，目标明确，朝一个地方出力。2006年，华为公司在刚果的客户突然改变了工程计划，要求华为将核心网设备建设原本所需的30天工期压缩到4天。面对几乎不可能完成的要求，为稳住刚果市场，项目负责人要求所有工程师和技术人员放下其他工作，全力推进此项目，最终华为提前6小时完成了任务，从而为拓展非洲市场打下良好基础。另外，通过FhG、IBM、Hay Gruop的帮助，结合发展过程中的经验教训，华为建立了系统而完善的组织结构、管理制度、管理系统以及考核标准，包括25级薪酬架构体系、BLM业务模型等，从而为战略执行提供了可靠的组织保障。

4.人才培养与氛围文化

华为十分注重人才的培养，从专门设置华为大学用于员工和客户培训之中可见一斑。此外，华为从不吝啬对人才的奖赏，以高薪资和优渥的福利待遇招揽了大批行业精英。同时，采取严苛的末位淘汰制，倒逼人才与时俱进，提高专业技能，保持创新活力。同时，文化在战略制定与评价过程中的重要作用也从未被忽视。最初，华为凭借特有的"狼性文化"，带领员工在群雄逐鹿的通信行业争得一席之地。但近年来，华为修正了曾引以为傲的狼性文化，越来越重视人性化管理。同时，在商业生态圈中，华为始终保持开放心态，致力于实现合作共赢。

5.5.2 管理机制

1.流程化管理：BPR模型

"流程化管理"最初由IBM公司使用，但该模型最早可追溯到哈默提出的业务流程重组（Business Process Reengineering，简称BPR）模型。BPR的基本内涵是以作业流程为中心，摆脱传统组织分工理论的束缚，以订单到交货的一连串活动为着眼点，从整体流程优化的角度来思考问题。

BPR模型的提出很好地解决了华为在20世纪90年代中后期遇到的问题。通过公司的调查报告，华为发现自身的研发费用浪费比例和产品开发周期极高，达到了业界最佳水平的2倍以上。究其根源，高浪费源于各部门缺乏必要的沟通和合作，各自为战，错误率和不匹配度极高，进而导致工作效率低下。在这种情况下，订立一套流程化的组织管理思路，让企业的每一个人都能成为流水线上的一个零配件，实现流水生产显得尤为重要。

因此，华为自1998年开始引入IBM公司的流程化管理。对此，任正非有一个非常形象的比喻："盲人摸象。有人负责摸鼻子，有人摸眼睛，有人摸庞大的身躯，有人专门摸粗壮的大腿，有人摸象牙，而公司最后会将所有摸象人的工作结果进行整合，最终就完整地描述出一头大象"。换言之，员工各司其职，在流程中找到职业的精准定位，在自己的工作领域努力钻研，最终才能合成一个完美高效的公司产品。

针对三大业务流，华为公司特意建立对应的三个系统，即产品集成开发（IPD）、机会至回款（Lead To Cash，简称LTC）以及问题至解决（Issue To Resolution，简称ITR）系统，同时利用IT进行流程固化。为了增强规范性，公司中每一个部门，每一个员工都会握有一份详细制定的流程图，规定了自己固定的工作步骤、工作内容，他们必须明确地了解：谁做、做什么、做出来给谁、怎么去做。为了确保流程的顺利推进，公司还制定了严格的考核标准。

2. 务虚会：目标管理理论

1954年美国著名企业管理专家德鲁克在《管理的实践》一书中，首先提出了"目标管理"的概念。目标管理理论认为，应在企业职工的积极参与下，自上而下地确定工作目标，自下而上地保证目标实现。由此可见，目标管理理论以成果为导向。与之相对应，很多企业都有用于制定目标的务虚会。但务虚会所订立的目标不乏领导未认真分析的草率决定，最终流于一句口号，没有付诸实施。

华为提出开好务虚会的关键在于把握好一些细节问题，特别是要了解务虚会中的相关步骤与环节。例如，在务虚会开始之前，根据要讨论的问题限定有经验的与会人员，弄清楚是否有其他方式更有效地解决问题；会议准备做出什么样的决定，以及相应的行动方案；列出与会议目的有关的项目，按主次排序，对项目进行归类以及限定商议时间；记录商议得到的关键信息；传阅议事日程与整理好的文件；搜寻新信息通知大家。这些准备工作可确保会议按计划进行，为会议的高效召开提供保障。

华为的务虚会也是其一大企业特色。通常在会前确定一个大方向的主题，地点则大多选在幽静的景区，旨在尽量让大家放松下来，畅所欲言。与会者人数则视情况而定，十几人到几十人不等。务虚会一般要进行两天，第一天上午采取"头脑风暴法"，每位与会者都有机会直接向高层表达自己的看法，提出现阶段最应重视的目标。下午的会议开始筛选并聚焦主题，同样鼓励积极思考发言、甚至直接与高层领导辩论。第二天议题会进一步具体化，大家对此前一些富有代表性的观点进行充分讨论，并形成会议纪要。会议结束后，华为会将会议纪要交给未参会的高层，听取他们的意见和建议，经过反复讨论和修改，才最终形成了真正的决议。任正非曾言："战略性的重大决策一定要慢，慢慢发酵"。这在华为的务虚会上得到充分体现，华为的目标出台需要经过从企业员工到高层主管上上下下的努力，而这样的决策往往是最贴合实际的最佳选择。

3.细节管理：破窗理论

美国政治学家威尔逊和犯罪学家凯琳曾提出"破窗理论"：如果有人打破了一个建筑物的窗户，而这扇窗户又没有得到及时的维修，就可能有更多的人受到某些暗示性的纵容，去打烂附近更多的窗户。破窗理论提示管理者防微杜渐，严抓每个小细节，防止因为纵容而使细节上的错误扩大化。华为非常注重细节管理，具体包括以下几个方面。

首先，将客户需求进行细分。华为一直以客户为导向开发产品，根据不同类型客户的需求差异，提供不同的产品服务，将激烈的竞争市场进一步细分和细化，能够吸引更多的客户，抢占更多市场份额。以华为手机为例，Mate系列手机的潜在消费者是商业客户；P系列手机的潜在消费者是时尚客户；荣耀系列手机的潜在消费者是追求性价比的客户，华为的客户选择由此可见一斑。

其次，在细节方面注重节约。华为在创业初期曾提出一个设想：当时公司有1万多名员工，假设每个员工每天多打一分钟的电话，一个月增加的电话费，可以够贫困地区10个孩子一年的学费；而每个员工若是一餐浪费一两米饭，一年累计下来相当于两千多斤的粮食。因此，华为人从细节上就提倡避免铺张浪费。例如，为了节省纸张，华为公司建议员工在作废的纸张后面贴上一些报销单据，如此每年可以省下很多纸张。华为在细节上的节约，也体现了他们一直薪火相传的艰苦奋斗的优秀品质。

最后，利用奖惩使员工注重细节。任正非是军人出身，华为一直奉行的都是半军事化管理，员工必须严格遵守公司的管理制度。以华为的项目团队管理中的条款为例，大到不能损害公司形象，小到保持的办公环境整洁，违反其中任意一项，就要被扣不同的分，总分一百分，扣到八十分以下会被罚款50～100元，而连续三个月满分的成员也会给予奖励。这些细节之处的管理旨在培养员工对于细节的关注和完善，使得员工做事更加谨慎、精益求精。

5.5.3 企业文化

1.《华为基本法》：力出一孔，利出一孔

华为被称为最神秘的中国民营企业，是因为它拥有企业内部独立的"法规"，并以"法规"为准绳，形成了一套独有的企业文化。制定规章制度的企业不在少数，而《华为基本法》的特点在于其制度完备、赏罚严明，很难在国内找到类似的规章制度，同时也体现了任正非一贯奉行的军事化管理。

20世纪90年代中后期，华为在市场上崭露头角，跻身于通信企业"巨大中华"（巨龙通信、大唐电信、中兴通讯、华为技术）的行列。但随着企业的扩大，员工数量激增，如何统一军心便成了一个棘手的问题。任正非曾言："创业初期，谁干得好谁干得坏，我脑子里清清楚楚。人多了以后，没办法对所有人评价了，没有判断的标准，老板也不敢把权力下放"。1996年，凭借在前几年打拼积累的经验和教训，中国人民大学以彭剑锋为首的6位教授（彭剑锋、黄卫伟、包政、吴春波、杨杜、孙建敏）参与起草了包括6大章、103条的《华为基本法》，旨在统一意志、达成共识。这也是中国现代企业中最规范和最全面的一部"企业法"，目前华为高层的经营管理团队（Executive Management Team，简称EMT）成员都是当年《华为基本法》形成过程的主要参与者。

《华为基本法》的精髓在于：力出一孔，利出一孔。力出一孔，指的是华为战略目标明确，朝一个方向深入研发。任正非在2013年新年献词中写道："我们这些平凡的15万人25年聚焦在一个目标上持续奋斗，从没有动摇过。就如同在高压下从一个小孔中喷出来的水可以切割钢板，从而取得了今天这么大的成就。这就是'力出一孔'的威力！我们的聚焦战略就是要提高在某一方面的世界竞争力。"利出一孔，指的是华为薪酬机制简单透明，公正公开。任正非曾言："我们坚持利出一孔的原则，就是表明我们从最高层到所有的骨干层的全部收入，只能来源于华为的工资、奖励、分红及其他，不允许有其他额外的收入。从组织上、制度上，堵住了从最高层到执行层的个人谋私利，通过关联交易的孔，掏空集体利益的行为。"

2.艰苦奋斗

在国际化的进程中，华为面对的是主要发达国家的世界级跨国企业。他们掌握的技术、资本、客户基础、运营经验，都是华为不可比拟的。在如此巨大的差异面前，华为唯有艰苦卓绝地奋斗方能脱颖而出。创业初期，华为没有足够的流动资金，员工的报酬十分微薄。即便如此，华为人从不吝惜把自己的工资、奖金投入公司研发中去，用有限的资金购买原材料、购买实验测试用的示波器。经过日夜攻关、重点突破，华为的第一台通信设备——数字程控交换机终于诞生。

2001年开始的网络泡沫破裂之后，通信行业市场进入寒冷彻骨的严冬。华为的销售出现负增长，大量员工因看不到公司前景辞职，甚至有人在离开时带走了华为的源程序、设计原理图等核心商业机密信息，或自行创业，或有偿泄露给同业者进行仿制，无疑使华为的处境雪上加霜。在这种情况下，华为再次发扬了艰苦奋斗的品质。任正非回忆："住两块钱的招待所，顿顿吃方便面，睡机房，我们经常经历；跟我们在同一个客户那里出差的竞争对手的工程师，住的是当地最高档的宾馆，我们是多么羡慕。"但就是在这样恶劣的环境下，华为再次崛起，成功跻身世界五百强企业。近两年来，美国政府接连发布禁令，对中国华为公司进行打压制裁，几乎所有的美国公司均被禁止与华为开展业务。在这种情况下，华为凭借艰苦奋斗的精神，出台了HMS等一系列迅速且实用的替代方案，仍然保持着迅猛的增长势头。

3.人性化管理：Y理论

道格拉斯麦克里戈（Douglas M. McGregor）在《企业的人性面》一书中首次提出Y理论。该理论认为人主要是由自己来激励和控制自己的，外部施加的刺激物和控制可能对人变成一种威胁，并把人降低到一种较不成熟的状态；管理的重点应转移到工作环境上，主张通过创造出一种适宜的工作环境，使员工得以充分发挥自己的潜能，提高效率。

早期华为推崇"狼性文化"，狼虽然勇敢、善战、机敏，但也残暴、贪婪，缺乏仁善意识。这在主张企业互助共赢、推崇人性化管理的今天是非常不合时宜的。21世纪初，华为出现多起员工抑郁甚至自杀的极端事件，引起社会的广泛讨论，也使其重新审视自己原本以此为傲的"狼性文化"。目前，华为开始学习Y理论的观点，不再对员工施加更多压力，而是从提供更舒适的工作环境的角度，让员工以一种积极轻松的态度自发地提高业绩，开始转向人性化管理，并进行了一系列大刀阔斧的改革。首先便是对企业文化的精髓——《华为基本法》的修正，包括全盘废除曾经引以为豪的"加班文化"。此外，华为由单休制改为五天半工作制，员工还享有半个月之内"一大休一小休"的待遇，给予员工更充分的休息时间。此外，华为还设立首席员工健康与安全官以及进一步完善员工保障与职业健康计划。华为经常会安排心理医生对员工进行心理辅导，防止其患上抑郁症，为此，华为内部甚至成立了一个心理辅导中心。

5.5.4 知识产权

1.专利技术的开发

20世纪90年代，华为尚处发展的初期阶段，无法自行研发先进的专利技术。为了在国内市场扎根，华为只能购买外国企业的专利技术，并支付数亿美元的巨额专利费，而这也变成了外国企业的一种剥削手段。

在高额专利费的压迫下，华为开始思考自主研发技术和专利。在IBM公司和贝尔实验室考察期间，任正非发现两家企业科研投入的资金都很多，由此决定效仿这种模式。回国后，他宣布公司每年从销售额中至少拿出10%来投入研发之中，从而为日后华为技术的发展奠定了良好的物质基础。近几年，华为在研发上的投入比例甚至超过了14%，对专利开发的重视程度可见一斑。

2.知识产权的保护

2003年，思科公司主张华为侵犯了其知识产权，从而引发业界著名的"世纪之讼"。虽然最终以双方和解的形式正式"停战"，但这场官司仍让华为元气大伤。同时，华为也由此意识到拥有专利技术之外，保护知识产权也尤为重要。在2018年世界知识产权组织（WIPO）公布的全球企业专利申请数量上，华为以5405个专利位居全球第一。根据柏林技术大学和德国知识产权研究公司Iplytics在2020年1月发布的数据，华为是目前全球拥有5G专利数量最多的公司，共有3147项5G专利。

除此之外，华为的商标名称也非常具有连贯性，已经成为一个大家族，包括河图、鸿蒙、鸿鹄、昆仑、金刚、玄武、青玄、白虎等。目前，这些商标已被华为应用在自己的操作系统、集成电路、电子芯片、计算机等领域和产品中。同时，华为在注册商标时也会注意商标保护和防御的相关布局。以2020年5月华为成功注册的全新"数字现实"科技的"河图"为例，华为递交了"洛书""华为洛书""洛神书"等70余件关联性商标的申请，可谓是周密完善、滴水不漏。除了积极申请专利保护、使用法律武器维护权利，华为也非常注重日常工作中公司机密的管理。任何一名员工进入公司，都需要签署保密协议；一些重要岗位的员工即便离职了，也不能从事和华为有竞争关系的工作。

5.5.5 商业生态

1.领先对手半步

华为关于技术创新有一个较为独特的观点："在产品技术创新上，华为要保持技术领先，但只能是领先竞争对手半步，领先三步就会成为'先烈'，明确将技术导向战略转为客户需求导向战略"。这方面华为曾有过深刻的教训。华为曾有一段时期一味追求技术的高精尖，不顾市场目前的接受接纳能力，最终未能成功打入市场。1998年，中国联通CDMA项目进行招标，华为为此准备充分但最终仍然落选，而出局的原因则是因为华为在产品选型上观念过于超前，放弃了性能相对稳定的过渡产品IS95版，而是对2000版展开研究。然而，彼时2000版的芯片刚刚出世，性能尚不稳定，联通最终决定采取IS95版。由此可见，既要把对手当作竞争对象，也要将其作为最佳的参照对象。能视其为对手的公司自然有一定的实力，其研究方向、研究进度都对华为有极大的参考价值。产品最终还是要服务于社会，不能闭门造车，脱离社会轨迹。据华为董事长梁华介绍，华为5G不管是商用还是技术，在业界都处在领先地位。根据华为在各国的测试数据，华为的技术成熟度领先其他对手12～18个月。

2.化敌为友

"没有永远的朋友，也没有永远的敌人，只有永远的利益"，在企业这一由利益为主导的主体面前更是如此。在共同利益的驱使下，华为经常与老对手达成共识，开展合作。高通在其2020年第三季度财报发布会上宣布，已经与华为达成一份新的全球专利许可协议。近年来，由于美国的百般阻挠，华为在海外市场频频受阻，2020年以来，美国禁令升级，更是卡住了华为芯片这一关键环节。尽管华为还无法直接购买高通的芯片产品，但是本次协议签署后，华为已经恢复了支付给高通无线技术的许可费用，这意味着在协议范围内华为采用高通的无线技术暂无后顾之忧。而对于高通来说，此举不仅仅意味着18亿美元（约合人民币126亿元）被纳入下一季度财报，更意味着未来高通能打开专利授权更大的市场。该消息宣布后，截至北京时间2020年7月30日晚7时，高通股价涨幅超过10%，市值增加了112亿美元（约合人民币788亿元）。

事实证明，相比恶性竞争，与生态圈内的伙伴展开合作是更有效的方法。在合作中，双方沟通内部资源，取长补短，有利于共同进步。同时，合作可以起到联合巩固行业地位的作用。在行业内部，企业互相竞争，但对于行业外部来说，都会面临着共同的外部竞争和危机，这时的合作是抵御外界环境对行业内部冲击的最佳利器。另外，小企业间的合作更有利于追赶较为强大的竞争者。几个小企业联合研发往往将大幅提高效率，从而实现弯道超车，跻身行业前列。

3.共享利益

任正非曾言："华为跟别人合作，不能做'黑寡妇'。以前华为跟别的公司合作，一两年后，华为就把这些公司吃了或甩了。我们已经够强大了，内心要开放一些，谦虚一点，看问题再深刻一些。不能小肚鸡肠，否则就是楚霸王了。我们一定要寻找更好的合作模式，实现共赢。"以华为在日本研究所的定位为例，华为承诺在日本赚取的利润，基本都将投入日本的材料研究，实现产品增值的同时，又反哺日本材料市场。然而，很多企业选择在海外投资的原因，都是瞄准了当地廉价劳动力等优惠条件，从而榨取当地的最大价值，与华为形成了鲜明对比。

在对待美国的态度上，华为也始终保持着开放共赢的心态。华为的目标始终是登上人类科技最高峰，因此其很早就考虑到与美国在"山顶"相遇的问题。但这种汇合绝不是为了短兵相接，而是为了携手为人类社会做出更大的贡献。面对外界提出的华为何时才能摆脱美国、使用自己研发的芯片的质疑，华为表示过去都是同时在使用两种芯片，美国公司的利益得到保障的同时，华为的产品也在实践中得到验证，未来只要美国公司愿意继续卖芯片，华为也非常愿意继续合作。

华为并没有因为自己已研发出芯片或是与美国政府的矛盾冲突，就放弃与长期伙伴的合作，这种合作共赢的态度无疑是华为能够拥有众多友好的合作对象的重要原因。

4. 打造持久"护城河"

华为的生态理念可概括为一个有趣的概念——"黑土地"：通过聚焦ICT基础设施和智能终端，形成一块信息化、自动化、智能化的"黑土地"，其上可以种"玉米""大豆""高粱""花生""土豆"……让各个伙伴的内容、应用、云在上面生长，从而形成共同的力量面向客户。由此可见，华为打造生态系统的出发点相对纯洁，真正做到了先成就伙伴，再成就自己，在华为对业务边界的坚守上可见一斑。同时，这也是由ICT生态的固有属性决定的。面向企业级客户令ICT生态较互联网领域更为复杂，单凭一两家企业之力可谓道阻且长。因此，华为致力于建立"ICT生态"而非"华为生态"，展现了其在建设生态系统时的开放心态。

与此同时，华为的生态战略也有其独特之处。首先，发展相互促进的多元化生态。华为的合作伙伴生态与开发者生态相互促进，相辅相成，从而推动了合作伙伴的商业成功。数据显示，华为云伙伴收入占华为云总收入超60%，高达188%的增速也高于华为云整体168%的增速。其次，加强软件和开源技术的生态建设。基于操作系统、数据库等技术，华为独立建设了OpenEuler、OpenGauss、MindSpore三大软件开源社区，并已取得不俗成绩。以OpenEuler为例，目前已有超3000个贡献者，几乎中国所有的主流操作系统厂家都基其发行了商用版本。最后，坚持人才生态的培养。为了培养ICT人才，华为推出了面向全球的校企合作项目——华为ICT学院。目前，华为已与全球1500多所高校开展校企合作，年培养学生近57000名。

华为可谓是ICT生态中的"系统管理员"，研发上的巨大投入也旨在保持整个ICT生态的竞争力。目前，华为牵头的生态平台已拥有其联合生态伙伴孵化的530多个行业解决方案，以及华为云上线的14类100多个服务，企业e+数字化平台也已支持1万多家生态伙伴。如此，华为的"护城河"不断被加深加宽，而开放、合作、共赢的生态策略也将推动整个ICT生态走向繁荣。

参考文献

[1] 华为技术有限公司2020年年度报告

[2] 华为技术有限公司2020年企业社会责任报告

[3] 华为技术有限公司官方网站、新浪科技等媒体报告

第6章　招商港口：世界一流的
港口综合服务商

引言

招商局集团（简称"招商局"）作为中国民族工商业的先驱，有着"中国民族企业百年历程缩影"的美誉，是中央直接管理的国有重要骨干企业，总部位于香港，是在香港成立运营最早的中资企业之一。整体特点可以概括为：百年央企、综合央企、驻港央企。2021年，招商局集团实现了"十四五"良好开局，各项经济指标再创新高：实现营业收入9362亿元，同比增长15.1%；利润总额2121亿元，同比增长21.1%；净利润1692亿元，同比增长23.4%。截至2021年底总资产11.68万亿元，其中资产总额和净利润蝉联央企第一。招商局集团成为连续17年荣获国务院国资委经营业绩考核A级的央企和连续五个任期"业绩优秀企业"。招商局继续成为拥有两个世界500强公司的企业，招商局集团和招商银行排位持续提升[①]。

招商局港口控股有限公司（简称"招商局港口"）于1992年在香港联交所上市（股份代码00144），是招商局集团的重要子公司，现为世界领先的港口开发、投资和营运商。自2008年起布局海外港口并于近年来不断践行"一带一路"的国家倡议，加快国际化步伐，成功布局南亚、非洲、欧洲地中海及南美等地区。本章节通过梳理招商局、招商局港口的国际化历程，剖析招商局港口如何通过实施国内战略、海外战略和创新战略三大举措，辅以现代化的公司治理机制，以实现"迈向世界一流的港口综合服务商"的愿景。

---

① 资料来源 https://www.cmhk.com/main/

6.1 国际化之旅：百年央企、跨越发展

6.1.1 发展历程

1.招商局发展历程：以商业成功推动时代进步

1872年12月26日，清廷批准李鸿章奏折，成立轮船招商局。彼时，李鸿章以"数千年未有之大变局"形容奔涌而至的西潮。中西冲突、山河破碎、新旧转折，使得独立、富强是近现代中国历史无可辩驳的时代主题。面对"攘外"这一时代课题，洋务运动是一次重大尝试。初期，洋务派在全国各地创办了21个军工局厂，以"求强"为目标，但主事者逐渐意识到，唯有"求富"才能"图强"。洋务派由学习西方创办军工制造厂向创办民用企业转型，招商局由此应运而生。招商局组建了中国近代第一支商船队，开办了中国第一家银行、第一家保险公司，扮演了中国近代民族航运业和其他许多近代经济领域的拓荒者。

轮船招商局创立百余年后，中国又面临了一次重大的时代考验。新中国成立初期，自朝鲜战争开始，来自外部强加的封锁连同十年浩劫期间的极端排外，使中国处于封闭和半封闭状态二十余年之久。自中共十一届三中全会决定实行对外开放，中国重启了新一轮的现代化进程，即通过经济体制转轨和融入国际经济以促进经济增长、改善民众的福祉、增强国力。当改革开放成为时代主题，敢为天下先的历史重任又一次落到了招商局的身上。从1979年开始，招商局独资开发了在海内外产生广泛影响的中国第一个对外开放的工业区——蛇口工业区，并相继创办了中国第一家商业股份制银行招商银行、中国第一家企业股份制保险公司平安保险公司等，为中国改革开放事业的探索提供了有益经验。

21世纪以来，随着现代社会化大生产的发展，国际的经济联系和经济依赖关系越来越密切，经济交往也越来越频繁。世界经济全球化加快发展的大趋势和中国开放型经济与世界经济联系度的日益提高，使得招商局全球化背景下，一直以国际视野、开放心态，并借"一带一路"建设，立足两种资源、两个市场，加快推进国际化进程。如今，招商局集团已经初步形成了遍布全球六大洲的海外港口、物流、金融和园区网络，大多位于"一带一路"沿线国家和地区的重要点位，"前港-中区-后城"的成熟蛇口模式逐步在海外落地生根。纵观招商局148年的发展历程，可以发现主动求变和不断地适应外界环境的变化是招商局基业长青的根本所在。

2.招商港口发展历程：成为世界一流的港口综合服务商

招商局港口集团股份有限公司（以下简称招商港口）是一家全球领先的港口

投资开发运营商，经历了三个十年跨越发展。其前身为1991年成立的海虹集团有限公司，主营港口油漆制造业务，1992年7月作为红筹第一股在香港证券交易所挂牌上市，股票代码为0144.hk。随后又注入收费公路、油轮运输、集装箱制造、码头运营等相关业务，1997年更名为招商局国际有限公司，逐步明确以码头投资及相关业务为主业，2000年母公司招商局集团进行重大业务重组，招商局旗下港口业务逐渐注入招商局国际，并将其非港口业务逐步剥离。经过战略调整与重构，招商局国际业务更加聚焦。正是由于这一影响深远的重大决策，招商局国际抓住了中国港口发展的黄金期，并在第二个十年，迅速成长为中国领先的港口运营商，业务遍及中国沿海重要枢纽港，包括天津、青岛、上海、宁波、厦门（漳州）、香港、深圳、湛江，见图6-1。

图6-1　招商港口发展历程及重大战略调整

2018年，招商局港口集团股份有限公司资产重组更名暨上市仪式在深圳证券交易所隆重举行。原深圳赤湾港航股份有限公司更名为招商局港口集团股份有限公司，证券简称由"深赤湾A"变更为"招商港口"，证券代码由"000022"变更为"001872"。此次重组通过搭建"A控红筹"双平台架构，实现A股市场首例红筹上市公司控股权回归A股上市。截至2020年底，招商港口的全球港口网络布局，遍及6大洲、26个国家和地区，共50个港口，其中海外投资31个港口，分布在23个国家，港口货物总吞吐量位居全球第1。

通过几代招商港口人的不懈努力，目前招商港口已成为招商局集团践行国家"一带一路"倡议和建设"粤港澳大湾区"战略的重要实施主体，既是招商局集团港口板块总部，又是集团港口资产一级资本运作和管理平台，旨在实现集团旗下港口资产整合及协同发展，并已成为世界领先的港口投资、开发和运营商。未来，招商港口将继续秉承招商局集团"成为具有全球竞争力的世界一流企业"的发展愿景，围绕提升行业影响力、洞察力和竞争力，致力于"成为世界一流的港口综合服务商"。以全球布局助推国内国际双循环的新发展格局，并将始终致力于践行招商局"以商业成功推动时代进步"的发展使命。

6.1.2 公司总体发展战略

招商港口致力于成为世界一流港口综合服务商，紧紧围绕"立足长远、把握当下，科技引领、拥抱变化"的战略原则，以高质量发展为目标，加快科技引领、创新驱动，实现全球科学布局、均衡发展，提供一流的专业解决方案，为股东谋取更多回报，为支持当地经济产业发展，推动港口行业的良好发展做贡献。总体来看，公司总体发展战略分为国内战略、海外战略、创新战略三个部分，见图6-2。

我们的愿景：
世界一流的港口综合服务商
To be a world's leading comprehensive port service provider!

国内战略

海外战略

创新战略

图6-2 招商港口总体发展战略

1. 国内战略

公司将紧抓供给侧结构性改革机遇，立足于"区域整合、提升协同"的目标，从沿海五大港口群中持续寻找整合合作机会，进一步扩大和完善国内港口网络布局，突出重点，全力推进，引领区域港口整合的新方向，不断提升港口发展质量。

2. 海外战略

公司将继续把握国家"一带一路"倡议及国际产业转移带来的机遇，适应船舶大型化和航运联盟化趋势，重点在全球主枢纽港、门户港以及市场潜力大、经济成长快、发展前景好的地区布局，捕捉港口、物流及相关基础设施投资机会，持续完善公司的全球港口网络。

3. 创新战略

公司将本着"科技引领、拥抱变化"的原则，持续加大创新投入、占领一定技术高地，支撑未来港口发展。通过技术创新和管理创新，显著提升码头运营效率与效益，成为传统码头智慧化改造的标杆企业；通过商业模式创新，不断丰富港口综合服务内涵。

6.1.3 国际化战略：同时代共发展

港口行业与全球经贸和产业发展规律密不可分。面对不同时代全球经济社会环境的变化趋势，招商港口始终秉承"同时代共发展"的企业精神，顺应全球经济和港口业发展趋势，依据外界环境的变化，主动求变应变，适时制定了国际化发展战略。

改革开放释放了中国劳动力丰富的巨大红利，以出口导向为主的制造业得以迅猛发展，特别是2001年中国加入WTO，国内经济与进出口贸易逐年高增长，与贸易高度相关的港口业务也持续高度增长。正值国内港口业务一片繁荣景象，随着国内产业结构调整升级和外部环境因素的影响，进出口贸易对中国经济的拉动作用逐步减弱，中国港口集装箱吞吐量增速在连续多年高位运行后出现回落。2007年，中国进出口贸易增速同比减少2.2%，港口集装箱吞吐量增速同比减少2.0%。公司决策层未雨绸缪，认为中国经济面临转型升级，国内港口业务高速增长将难以为继，必须把目光投向海外市场，尤其是新兴国家的港口市场。同时公司也清楚地认识到，只有走出去，在竞争中成长，才能成为具备国际竞争力的企业，提升公司的长期投资价值和持续的盈利能力。2007年底，公司明确提出了海外业务发展战略。公司于2010年成功并购尼日利亚庭堪国际集装箱码头（TICT），随后于2011年投资建设开发斯里兰卡的科伦坡国际集装箱码头（CICT）。2013年，招商局国际与法国达飞海运集团签署股份购买协议，以4亿欧元收购达飞海运旗下全资子公司Terminal Link 49%的股权，涉及海外15个码头资产。2015年，招商港口正式提出"成为世界一流的港口综合服务商"的发展愿景。

面对港口行业新的发展形势，招商港口选择国际化战略，既符合"适者生存"的商业法则，也秉承了招商局"同时代共发展"的企业传承。首先，国际化战略是公司业务可持续发展的内在需求。招商港口的核心业务是码头运营，该项业务与中国经济、贸易发展高度相关。面对国内港口市场增长的日趋放缓，开拓海外市场成为招商局港口业务的必须之举；其次，国际化战略是培养公司国际竞争力的战略需要。对于招商港口来说，所谓的国际竞争力应该是在港口运营这个行业内，与其他码头运营商相比具有一定的核心竞争优势。招商港口作为中国最大的码头运营商，有责任也有希望提升国际竞争力，成为全球领先的港口运营商；最后，国际化战略是招商局面对外界环境变化和挑战，未雨绸缪的前瞻性战略选择。中国加入WTO、与东盟建立自贸区与其他国家开展双边贸易关系，降低了企业国际化的成本，为中国企业海外业务的发展提供了投资机会。

总结来看，招商港口国际化战略实施驱动力可以归结为两个方面：一方面是企业主动求变的理性选择；另一方面是适应外界环境变化的需要，是顺应行业发展规律的战略选择。

6.2 国际化战略思考：打造全球竞争力

6.2.1 国际化业务的顶层设计

1.去什么地方：三个均衡、三大导向

（1）三个均衡

从产业全球化发展的客观规律来看，通常遵循着区域均衡、阶段均衡、业务均衡的客观发展规律。企业在制定国际化战略的过程中，不但需要建立在自身资源禀赋和所拥有的优势条件基础上，更要清醒地认识到自身存在的问题和短板，从而通过科学地制定发展策略，逐步实现均衡发展，具体来看：

①区域均衡

区域均衡是指企业在实施国际化业务战略的过程中，要遵循区域经济发展特点，逐步完善业务的全球化布局，实现各大区域均衡发展。以港口基础设施布局为例，需要根据不同地区经济发展所处的阶段，重点布局腹地经济发达的地区和有成长潜力的新兴发展中国家，从而保障港口业务的可持续增长。

②阶段均衡

阶段均衡是指企业在实施国际化业务战略的过程中，要遵循产业发展的生命周期规律，从而在产业发展的不同阶段，在新老更替中寻求实现业务增长的均衡。通常来看，产业生命周期是每个产业都要经历的一个由成长到衰退的演变过程，是指从产业出现到完全退出社会经济活动所经历的时间。一般分为初创阶段、成长阶段、成熟阶段和衰退阶段四个阶段。港口产业发展同样遵循产业生命周期理论，需要不断强化成熟港口的运营，并积极培育新建新的港口。

③业务均衡

业务均衡是指企业在实施国际化业务战略的过程中，要遵循市场化发展原则，不断创新业务发展模式，不断提升服务品质，满足客户新的需求。考虑到企业在国际化的过程中面临激烈的竞争，单一的商业模式和服务很难获得持续的成功，这就使得业务模式的选择变得极其重要。在参与国际港口业务的竞争中，不

仅需要不断优化港口业务和投资组合，同时也需要按照港口生态圈发展模式，通过价值链延伸和业务创新，实现业务均衡发展。

（2）三大导向

针对港口运营这个行业，国际权威咨询机构Drewry将全球市场划分为12个重点区域，包括北美、中美洲及加勒比海、南美、北欧、南欧、东欧、非洲、中东、南亚、东南亚、远东、大洋洲。面对不同的区域市场，海外业务的布局要有前瞻性，并兼顾未来码头运营的协同和网络效应。基于此，在开展国际化业务的过程中，招商港口始终跟随行业发展趋势，以经贸、客户和政策为导向寻求目标区域的业务拓展。

①经贸导向

认清形势、把握方向，做好对未来国际经济格局变化趋势及其对中国影响的研判，对于港口业务的国际化发展，具有至关重要的意义。例如，随着新兴经济体崛起，发展中国家在全球经济中地位更加重要。部分亚洲和非洲国家有可能成为全球经济增长的领跑者，因此需要将海外业务的重点放在一些经济贸易增长潜力巨大的转型经济体，如东盟、东欧和金砖四国等。

②客户导向

市场经济决定了一个国际化企业的生存和发展要紧跟内外环境的各种变化，紧跟顾客现有和未来的需求。现代市场经济的发展表明，市场导向、客户中心应该成为企业经营的基本原则。作为港口运营商，服务的客户对象通常是国际化的船运公司，客户对航线资源、运输货物在全球的资源配置，客观上要求港口运营商不断拓展海外市场，以满足日益增长的航运靠泊需求。国际化的港口企业也可以通过发挥全球港口网络的协同价值，进一步提升客户服务品质。

③政策导向

在外向型经济的发展过程中，产业政策、技术创新政策、跨国经营模式、对外贸易政策、现代企业制度等方面都会对外向型的产业发展起到显著的作用。港口作为战略性资源，对一个国家的经济发展、安全乃至国际关系都非常重要。全球不同地区都会出台相应的经济扶植政策，助力港口产业发展，这也为国际化的港口运营商投资提供了政策机遇。

2. 如何走出去：比较优势、多元模式

（1）比较优势

对于一个刚步入国际化市场的企业来说，无论从市场知名度还是资金、人才等要素储备等方面通常都不具备竞争优势。因此，如何充分利用自身比较优势，采取差异化的竞争策略，将成为港口企业参与国际化竞争的重点。在选择市场切入点时，招商港口充分考虑自身比较优势，如一站式的综合服务能力、成本和技术优势等。通过积极参与多方合作协商，建立保持良好的客户关系，积极引导市场，并创造市场，从而进一步积累经验、锻炼人才，巩固和提升国际市场的竞争优势。

（2）多元模式

通过分析全球码头运营商的海外投资和扩张路径，权威咨询机构Drewry总结出目前国际上常用的业务扩张模式，包括自然成长、收购兼并、私有化、绿地开发/BOT模式。针对招商港口自身的特点，在海外项目开发/扩张中可以采用下面几种模式相结合：

①绿地开发/BOT

优点：投资者在项目选址、投资规模、规划设计等方面具有绝对的控制权，可以体现我们提供一站式服务的综合竞争力，受东道国原有企业管理体制、企业文化等约束较小。

弊端：市场开拓难度较大，项目开发周期长，投资回收期长，潜在竞争激烈，经营风险较大。

②港口私有化

优点：投资者通过直接收购东道国需要私有化的港口/码头，可以快速进入该地区港口市场；可以利用并购对象原有技术与人才；须重新设计一套适合当地情况的经营管理制度，可以直接利用现有的管理组织、管理制度和管理人员；通过更新改造、提升效率，可以较快取得经济效益。

弊端：港口私有化的高潮已经过去，好的商业机会可遇而不可求；通常很难收购码头的所有权益，往往只能是小部分权益，主导码头运营较困难；与原有码头运营团队的融合较困难。

③管理输出

优点：避免与潜在的竞争对手通过公开招标直接竞争；通过管理输出熟悉市场和潜在的合作伙伴，并通过合作建立互信；创造有利于自身的竞争机制和环境。

缺陷：对企业输出的管理团队提出了严峻的挑战，管理输出期间的文化和管理融合是成败的关键。

④收购兼并

优点：可以通过并购当地或其他全球码头运营商迅速进入目标市场；直接取得当地或国际运营管理团队和经验；可以较快产生协同效应。

弊端：需要比较雄厚的资金实力；并购后企业的整合难度大，风险高。

总而言之，没有一种项目开发/市场扩张模式是十全十美的，招商港口在进军国际市场时，通常会根据不同区域项目或者市场的实际情况，采用合适的模式。

6.2.2 国际化业务的核心能力

目前，海外资产已经成为招商港口资产的重要组成部分，也是公司未来发展的关键引擎和利润增长点。回顾海外业务的展开，招商港口能取得成功得益于具备如下几方面的核心能力。

1.科学的战略研判能力

国际国内的政治、经济、社会，产业分工、供应链配置始终处于动态变化之中。港口作为战略资源，投资重、回收期长，尤其需要前瞻、科学研判作为决策支持。科学的海外战略研判，要求必须合乎海外发展趋势、合乎国际化发展现实、合乎行业发展规律、合乎公司利益要求。进入20世纪，招商港口迎来快速发展的战略机遇期。基于此，公司不断组织团队，思考回顾推进海外业务的必要性、可行性、目标和路径等重大关键战略问题。基于港口板块的战略业务单元定位以及自身实力的不断变化，招商港口把自身战略定位由业务转型时的"成为中国领先的公共码头运营商"调整为"成为全球领先的港口投资、开发和运营商"，并最终确定为"世界一流的港口综合服务商"。公司科学研判国家"一带一路"重大倡议及建设粤港澳大湾区等重大战略的政策机遇，紧密跟踪产业转移规律，深入分析和挖掘新兴市场的港口货源增长潜力，并对海外战略不断进行修正、完善和回顾，使得公司海外发展成果持续涌现，并成长为真正意义上的国际性企业。

2.领先的综合开发能力

蛇口工业区是中国第一个对外开放的工业区，打响了中国对外开放的第一炮，并逐步形成了"前港—中区—后城"的蛇口发展模式。这一成功的模式是在招商局寻求商业盈利和可持续发展的过程中逐步探索创建的，并在全国不少开发区成功复制，具有很强的生命力。该模式注重港口先行、产业园区跟进、城市配套开发，尊重"港—区—城"之间的互促互动。通过以港口业务为核心，以港区联动和产城融合为抓手，逐步形成了以港口传统装卸及配套服务为基础，以港口不同的增值服务辐射所在港区及临港城市；通过聚集人才、信息、资金与商品，为城市发展提供经济支持，不断创新产业的发展模式。该模式可提升区域辐射能力和影响力，从而带动城市升级发展。

招商港口结合海外区域特点，积极开展海外综合开发业务，"前港—中区—

后城"模式在海外备受推崇。招商港口在向海外拓展港口业务时，当地政府时常会来到深圳西部港区参观访问，带有"招商蛇口"基因的"前港—中区—后城"发展模式也引起他们的极大兴趣。一向以港口业务的投资、开发和运营为主业的招商港口，为此也逐步把"前港—中区—后城"的发展模式向海外推广。经过不懈的努力，近年来吉布提自贸区、斯里兰卡汉班托塔港临港工业区等国家邻近港口的园区以及老挝赛色塔等系列海外综合开发项目得到有序推进，并相继取得标志性进展，开发建设也如火如荼地开展起来。

3.均衡的全球布局能力

招商港口拥有较强的网络资源布局能力，从而有效增强了抵抗行业波动、贸易摩擦风险以及平衡对冲区域发展不均衡风险的能力，并成为国际化业务持续开展的核心竞争力。依托"一带一路"、粤港澳大湾区等重大国家战略，招商港口积极把握发展机遇和增长点位，致力于构建全球港口网络，投资配置全球资源，努力打造互利共赢的港口生态圈。近年来，招商港口通过兼并重组、旧港改造和新建港口，不断完善覆盖全球的现代化港口链，形成了较为均衡的全球港口资源布局。新冠疫情发生后，招商港口充分发挥全球港口网络布局能力，筑牢抗疫坚实堡垒，为疫情下的生产生活提供了坚实的交通运输服务和物资保障支持。公司积极利用"一带一路"沿线国家网络优势，开通高效快捷的"前海防疫物资绿色通道"，为防疫一线解决80多批次800多万件防疫物资入境，帮助各单位、地方政府筹措防疫物资330万件，其中为海外项目筹措物资达到180万件，为全球抗疫注入招商力量。

4.自主的科技创新能力

在海外服务拓展延伸方面，"招商芯"是招商港口构建世界一流数字化体系打造的智慧信息业务平台，其系列产品涵盖集装箱、散杂货等TOS系统及园区运营管理系统，是全球先进的港口运营操作系统之一，加之全球港口网络布局形成了更加完善的系统生态。目前，招商港口自主研发的CTOS系统已经成功应用到旗下在斯里兰卡和吉布提的三个码头，也推广到安哥拉和喀麦隆等地非招商系的码头；其次，2020年希腊塞萨洛尼基港（非招商港口控股）已签订协议采用招商港口自主研发的集装箱码头操作管理系统CTOS；再者，由科技部国家重点研发计划"战略性国际科技创新合作"重点专项——"大型港口智能化建设关键技术联合研发与示范"项目将在招商港口运营的斯里兰卡科伦坡南港CICT开展；最后，CTOS系统在妈湾智慧港的成功应用进一步证明了系统的先进性，妈湾智慧港的成功运营将有助于其解决方案在"一带一路"沿线国家推广，特别是在招商港口参与投资的码头。

5.强大的资源整合能力

面对激烈的国际市场竞争，招商港口拥有强大的双边资源整合能力。这种能力既包括对接国际市场资源的能力，也包括整合国内优质资源共同提升全球竞争力的能力。近年来，招商港口聚焦港口主业，以港口装卸及配套仓储、物流等业务为主要抓手和切入点，不断通过资源整合拓展海外市场。同时，借助招商局集团综合多元化产业优势，联合物流、金融、地产、航运、贸易等行业雁形出海，一同发展海外业务。招商局丰富的国内外资源，为招商港口打造具有国际视野和拓展能力的全球港口合作平台，建设世界一流的港口服务商提供了有力支持。

6.专业的建设运营能力

参与全球化港口市场竞争，需要在基础建设和运营管理方面具备很强的竞争优势。专业的基础建设能力是招商港口海外项目得以成功启动的重要基石，而高效的运营管理能力则是公司得以在海外取得成功的核心竞争力。具体来看，这一能力主要体现在两方面的优势。一是技术优势，中国的建港技术及码头装卸设备技术在全球是领先的。在海外市场开发时，可以把中国先进的港口规划、设计、建造技术和运营理念推广到海外项目。目前，招商港口已逐步建立起相对独立的工程咨询业务，可以独立承揽项目的前期策划、规划、设计等工作，通过项目的前期介入，为后续业务创造条件。二是成本优势，由于拥有运营管理方面的核心竞争力，公司在码头开发建设、设备采购、运营管理、市场营销等各个环节都具有很强的成本优化能力，从而最大限度地控制基本建设造价。

6.2.3 国际化战略的成功要素：立足长远，把握当下

1.市场研究

要确保海外战略的成功实施，就需要加强国际化企业对于不同区域市场的研究。在进入一个海外区域或国家前，要对该区域/国家的各种风险因素进行充分研究和评估，并事先设计防范和规避措施。具体来看，一是要强化区域战略研究。持续推进与完善各区域市场的战略制定。坚持趋势性、专项性及实用性研究，关注与公司战略和核心业务相关的国家战略和行业动态，聚焦全球经济贸易及产业转移趋势性变化方面的研究。加强全球区域市场分析研判工作，以非洲、东南亚、南亚等地区相关项目为导向，建立和完善区域市场数据库。二是要深化对市场客户的研究。要针对不同区域客户服务的对象和特点，精准进行商务拓展，提升港口综合服务品质。三是要建立和完善区域市场数据库，加强海外项目筛选。在全球港口布局策略研究基础上，以重点潜在项目为导向，不断优化海外项目的拓展策略和实施路线，完善投资并购支持保障体系。四是要做好海外战略

实施规划研究。重点是要做好分解细化，制订好时间表、路线图、任务分工，突出可行性、约束性、可操作、能检查、易评估。

2. 项目管控

海外项目管控是国际化战略实施能否取得成功的关键要素。多年来，招商港口秉承锐意进取、稳健高效的经营风格，凭借全球化的港口资产资源配置组合，致力于为客户提供及时、高效的港口及海运物流服务，提供专业一流的解决方案并成为客户首选合作伙伴。此外，公司也始终以成为国家对外贸易的重要门户为目标，努力为国家外贸发展做出应有的贡献。与此同时，公司也广泛投资保税物流业务以扩展港口价值链，提升产业价值，并发挥现有码头网络的协同效应，为客户、公司股东创造价值。凭借深耕行业多年积累的专业管理经验、自主研发全球领先的码头作业系统，与进出口综合物流管理平台、完善的海运物流支持体系和全方位的现代综合物流解决方案以及高品质的工程管理和可靠的服务，招商港口实现全球项目运营管理水平的不断优化，在业内享有较高声誉。具体来看，公司主要着眼于三方面，持续提升项目管控水平。一是构建持续创造价值的运营管理体系。以"赋能、专业、价值"为指导，围绕"管理标准＋专家团队＋闭环流程＋信息系统＋对标提升"五大核心要素，推动世界一流管控体系建设。二是推动管控优化方案落地实施。切实为下属企业减负赋能，进一步优化完善管控方案。对于创新及业绩优良的企业，要充分放权赋能。三是提升运营管理水平。对各类海外项目进行分级分类管理。针对海外项目，要结合当地的地方性法规和文化，统筹研究因地制宜的管控方法和制度流程。

3. 团队构建

团队构建是海外项目运营能否成功的重要保障。在搭建海外项目高管团队时，招商港口始终坚持科学选派，致力于输出招商局特有的专业化管理方案。根据项目需要，公司通常会派遣有丰富的港口业务管理经验、熟悉招商港口管理制度，并且能熟练使用相应外语作为工作语言的管理人员参与海外项目运营和企业管理。作为一个投资运营型企业，招商港口在国际业务上实现了由承包商向投资运营商的转变。换言之，通过本地化策略，招商港口成功实现了由"输血"向"造血"模式的升级。新的模式对项目本身的商业可行性、可持续性等都有更加严格的要求，从而对于项目的运营管理者也提出了更高的要求。面对此种挑战，招商港口坚持中国改革开放40年蛇口模式的输出和升级，以合理的商业模式和先进的管理经验为海外项目注入活力。同时，注重海外投资项目中对当地员工和管理人员的培养，坚持用人的本地化政策，使项目本身可以长期持续发展，为投资东道国带来长久利益同时也逐步提高了当地的管理水平。

4. 风险控制

在境外投资运营中如何守住底线，控制各种风险因素是国际化战略实施的重要课题。受地缘政治、东道国的政策与法律、金融、合同条款、企业内部运营、项目价值以及市场预测等因素的影响，海外投资和运营管理风险较大。同时，外部环境风险还会使内部腐败风险的系数也会相应提高。鉴于此，招商港口积极构建全球化运营管理和风险防控机制。公司结合实际情况，进一步加强内部管理，将海外项目法律合规管理作为公司法律合规管理体系建设的重要组成部分，不断增强海外项目法律合规管理意识，建立健全海外项目法律合规管理体系。具体措施包括制定规范海外项目投资、运营和退出相关法律合规工作的规章制度，设置相应的法律合规工作机构（人员），建立相应的法律合规风险识别和处理机制等，致力于全面把控海外项目投资、运营和退出全流程的法律合规风险。

5. 人才培养

人才培养是国际化战略得以持续实施的动力支撑。招商港口高度重视海外人才队伍建设，不断完善海外人才选拔、培养、使用、激励等机制。随着各类人才队伍不断壮大，人才队伍结构得到优化，整体素质明显提升。目前，招商港口外派海外人才对各项目的发展，起到了强有力的支撑作用。具体来看，招商港口对国际化人才战略的践行主要体现在以下三个方面：

（1）推进本土化策略

海外项目在宗教、文化、信仰等方面与国内差异很大，给项目运营管理带来了严峻挑战。借鉴CICT成功经验，招商港口坚定实施人才本土化战略，利用当地人熟悉当地的文化传统与习俗的优势，增强总部管理体系有效落地、建立与东道国的畅通联系。

（2）国际化人才培养

在招商局集团慈善基金会的大力支持下，自2016年起，招商港口举办了多次"C Blue优才计划"。该计划旨在通过与国内领先的大学合作，邀请来自全球多个国家和地区的优秀人才，实现文化、知识的国际化交流的同时，梳理招商局全球品牌并储备更多潜在的海外优秀人才。2019年9月，招商港口为海外当地优秀港航专业大学生设计"C-Blue优才计划"启航班，通过"C-Blue优才计划"启航班将优秀青年请进国门，培养了更多具有国际视野、国际意识、国际交往能力以及跨文化沟通素养的创新人才。截至2020年年中，该项目已成功举办六期远航班，共培养来自欧洲、亚洲、非洲和美洲的21个国家的163名学员。此外，作为国际化人才体系建设重要组成部分，招商港口组织了业务骨干英语能力提升培训班等一系列针对海外生活、工作技能的专项培训，对推动人才平台建设、实现港口战略目标均有裨益。

（3）树立领军人才

中国企业发展需要国际化，国际化则需要拥有丰富国际化企业经验的海外领军人物。借力具有国际化经历的人员，有助于加快公司国际化步伐，提升国际化程度和效率，甚至为引导行业的扩张潮流起到标杆作用。目前，招商港口海外领军人物有三大来源。一是来自海外的合资企业，多年的外国公司工作经历令其对技术、管理体系、薪酬体系、运营等都有着全方位的了解。二是近几年通过市场化渠道招聘的具有海外经验的管理人员。三是通过内部派遣到海外，并逐步成长起来的海外骨干人才。未来，在海外业务占比不断上升的过程中，招商港口必须不断加强海外领军人的话语权。增强他们对企业总部资源更大的调动权以及对战略决策的更大影响力，以便于优化公司在全球的资源配置，从而实现海外企业利润的可持续增长。

6.融合共赢

秉承着"共商、共建、共享"的原则，招商港口在国际化竞争合作方面，招商港口始终坚持市场化运作，力争实现多方共赢。正是基于"融合共赢"这一理念，招商港口始终坚持用诚意和企业社会责任感与东道国合作伙伴形成利益共同体，共同把"蛋糕"做大，瞄准增量，共创价值。例如，在吉布提投资自贸区项目时，公司专门把项目分为资产公司和运营公司两个项目公司，资产公司由吉布提政府作为出资方占大股东，旨在期望该项目未来更多地为东道国带来资产增值收益。由招商港口青岛公司参与运营管理的万象赛色塔综合开发区是中国国家级境外经济贸易合作区，也是老挝的国家级经济特区，该项目已被写入"中老命运共同体行动计划"，成为中老两国政府间合作项目的典范。公司在斯里兰卡投资的科伦坡集装箱码头，改变了斯里兰卡不能停靠大型集装箱船舶的历史，使得远洋集装箱班轮干线可直达科伦坡，不再中转到迪拜和新加坡，为印度次大陆地区海上集装箱运输节省近一周时间，从而极大地促进了南亚地区的对外贸易发展。码头的建设不仅给当地带来了税收和就业，还为当地培养了技术和管理人才。在众多其他项目中，招商港口也都秉持互惠共利的原则，坚信只有充分考虑和维护东道国的利益，自身的利益才能得到充分保障，项目才能长久运营下去。

6.3 国际化公司治理：科学设计，机制健全

6.3.1 科学的组织机构

招商港口目前在6大洲、26个国家和地区广泛开展业务，运营管理面临着语

言、文化、时差等方面的挑战。因此，探索区域运营管控模式，有利于促进总部各项方针与政策在区域内快速配置、有效响应，进而提高国际化企业的整体决策效率。为更好地落实海外发展战略，有力开拓海外业务，公司先后在总部层面成立海外业务部等职能部门，给予海外业务以组织上的保障。此外，招商港口以重点项目为载体设立了海外代表处，联合处理相关区域项目发展问题。未来，公司将进一步研究设立"区域性运营管理总部"，推进落实各项方针政策，履行运营、监督与管理职能。

6.3.2 健全的治理机制

为提升海外业务统筹指导与监督效果，明晰海外业务管理路径，招商港口明确了海外业务管理机制。招商港口作为业务公司，将按主要职责和专业分工落实海外发展战略目标和任务，并全面做好项目经营管理。具体来看：

1. 机制设计

良好的海外公司治理机制，需要从决策、审议、运营、监督、廉政等方面搭建规范的制度。在决策层面，招商港口坚持重大投资事项决策按照公司程序进行讨论决定；在审议层面，招商港口设立"投资评审委员会"（简称投委会），审议重大投资项目；在运营层面，为预防海外运营中的腐败风险，招商港口从职能部门、外派高管以及董事会三个维度规划了腐败预防方案。同时，借助信息化手段，建立了一个集成、共享的精细化管理平台，为总部和下属公司的分析及运营决策提供了及时有效的信息支撑，并完善了从战略规划到运营监控再到考核评价的闭环管理体系；在监督层面，公司总部设置了内控与审计部、监察部等相关职能部门，对境外投资运营管理中的廉洁工作进行协同监督；在廉政层面，招商港口制定了《招商港口海外廉洁风险防控工作暂行办法》，进一步健全了海外企业纪检监察机制。

2. 动态调整

海外组织机构与机制设计是否合理，需要通过市场化的实践来检验。招商港口始终重视并通过动态化的手段，来调整优化海外公司治理机制和组织架构。例如，从外部因素来看，当海外市场环境良好时，公司一般都倾向于加大前期市场投入和研究，在总部设置一些孵化性团队组织；当竞争环境恶劣或公司对未来经济环境预测不理想时，为了更好地牵引绩效，公司一般会对组织架构进行调整，推动原来的成本中心向利润中心转化。同时，这种架构的调整让每一个小的区域业务单元都感受到国际市场环境的变化，以确保公司的海外战略落地也能适时作出动态调整。

3.员工激励

在团队考核与激励方面，招商港口始终坚持目标责任导向。在考核方面，遵循"先予后取"的原则：先根据海外项目的特点给予一定的培育期，再按照可研报告的预测，根据项目进展进行动态化地调整考核指标。例如，项目前期以建设指标、业务量指标为主，随着项目的推进，利润指标的比重逐步上升。在激励方面，一方面，完善海外外派人员的津贴补贴。针对部分海外机构的特殊性，招商港口制定了特定的薪酬福利解决方案；另一方面，协助海外项目实施项目激励方案。这一举措可真正发挥本地及外派人员的工作积极性、主动性和创造性，切实解决效率与效益不匹配、管理模糊的问题。

在关爱海外员工方面，公司时刻关注员工需求，关爱员工身心健康，帮助员工平衡海外工作与生活，将人性化的关怀传递给员工，营造和谐、健康、有爱的大家庭氛围，增强员工对公司的归属感。具体来看，主要包含以下四方面举措：第一，保障员工权益，通过制定相关规章制度，切实维护和保障海外员工的各项合法权益，创建平等、民主的工作环境。第二，公平就业，始终坚持公平、公开的平等雇佣原则，不因国籍、种族、性别、身体状况、宗教信仰、政治立场、婚姻状况等因素产生歧视行为，汇聚多元人才，凝聚发展力量。第三，建立健全的薪酬政策和全方位福利保障制度，努力为海外员工提供立体化薪酬和全方位福利保障，激励海外员工积极投身项目建设。为海外员工提供海外医疗及意外保险，一键报警应急救援和安全舒适的海外居住饮食环境，为奋斗在海外第一线的员工保驾护航。第四，加大海外员工职业培训。2020年，招商港口国际学院海丝深职分院正式运营，完成海丝精英计划二期培训，为公司海外项目长远发展注入了新动力。

6.4 国际化战略评价：持续优化，对标一流

6.4.1 战略评价方法

招商港口始终致力于完善公司总体战略框架，并基于此不断修订海外策略。在公司相关战略的指引下，招商港口每年都会进行年度战略实施评估及展望，滚动修订公司海外战略。同时，围绕世界一流战略目标，公司坚持与世界一流企业开展多维度对标，吸取同行经验，从而明确改进举措，加速构建长效战略管理平台，实现资源最优配置，构建全面科学的战略对标管理体系。

6.4.2 战略评估与展望

总体来看，招商港口的战略目标是要成为世界一流的港口综合服务商，即以

港口业务为核心，以母港为依托，结合"互联网+"，沿世界产业转移路径及21世纪海上丝绸之路推进国际化港口布局，发展港口综合服务业务，打造一流的品牌知名度、客户影响力、价格领导力、技术领先力。

在总体战略下，港口战略业务委员会对公司海外战略提出了进一步的细化要求，包括不断动态评估海外总体战略目标、战略思路和各区域的策略。公司的海外战略评估主要包含如下几个方面：第一，评估年度战略KPI的执行和完成情况；第二，评估公司过往海外业务发展水平；第三，评估公司海外项目过往盈利能力；第四，评估近年来海外战略实施情况；第五，总结评价当前公司海外战略的优劣势及核心竞争力，并提出相应的战略修订举措。当前招商港口通过坚定不移地实施海外战略，已经在国际港口行业形成了一定的地位和影响力。

6.4.3 战略对标管理

招商港口作为招商局集团的港口投资平台，以建设"世界一流港口综合服务商"为战略目标，全面实施世界一流对标。在对招商港口的国际化业务进行战略评价的过程中，以处于第一方阵的全球码头运营商为对标对象，搭建科学的对标战略管理体系，重点对招商港口所处的市场地位、优劣势等方面进行分析，找差距、补短板，持续提升公司的国际竞争力。

招商港口关注的是全球码头运营商同行，即在世界范围内至少两个不同区域运营重要集装箱码头设施的集装箱码头运营公司、集装箱船运公司或者两者的结合。根据咨询机构Drewry《全球港口运营商2020年度报告》，2019年排名前21位的集装箱运营商吞吐总量约占全球总吞吐量的80.0%，占全球港口总权益吞吐量近50%。招商港口会从集装箱总吞吐量、权益吞吐量、全球投资港口数、全球主控码头数，结合盈利指标、市场指标、创新指标等，综合评判公司所处的行业地位以及下一阶段的提升重点及举措，并迅速部署、推动落实。

6.5 后疫情时代展望：识变应变，锐意进取

面对突如其来的新冠疫情冲击，招商港口全球港口网络布局的优势凸显，有效对冲了行业波动以及区域不平衡风险，业务量实现逆势增长。后疫情时代，招商港口将抓住机遇，助力国际国内双循环格局形成，持续推进海外业务做强做大做优。展望未来，招商港口将一直秉承锐意进取、稳健高效的经营风格，凭借全球港口网络，不忘初心，砥砺前行，努力为客户提供及时、高效、安全的港口及海运物流服务。进一步加快国际化步伐，在"一带一路"沿线积极推动"前港——

中区—后城"深圳蛇口成熟的商业模式，打造具有产业集聚功能的综合服务平台，深化合作，实现互惠共赢，为推动国家的"一带一路"倡议、构建人类命运共同体作出更大贡献。展望未来，港航业或将出现如下几大趋势。

6.5.1 全球经贸呈现恢复性增长

在经历了2020年全球疫情大爆发导致各国贸易需求整体回落后，随着疫苗的研发与推广，2021作为一个"抗疫"新阶段大概率将实现国际经贸的重启。IMF于2021年1月份预计2021年全球经济增长率为5.5%，增幅较2020年上升9.0个百分点。其中发达经济体增长4.3%，较2020年增速上升9.2个百分点；新兴市场和发展中经济体增长6.3%，较2020年增速上升8.7个百分点；全球贸易总量（包括货物与服务）增长8.1%，比2020年增幅提高17.7个百分点，呈现后疫情时代的恢复性增长态势，并在2022年后增速逐年回落。WTO预测2021年全球货物贸易将增长7.2%，贸易规模将远低于疫情前的水平。随着新冠疫情的逐步恢复，加之后疫情时代下的大国博弈正悄然上演，世界各国为维护本国利益不惜激化国际矛盾，使国际贸易战、区域经济制裁、地缘政治冲突等问题再次凸显，可能会对世界经济造成一定程度的波动。

6.5.2 区域一体化进程显著加快

2018年以来，随着《跨太平洋伙伴关系全面进展协定》(CPTPP)、日欧自贸协定、美墨加自贸协议、美日自贸协定、日英自贸协定、《区域全面经济伙伴关系协定》(RCEP)等陆续签署，全球化加快向区域化转变。美国与欧洲、日本等盟友之间的关系得到改善，将加快推进与欧盟、英国等发达经济体开展的自由贸易协定谈判，推动产业链回流或近岸化生产，对区域内航线货量增长起到重要支撑。从长期看，经济全球化与区域产业互补的格局或将受到一定程度的影响。亚洲等新兴经济体国家随着经济发展、劳动力成本的增加，也逐渐从"世界工厂"的角色中发生转变，国际贸易流向与港口网络格局也将随之悄然改变。区域经济体间的合作与贸易往来也将越加紧密，使得国际贸易增长与运输规模也将伴随区域一体化进程发生相应改变。

6.5.3 船公司联盟合作日趋紧密

目前M2、OCEAN Alliance、THE Alliance等三大联盟正式运作已将近三年，各大联盟在运营方面已具有一定的默契，并在运力投放、裁撤航线、运费涨价、附加费征收等方面产生一定的协同效应。同时，受中美贸易摩擦及新冠肺炎疫情的影响，供应链的稳定性及可靠性备受关注，货主愿意为提供可靠稳定性的服务支付更高的溢价。班轮公司也更加注重运输服务的价值，个性化、端到端、数字化等关键词成为班轮公司提升服务品质的重要方向。

6.5.4 港口产业步入平稳增长期

后疫情时代全球经济增长与贸易格局将处于恢复回升期，但因区域国际关系、贸易保护主义以及不可预期的"黑天鹅"事件，国际贸易与世界海运量的恢复仍将受到负面影响，进而减缓港口吞吐量恢复性增长速度，使港口生产形势更趋稳定，或将开启一段平稳增长期。从区域来看，随着疫情得到有效控制，亚洲港口逐渐企稳回升，中国港口在加快构建双循环发展新格局下，贸易恢复的总体趋势将不会改变；而东南亚等地区依托与中国等区域的稳定贸易，预计依然能保持一定增长势头。随着RCEP等国际贸易协定的生效，贸易伙伴间关税较低或产生更多战略储备需求，预计亚洲将引领全球港口产业保持平稳增长。

6.5.5 全球码头运营商加速转型

大部分全球码头运营商选择采取抛售不良资产和加快同行业资源整合的方式"抱团取暖"，但在疫情考验下全球码头运营商已愈加发觉除了同业横向资源整合，更重要的是"串联"物流资源。从船公司到港口、港口到物流集疏运体系、物流再到内陆仓库直至货主的整合物流体系，物流资源的"串联"在应对突发事件及增强客户服务能力、提升客户黏性等方面更为重要。马士基集团成立物流公司丹马士，而以AP穆勒码头为主体积极拓展欧洲港口后方物流体系与园区资源，使其在供应链全程中所占份额不断提升。与其他全球码头运营商相比，不仅可以通过掌控提升整个物流体系稳定性，也能在不同阶段更好地服务客户、保障运输体系。今后，可以预测将有越来越多的全球码头运营商参与到对整个物流体系的资源整合中，逐步向全程物流供应链服务商转型。

6.5.6 结语

立足新发展阶段，企业如何站在国际化的高度，理性研判世界经贸发展新形势，把握行业发展新趋势，制定市场拓展新策略，优化组织管理新模式，实现可持续发展，将成为提升自身国际竞争力的关键。基于此，中国企业要立足国内、放眼世界，提高把握国际市场动向和需求特点的能力，提高把握国际规则的能力，提高国际市场开拓的能力，提高防范国际市场的风险能力，从而带动企业在更高水平的对外开放中实现更好发展，促进国内国际双循环。

面对百年未有之大变局，国内国际双循环发展新格局，全球经贸格局和供应链重构，数字化与科技创新发展新趋势等外部环境带来的机遇与挑战，招商港口将继续发扬"敢闯敢干、敢为人先"的蛇口精神，励新自强，融合共赢，准确识变、科学应变、主动求变，不断开创世界一流港口综合服务商建设的新局面！

参考文献

[1] 招商局港口集团股份有限公司2020年年度报告

[2] 招商港口2020企业社会责任报告

[3] 招商局集团官方网站、大公报等官方媒体报告

[4] 三联生活周刊2017年第52期《百年招商局——一家企业的中国现代化传奇》

[5] 《全球港口发展报告（2020）》上海国际航运研究中心

作者：招商局港口编写小组

特别申明：本文除事实陈述外，其他部分多为编写小组成员个人思考观点，不代表招商港口官方。感谢招商局港口集团股份有限公司李玉彬博士、徐青青博士、朱俊杰博士等对本章节编写的大力支持。

第7章　中机公司：中国企业国际化经营的先行者

　　"沧海横流，方显英雄本色；青山矗立，不堕凌云之志。"从1950年到2022年，从在北京初创时仅有十几位员工的小公司，发展到今天作为中央直接管理的国有重要骨干企业、世界五百强企业——中国通用技术集团的核心子公司和国际化大型企业集团，中国机械进出口（集团）有限公司（简称"中机公司"）70多年来一直与共和国同甘苦、共命运，也始终挺立在世界潮头、闪耀在国际舞台。

　　中机公司成立于1950年，曾为原外经贸部（商务部前身）直属的专业外贸公司，前身为1949年在天津成立的中国进口公司，与中技公司、中仪公司等集团兄弟单位和中粮、中化等同属新中国最早的国有外贸企业之一。改革开放前，作为新中国机电外贸事业的拓荒者，中机公司从积极投身第一个"五年计划"开始，接连为新中国的机电外贸史创造了许多个"第一"（为国家进口了第一架商用飞机、第一辆汽车、第一条集装箱生产线、第一列铁路车辆，出口了第一艘国产船舶、第一条浮法玻璃成套设备、第一条纺织成套设备、第一列以现汇形式交易的铁路车辆等），参与了国家初创的各个历史进程，为国家机电产业的发展奠定了坚实的基础，为相关外贸企业的建立提供了宝贵的人才和经验。改革开放后，中机公司通过体制机制改革和业务结构调整，完成了从计划经济体制下国家计划的执行者向社会主义市场经济体制下自主经营市场主体的转变，通过大量出口成套设备，为国家创造大量外汇并引进高端机电装备，并取得了"中国外贸十强企业"的行业领头地位。1994年，中机公司以承建孟加拉巴拉普库利亚煤矿为起点，率先挺进国际工程承包市场，成为中国企业"走出去"开展国际化经营的先行者之一。1998年，中机公司成为中国通用技术集团的全资子公司和创始成员企业，在集团领导下大力实施转型升级战略，通过不断深化改革，加快推进结构调整和模式创新，走出了一条健康、快速、可持续发展的崭新道路。目前，中机公司聚焦工程服务和产能合作两大主业，业务基础雄厚、资质齐全、品牌信誉卓著，在能源、交通、车辆国际产能合作等领域具有市场竞争优势，在国内外享有盛誉，成为央企践行"一带一路"倡议、国际产能合作和"双碳"等国家战略的中坚力量。

"志之所趋，无远弗届，穷山距海，不能限也。"成立逾70年的中机公司正是在中国发展的各个历史时期始终践行国家战略、时刻紧跟国家政策，通过"特别能吃苦、特别能忍耐、特别能战斗、特别能团结"的奋斗精神以及"力争快人半步"的市场开拓和模式创新，在国际化经营的跌宕起伏之间风正帆悬、行稳致远。

7.1 靡不有初：绿色冲积平原的"金色煤矿"

7.1.1 走出去，天地宽

进入20世纪七八十年代，随着中国对外贸易的迅速发展，对外贸易国际市场不断扩大，经营方式日趋灵活多样，外贸垄断经营格局迅速被打破，生产企业、工贸企业被赋予外贸经营权，三资企业外贸出口异军突起，跨国公司、大商社纷纷涌入，空前惨烈的市场竞争环境中，老牌外贸企业转型迫在眉睫。迷茫之际，1979年8月13日，国务院颁布了15项改革措施，其中明确规定允许出国办企业，中国企业国际化经营和"走出去"由此兴起，拉开了对外投资进行跨国经营的序幕。这一时期的外经贸系统或其他实体产业系统的外经贸企业有着大量的外贸人才，不仅具有强劲的外语沟通能力，也具备丰富的商务谈判经验。同时这些外贸企业拥有诸多海外经营渠道或据点，相较于其他类型的企业更加容易开展国际化经营活动，凭借这些得天独厚的资源禀赋，他们在轰轰烈烈的"走出去"大潮中走在前列，同其他中国企业开始进行自发走出去的尝试。

"路漫漫其修远兮，吾将上下而求索"。当时从事国际化经营的企业主要以贸易式进入、契约式进入和投资式进入为主，从事的项目类型包括到国外办销售网络、开办工厂、开发能源，以及从事本国生产，向目标市场出口产品等。国家尚未出台任何扶持性政策，国内的银行、金融机构亦不够成熟，整个20世纪80年代全中国的外汇储备从未超过100亿美元，除新中国成立以来以对外援助带动相关企业"走出去"外，一直到20世纪80年代末、90年代初，中国才开始零星出现真正意义上外向型的商业化国际业务，这一阶段中国企业国际化业务的资金来源主要是亚行、世行对第三世界国家的贷款。

这一阶段中，中机公司紧抓转型机遇，率先确立了国际化经营战略，选择了在整体要求相对较低、基础设施处于起步阶段的对华友好国家，先行开展一些相对技术含量较低且国内技术成熟度较高项目的国际化复制。由此，中机公司向国际工程承包市场迈出了坚实的第一步。

20世纪80年代末，在世界银行的支持下，孟加拉在该国西北部发现丰富的煤矿资源。但世界银行、亚洲开发银行及国际上的一些金融组织对利用这些资源持否定态度，明确表示孟加拉的基础工业落后，而煤矿又是一个对工业配套要求比较强的行业，孟加拉尚未具备建设和管理煤矿的能力。在此情况下，孟加拉政府便多次要求中国政府在煤矿开发方面给予支持。1990年秋季，矢志开拓国际工程承包市场的中机公司获知了一个令人欣喜若狂的消息：为了解决孟加拉西北部的紧缺电力供应，孟政府拟在巴普利亚地区建立一座煤矿和坑口电站，并要求承包商带资承包。为了获得这一项目，面对国内外同行的激烈竞争，中机公司成立了高级别专业团队远赴孟加拉国推动此项目，历经几番跋山涉水、劝说周旋后，终于在1992年12月与孟方签订了孟加拉巴拉普库利亚煤矿项目（简称孟煤项目）合作备忘录MOU。

1994年，中机公司成功承揽了孟加拉国第一座现代化煤矿——巴拉普库利亚煤矿（合同金额1.95亿美元），这不仅是中国企业以交钥匙方式在海外承包的第一座煤矿工程，也是当年中国在海外签署的单个合同金额最大的总承包项目，更是当时中国在孟加拉最大的技术和劳务输出项目，使得孟加拉国成为中国企业走出去的摇篮之一。从1994年该项目启动以来，中机公司以科学管理最大化延长项目生命周期，截至2021年已执行到包产三期，成为中孟两国经贸史上的标杆。

7.1.2 动态主动风险管理

很多中国企业走出去交的第一笔"学费"，往往来自风险控制，特别是面临一些国内行业认知之外的风险。煤矿是一个存在地质风险的行业，孟加拉煤矿项目也不例外，项目自启动以来先后遭遇了井下巷道工程的突水事故与1110工作面的自燃事故，可谓先历经"水深火热"，最终才"水火不侵"。

1. 突水事故

1998年4月5日，当孟煤项目完成了一对井筒施工，正要进行井下巷道工程时，突水事故突然发生，场面霎时陷入混乱。矿井突水是煤矿生产过程最具威胁的灾害之一，如果没得到及时妥善有效的处理，就有可能造成巨大的人员伤亡和经济损失。

孟煤项目团队对项目各方面的风险有着充分的认知，事先也准备好了周全的预案。事故发生后，孟煤项目办总代表与现场经理等人就地商讨，沉着应战，一边有条不紊地组织抢险救灾，全力抢救人员和设备；一边马不停蹄给项目业主和英国项目工程师写通知函，明确指出这是一个有经验的承包商无法预知的自然力作用而引发的突水事故。冷静的判断和高效的行动都为日后的合同索赔做了很好的铺垫。最终，在中机公司的带领和组织下，井下全部工人和设备均安全救到地面，无一人员伤亡。

中机公司的项目团队主要做了几方面的工作，一是事故发生后不计短期成本和代价，从国内紧急包租747专机，以最快的速度把抢险救灾的两个大水泵托运到现场。这个雪中送炭的举动不仅得到了孟加拉政府和业主的广泛好评，而且在当时的国际采煤工业领域里也产生了较大的影响，为现场抢险救灾打下了一剂强心针。二是在第一时间启动工程索赔准备工作，公司高层带队专程奔赴香港地区请教工程承包领域的老前辈，同时物色有经验的律师和独立工程师，帮助公司策划索赔思路和准备索赔报告。根据合同的规定，公司在事故发生后第28天提供了第一份索赔的报告，然后又提交了索赔中间报告。在长达28个月的治水期间，孟煤项目团队根据诸多索赔诉求做了大量的工作，不但提供了厚度加起来足有半米多高的多份索赔报告，为公司免去了上千万美元的合同工期误期罚款，而且通过修改设计弥补了抢险救灾发生的部分损失，这也正是孟煤项目经过突水事故后仍能保持较高盈利水平的原因所在。此后，孟煤项目因妥善解决了水下采煤的多项技术创新难题，获得了国家建设部颁发的第一个海外项目鲁班奖。

2. 自燃事故

孟煤项目1110工作面位于矿井南翼，为孟巴煤矿首个综采工作面，煤层平均厚度36.14米，属于特厚、高热型煤层，煤层上部有深度逾百米的特强含水层。由于地质条件特殊，井下温度常年在45℃左右，湿度高达100%。2005年4月，1110工作面建成并正式投入试生产，但时隔仅仅半年，即在生产过程中发现工作面下隅角存在一氧化碳气体（"CO"），俗称"瓦斯"，且浓度超过正常工作标准。这一突如其来的发现表明，1110面采空区已存在自燃现象。

为避免自燃区域不断蔓延可能引发的爆炸危险，中机联合体在同业主紧急磋商后果断决定：于10月4日起，对1110工作面实施封闭。包括采煤机、刮板运输机、破碎机、转载机、胶带输送机和82架液压支架在内的全套采煤设备至此被滞留在450米深的井下，开始了长达1050天的休眠。在随后的两年时间里，中机联合体对各种防灭火措施进行了反复比较和论证，前后共制订了四套启封方案，并分别于2006年3月和2007年8月两度对1110面实行启封，但终因防灭火技术复杂程度高、难度超过预期、孟加拉防灭火专业设备缺乏等原因而宣告失败。2007—2008年，公司高层奔波于孟加拉与徐州，与孟政府官员、业主高层及徐矿集团领导层频繁会晤、坦诚交流，终于同项目各方达成共识：于2008年

7月中旬开始，正式实施第三次启封。最后的胜利，往往在于再坚持一下的努力之中。

7月14日凌晨，孟巴煤矿1110工作面启封会战正式打响。15～21日，工作面内CO等气体参数呈现迅速变化的态势，下隅角CO浓度明显增高，并于21日下午达到峰值（回风流CO浓度达150ppm），给启封工作带来巨大障碍。21日晚间，当工作队伍奋力开始拆除工作面支架时，测到工作面上隅角CO浓度严重超标，远远超过正常工作的安全要求。关键时刻，孟煤领导小组成员亲临井下，研究对策并决定，从22日中午起，暂停设备撤出工作，此后两天，工作面CO浓度始终居高不下。为确保安全，领导小组于24日决定设置临时封闭门，临时封闭工作面。

五天后，启封进入第二阶段。29日凌晨，为确保设备拆除工作安全进行，领导小组和专家组决定，通过对工作面上下端头进行防漏风治理，使CO处于高位受控状态，以保证设备拆除过程的基本安全。"锲而不舍，金石可镂"。通过高强度连续作战，中孟两国员工终于成功控制火魔，至8月3日下午，工作队已撤出包括输送机和69架液压支架在内的绝大部分滞留设备。但要全面完成1110工作面启封工作，形成一个完整的综采工作面设备备用体系，剩余的13架液压支架也必须回收。然而，在那高温高湿、毒气肆虐的工作面内，欲全部收回剩余支架又谈何容易。正当犹豫不决时，中机公司领导亲赴工作面进行考察，连夜召开会议，与孟煤领导小组其他成员及专家进行商议，毅然决定：从次日上午开始，一鼓作气，回收剩余的13架液压支架。"精诚所至，金石为开"。凭借坚如磐石的意志和10天咬牙奋战，工作队终于顶住了高浓度CO和40多度高温高湿的生死考验，将剩余的13架液压支架全部撤除抢运出井，赢得了这场启封会战的彻底胜利。

孟煤项目中发生的突水事故和自燃事故只是诸多风险中较为显性的一种，在全周期的国际工程承包项目里，因其项目内容复杂广泛、工程周期长、项目水平要求较高、服务型贸易等诸多固有的特点，注定其开展的过程不会总是一帆风顺。而风险管控工作决定着企业国际化经营的成败。回顾中机公司早期开展国际工程业务特别是孟煤项目的经验与教训，我们认为事前的风险识别，特别是项目部在重大项目节点前汇集内外部专业力量对国别市场、政治环境、自然环境等外部风险以及工程技术、合同管理、物流配套、劳务用工等内部风险的提前、完整、准确识别，是风险管控最重要的基础。尤其是一些"黑天鹅"和"灰犀牛"式的风险，可以采取头脑风暴的方式尽量想清楚。这一点，在2020年疫情期间大量工程项目的遭遇中显示得淋漓尽致。风险识别只是向正确方向迈出的第一步，我们必须有足够的专业力量和机制保障，通过各种方法量化风险，形成合理的风险评价以便指导最后的风险处理，针对不同类型、不同规模、不同概率的风险，采取相应的对策、措施或方法，使风险损失对项目执行的影响降到最低限度。

要做到上述几项步骤，企业必须建立动态完善的风险管控体系。中机公司制定了全面详细的风险应急预案，并持续加强对海外项目施工承包中各类风险的学习和掌握，同时设立了专门的风险控制机构来加强对项目各方面及公司整体风险的控制与管理。面对错综复杂的国际市场，国际工程承包企业必须认清形势，理性分析各个国别市场和各个项目的现状，因时、因地制宜并有效预判风险以及合理规避风险，这是国际工程承包项目平稳落地的关键因素之一，也是企业综合实力的展现。

7.1.3 国际工程人才培养

"宝剑锋从磨砺出，梅花香自苦寒来。"国际工程所展现的跨国、多方协作、环境与标准各异等诸多固有特点注定了国际工程项目实施的复杂性，也因此对国际工程人才的素质提出了更高的要求。对中机公司来说，国际工程承包业务可以说是白手起家，从无到有。在极端困难的条件下，经过几十年的艰苦努力，攀登跨越，现在已经发展成为支柱产业。成就的取得，有改革开放的大背景，有合作各方的共同努力，有中机公司上下的团结协作，更有历经十几年磨炼、从孟煤项目走出的一大批"特别能吃苦、特别能忍耐、特别能战斗、特别能团结"的国际工程人才，他们不但具备专业的国际工程管理知识、突出的外语沟通能力、丰富的现场管理经验以及灵活多变的创新本领，更拥有"勇挑重担、敢于出击"的斗争精神、"洪流敢挡、火海敢闯"的拼搏精神以及"奋战一线、默默耕耘"的奋斗精神，为公司国际工程服务业务的高速持续发展打下了坚实的基础。

1. 勇挑重担、敢于出击

在孟煤项目的基础上，1991年中机公司开始开发孟电项目，合作方是中国三大发电设备巨头之一。当时，中国三大发电设备巨头均已获得了自己的对外经营权，在国际上也见过世面、经历过风浪。经过孟煤项目的历练，凭借在孟加拉市场闯出的知名度，合作方主动找到中机公司要求合作。然而合作方虽然跟中机公司签订了排他性的联合体协议，但其下属的二级子公司又联合其他国内企业同时进行投标，犯了国际工程中一标两投的大忌，这将给评标工作带来巨大干扰，甚至会导致中方企业的集体出局。幸而中机公司在孟加拉市场具有较强的信息掌控能力，项目标书投进去两个小时后，公司代表处便得知了存在一标两投情况的消息并马上通知了国内。面对突如其来的紧急事件，孟电整个团队迅速行动起来：有人去做大使馆的解释沟通工作，有人去政府主管部门积极汇报情况，还有人与合作方项目团队第一时间交涉。团队领导接到通知后，马上乘航班到合作方负责人的办公室要求与对方领导进行商榷。从中午12时许一直等到下午5点，对方始终避而不见，但我方十分执着，大有"不到黄河心不死"之势。快6点时，一位气场强大的领导终于走了出来，一见面就说："我只有三分钟的时间。""一分钟就行！"我方回答道，"您已经跟中机公司有了紧密合作的排他性协议了，为了中方企业整体利益，应该规避一标多投的情况啊！"当头一棒下，对方领导有些不明就里，我方顺势从包里把现场传回的情况文件说明放在桌子上说道："您自己看！今天晚上孟加拉当地时间八点前，请您把另一个标书尽快撤回来，否则我们只好重新考虑双方的合作关系，这是我们不愿意的，但也是我们不得不做的。"或许是非常强硬的态度和愤怒的情绪感染了对方领导，当我方团队领导离开对方办公室时，楼道上鸦雀无声。第二天中午前，孟电团队得到消息：对方撤回了另一份标书，业主的评标工作已正常进行。

当时的中机公司自己不画一张图纸、不生产一颗螺丝钉，因此无论工程规模大小，均离不开采购和分包。这样的EPC承包商，不有理有据地"战斗"和坚持商业底线是根本拿不到项目的，孟煤和孟电项目如此，如今的其他海外工程项目也是如此，未来更多的海外工程项目更是如此。

2. 洪流敢挡、火海敢闯

孟加拉巴拉普库利亚煤矿是中机公司进军海外工程承包市场的第一个主战场，也是中机公司锻炼队伍、铸就精神、树立形象的一方热土。1998年的突水事故中，现场经理带领项目团队沉着应对，第一时间指出要把排水救人作为第一任务，同时调动一切人力物力，带领现场员工全力投入排水抢险，在他和项目成员的努力下，井下全部工人和设备均安全救到地面，无一人员伤亡。2008年的自燃事故中，为挽救由于自燃发火而封闭在孟加拉井下1110工作面内价值高达2000万美元的采煤设备，他带领煤矿项目团队深入国内外一线，开展调研、设计启封方案。在启封会战中，他任现场总指挥，带领项目团队苦干30个昼夜，经受住井下高浓度瓦斯和40多度高温高湿的生死考验，全部收回工作面设备，为业主和项目挽回巨额损失，为孟煤项目顺利移交奠定了重要基础。孟加拉1110工作面启封会战取得圆满成功，成为孟煤建设史上的里程碑事件，并因此获得"中国煤炭工业科学技术奖"集体二等奖。

通过在"洪流火海"中的顽强拼搏与洗练，项目团队核心人员的工程商务能力和应急管理能力都得到了质的飞跃。凭着多年来在国际工程业务领域的潜心打拼，当初的现场经理逐渐树立了作风顽强、专业扎实、善打硬仗、敢于创新的个人品牌，带领各大项目团队攻坚克难、砥砺奋进，成功开发并执行孟加拉帕亚拉燃煤电站、马来西亚曼绒电站、孟加拉巴拉普库利亚煤矿和燃煤电站、匈牙利考波什堡光伏电站等多个特大型国际工程承包项目，累计签约金额逾80亿美元，创造利润逾20亿元，为中机公司和通用技术集团确立能源领域的国际工程承包优势地位做出了突出贡献，也为公司赢得了诸多来自海内外的赞誉。

3. 奋战一线、默默耕耘

1996年夏天，一名年轻的大学毕业生被派往孟加拉巴拉普库利亚煤矿常驻，或许他尚未清楚未来会有多少艰辛和磨难，就此踏上了通往孟煤现场的路途。九十年代的孟加拉，生活基础设施极其落后，项目刚刚启动，找不到安全放心的饮用水是最大的难题。施工现场没有自来水，更没有桶装水，喝水只能靠驻地的浅水井。由于孟加拉国特殊的地质条件，浅层地表水污染严重，水中悬浮物和细菌严重超标，抽上来的水都泛着黄绿色，这样的水他和现场的兄弟姐妹足足喝了一个月，结果所有人天天腹泻拉肚子，但现场医疗条件又非常差，大家只能硬扛着，一个月下来每个人都足足瘦了一圈。时光荏苒，经过二十五年的摸爬滚打，他从一个书生气十足的青年学生，逐渐成长为海外项目的带头人，多年来的默默坚守和辛勤耕耘使他对如何开发和执行国际工程项目有了独到的理解和领悟，带领团队独立成功签约数个上亿美元的大型国际工程项目，先后通过竞标方式拿到孟加拉希拉甘杰一号机和希拉甘杰二号机等项目，通过议标方式拿到希拉甘杰一号机二期、希拉甘杰三号机项目，又以PPP模式成功开发了孟加拉PAYRA2×660MW燃煤电站等项目，实现了在孟加拉市场的滚动开发。多年来，他带领的团队累计开发项目总金额逾50亿美元，被誉为中机公司乃至通用技术集团的王牌项目开发经理。

多年来，正是无数像他一样的中机人，在海外一线默默耕耘与奋斗，才打造出了"特别能吃苦、特别能忍耐、特别能战斗、特别能团结"的优秀海外项目团队，这是中机公司的精神财富，也是中机公司得以发展的重要基石——视事业重如山、视名利淡如水、视团结如生命。

结合中机公司多年来的实践经验，国际工程人才应具备复合性、外向性和开拓性三项特质。一是复合型，孟煤项目中，团队成员的综合素质可以说"软硬结合"，既了解工程实施过程中的各项技术环节，又掌握如FIDIC合同制定等管理和经济方面的理论知识，同时具备专业的外语水平，只有同时具备多项复合能力，才能胜任国际工程承包业务提出的各项要求。二是外向性，团队成员在项目管理过程中逐渐了解和掌握了国际惯例，在技术、经济、管理和外语能力方面主动与国际接轨，对国际上各方面的要求，特别是包括风险管理和索赔管理在内的合同管理逐渐熟悉，掌握了规则，才能在"游戏"中随心所欲。三是开拓性，项目团队成员以宽广的战略发展眼光和果决的判断决策能力，以孟煤项目为基础，主动挖掘寻找更多项目机会，不断深入滚动开发孟加拉市场，打造了如今国际工程承包的摇篮和中机公司稳步发展的重要基础。

此外，如同孟煤项目对中机公司人才培养所作的贡献那样，国际工程人才必须在重大项目的熔炉中成批炼成。一是将人才培养放置一线，人才培养不仅需要学习系统的理论基础知识，更需要在工程第一线进行充分的实践与总结，使项目成员由点及面迅速掌握项目全景。二是建立人才培养基地，在诸多纷繁复杂的国际工程承包项目当中，涉及的不单单是一城一池的得失，更多的是如何达成规模后，形成人才培养的基地或大本营，为公司创造源源不断的新鲜血液和有生力量，贡献更多更加专业化更高素质的国际工程人才。三是将人才培养作为公司发展的重要战略，显而易见，国际工程市场是一个竞争非常激烈而潜力巨大的市场，而商业竞争的根本就是人才竞争。人才资源是第一资源，人才对一个企业的发展具有基础性、战略性和决定性的意义。每个企业应该将培养一大批各种类型的国际工程管理人才作为本单位重要的战略发展措施。有一个如孟煤项目团队般由多方面专家集成的高水平的人才群体优势，可大大增加企业的国际工程市场的竞争力，以保证项目的成功率。

7.1.4　高质量可持续开发市场

1994年以来，中机公司以巴拉普库利亚煤电项目为起点，在孟加拉国市场实现了滚动式发展、周期性签约——连续承揽了希拉甘杰、古拉绍、莫图莫迪等系列电站项目。中机公司与孟加拉西北电力公司签署了孟加拉PAYRA2×660MW燃煤电站项目合作协议，并作为项目业主共同与进出口银行签署了项目贷款协议，通过合力投资、建设、运营，为孟加拉打造了迄今为止最大的电力项目，开创了中国企业深度参与孟加拉电力市场的先河。这一系列项目的成功承揽和实施表明，我国企业已经具备为海外大型能源建设项目提供一揽子全面解决方案的核心能力，不仅有力地带动了我国技术、设备和劳务输出，产生了良好的综合经济效益，而且在孟加拉国及周边市场为中国企业赢得了良好声誉。

中机公司还成功执行了出口孟加拉航运公司3艘39000t油轮、3艘39000t散货船项目，为孟加拉唯一的国有航运公司20年来首次扩充了运输船队，大幅提升了孟加拉国的综合运输能力，增强了其在全球供应链布局中的竞争力。2019

年11月，哈西娜总理在官邸主持了该项目的船舶命名典礼。2021年，项目入选中国政府发布的《新时代的中国国际发展合作》白皮书中的助力共建"一带一路"国际合作案例。此外，中机公司承揽的采用国际标准设计的达卡-阿苏利亚高架高速公路项目是孟加拉国的重大民生工程，被两国领导人列入两国政府重点合作项目，是近年来孟加拉国基础设施领域规模最大的EPC总承包项目之一。它的建成将打通阿苏利亚地区纺织品出口的物流瓶颈，使首都经济区道路网络向南延伸至吉大港，助力构建南亚地区互联互通大格局。

经过30多年的滚动开发，中机公司已成为孟加拉能源和基础设施建设的主力军。孟加拉总理谢赫·哈西娜在中孟建交40周年贺词中肯定中机公司："在孟加拉社会经济发展方面，中国不断给予帮助，中国援建的大型项目巴拉普库利亚煤矿、巴拉普库利亚燃煤发电厂等特别值得一提。"

7.2 迈向高端：与高卢雄鸡共舞

7.2.1 突破舒适区

高端市场，是中国企业转型升级的必由之路，也是中国企业发展必须跨过的门槛。早期中国"走出去"的企业，承揽的往往是较低技术含量、较小规模基础设施项目，即便是电站、煤矿等能源类项目，也往往只能在非洲、南亚、拉美等相对不发达国家以入门级的技术和低廉的价格获得项目。近年来，非洲、南亚、拉美等中国企业传统市场竞争激烈，在基础设施领域经常出现几家中国企业同时竞标，部分企业为了拿到订单，采取低于成本价的策略，造成严重内耗和恶性竞争。同时，随着中国制造业的长足进步，部分中国产品的质量和技术具备在国际高端市场向国际巨头发起挑战的实力。

中机公司作为深耕中国机电行业多年的龙头企业，敏锐地发现了国内外市场的变化，决心向马来西亚这一西方国家传统市场进军，引领中国企业迈向海外高端市场的新时代。马来西亚是世界新兴的中等发达国家，也是东南亚地区最发达的经济体之一。2014年凯迪思（Arcadis）"全球基础设施投资指数"研究报告显示，马来西亚仅次于中国已成为亚洲第二最具吸引力的基础设施市场，市场规模和潜力巨大。马来西亚虽为亚洲市场，但其市场环境、法律框架和商业行为规范深受西方的影响，工程规范与项目管理普遍执行英国国家标准和美国机械工程师协会标准，其市场长期被德国、法国、美国等发达国家国际巨头垄断。中国企业囿于技术能力、项目管理能力和极高的市场门槛，只能对马来西亚市场敬而远之，在马来西亚尚无中国企业承揽中型以上机组的工程承包业绩和经验，以马来西亚国家电力公司为代表的当地主流能源企业也未把中国公司纳入其承包商视野。

2011年，中机公司与法国阿尔斯通公司组成联合体通过国际竞标方式承揽马来西亚曼绒100万kW超临界燃煤电站项目（简称曼绒项目），是集设计、施工为一体的特大型交钥匙工程，总金额逾16亿美元，工期为48个月，项目位于马来西亚霹雳州的人工岛，业主为马来西亚国家电力公司，所需资金由业主自筹。项目土建分包方为马来西亚当地土建公司MCB公司，设计分包方为山西省电力勘测设计院，安装分包方为山东电力建设第二工程公司，采购分包方为美国Black & Veatch公司，运行分包方为中国电力工程有限公司。2015年4月14日，经过4年多的时间，曼绒项目顺利实现移交。

这个项目创造了当时中国企业国际工程承包业务发展史上多项新纪录：一是合同金额规模大。项目是当年中国企业签署并实施的最大的单笔国际能源工程承包合同。二是技术水平要求高。项目是东南亚首座100万kW超临界燃煤电站，也是东南亚单机容量最大的燃煤机组，代表了当时世界火电技术的最高水平。三是合作伙伴阵容强大。项目联合体伙伴、分包商具有世界一流的专业水准和行业经验，合作伙伴法国阿尔斯通公司是世界上最知名的发电设备制造厂商之一，分包商美国BV公司则是北美市场著名的电力行业工程咨询与承包商，各方对多重接口下高水准、高效率合作的要求很高；最后是施工建设技术难度高。项目坐落于马来半岛西海岸的人工岛上，该地区处于地震、海啸的多发地带，地质条件和施工条件极为复杂。

曼绒项目具有高端市场、高端业务、高端合作伙伴、高端团队的显著特性。业主聘请日本东京电力公司作为业主工程师，项目技术与验收严格执行英国国家标准和美国机械工程师协会标准，核心工序来自国际知名咨询公司的技术方案，核心设备均采购自美国、欧盟、澳大利亚等发达国家市场。此次曼绒项目成功移交，填补了中国企业在海外承揽的百万千瓦级别超临界电站项目空白，开创了中国企业联合国际巨头在马来西亚市场成功移交海外项目的先河。中机公司通过曼绒项目的成功实践，在赢得当地社会良好反映的同时，积累了更新的商业模式和丰富的项目管理经验。

7.2.2 国际工程伙伴选择

2011年4月的一天，在四川大厦西塔楼中机公司总部，当大部分中机人还在热议，相互交换着成功中标中国最大单笔国际能源工程的喜悦时，明亮的、能够俯瞰整个首都核心区的3009会议室里，曼绒项目领导小组却凝神屏息、气色凝重。马来西亚曼绒100kW超临界燃煤机组项目上中机的联合体伙伴，阿尔斯通的负责人正用法语质问道："据我们所知中国企业在海外从未承揽过这么复杂的项目，贵司有什么方案确保如期完成？""我们很难相信中国人的项目管理能力，如果项目最后出现拖期怎么办？你们谁来负责？"此时的阿尔斯通还处于陷入"美国陷阱"前最意气风发的状态，法国人咄咄逼人的追问刺痛的不仅仅是中方与会者的耳膜。

会谈的气氛并没有针锋相对、剑拔弩张，因为中机人知道，傲慢的法国人说的也的确有一部分是实情。面对质疑，中机人不做徒劳的解释，他们深知，要扭转法国人的偏见，只有比法国人更加勤奋努力，比法国人做的标准更高、质量更好。

2012年上半年，公司顺利实现主机岛部分土建基础移交，比合同工期提前了三个月。2014年春节，曼绒项目团队全体放弃休假、加班加点，为实现调试工作创造必要的条件。2014年雨季，连续两个月夜以继日艰苦奋战，终于实现循环水系统投用，比合同工期提前了5天。2015年3月，中机项目团队完成了移交所需的各类审批工作，具备了移交的全部条件；与此同时，阿尔斯通公司却还有大量技术问题没有及时解决，最终导致项目移交拖期14天。在这14天里，已经完成全部工作的中机公司项目团队，热心帮助阿尔斯通公司查找机组存在的问题，努力配合着阿尔斯通公司做完剩余的实验，他们职业、敬业的积极态度赢得了项目业主和分包商的交口称赞，也使法国合作伙伴心服口服。中机公司曼绒项目团队在与国际巨头同台竞技、并肩作战过程中，凭借着敢闯敢拼、竞合创新、奋勇争先、赶超一流的曼绒精神，赢得了业主方以及联合体伙伴的充分尊重和肯定，在业主连续两年测评中，中方团队得到了最高的A级评价。

当前，国际工程承包行业发展迅速，竞争日益激烈，各类企业均开始承揽项目。在"走出去"过程中，受制于企业资产规模、工程业绩、风险承担能力以及项目所在国法律法规等条件，一些工程承包企业单独承揽总承包项目面临一定的困难。从投标资格、竞争优势、风险规避等多方面考虑，越来越多的承包商选择联合体合作模式，国际工程项目中，寻求强有力的合作伙伴组成联合体不但可以提高投标成功率，而且可以增强企业的市场竞争力。

曼绒项目中，中机公司的联合体合作方——法国阿尔斯通公司成立于1928年，其历史可以追溯到拿破仑时代，目前是世界著名的电力设备和电力设施工程承包企业，在多个领域排名世界第一。在马来西亚电力市场，阿尔斯通公司更是深耕多年，对项目业主、用户习惯和法律法规极为熟悉和了解。"知不足者好学，耻问者自满。"曼绒项目团队充分认识到，与阿尔斯通公司相比，无论在项目管理经验、专业化水平，还是人员素质等方面，他们都存在着巨大的差距，随即以阿尔斯通为标杆努力追赶超越。四年来，上万封公文函件，几千次沟通协调会，磨炼造就了一支技术专业齐全、年龄结构合理、工作背景互补、具备国际视野的高端项目执行团队，令要求苛刻的合作方多次对中机团队的攻坚能力和长足进步表示由衷的认同与赞扬。

任何一家中国企业都要有打造狼性公司的理想，而要成为真正的"狼"，就必须置身在狼群里，像狼一样思考和捕食，时刻领会头狼的智慧精髓，最终有实力向头狼发起挑战。四年多来，公司项目团队置身于由阿尔斯通公司、BV公司构成的狼群中，与这些"头狼"共同嚎叫，共同思考，共同围猎捕食，逐步学会了它们在世界电力工程承包市场的"武林秘籍"，在公司内部构建了一套与国际接轨、科学完备的项目管理体系，并在曼绒项目成功进行了实践。因此，中国企业必须敢于在"走出去"的路上开展第三方合作，必须敢于进军高端市场，寻求高端伙伴，在高举高打的过程中自我加压，才能让企业产生脱胎换骨的大变化，才能赢得世界的尊重。

7.2.3 国际工程接口管理与文化管理

1.接口管理：出色赢得尊重

国际工程项目是一个庞大而复杂的系统，各系统之间的衔接，各利益相关者之间的协调配合都属于接口问题，而EPC项目的复杂性更是增加了各阶段、各专业、各利益相关者之间接口管理的难度。曼绒项目具有高端合作伙伴的显著特点，特别是在项目合作方的构成复杂程度上：业主马来西亚国家电力公司是马来西亚最重要的电力投资与生产企业，业主聘请以苛刻闻名的东京电力公司作为项目业主工程师，公司的联合体伙伴为国际巨头法国阿尔斯通公司，而联合体下各级分包商与供货商，则是以美国Black & Veatch（世界知名的工程设计、施工、咨询公司，负责项目BOP设备部分的系统采购）、南非Murray & Roberts（南非最大的海事工程承包及建筑服务公司，负责项目从钢闸门到海水取水口的海底管栏段施工）、法国Lafarge集团（世界排名第一的水泥产品生产商，负责供混凝土）等跨国公司为代表的全球一流知名企业。面对诸多高端合作伙伴，我们需要迅速实现同西方管理体系和文件系统的"无缝连接"。从合同谈判、施工管理到最基本细微的一个个现场细节，阿尔斯通与业主都表现出较大的优势，汹涌而来的公函信件、应接不暇的协调沟通，合作伙伴语气眼神中不经意透出的轻视，经常让曼绒团队倍觉压力与疲惫。

"打铁还需自身硬，无须扬鞭自奋蹄。"曼绒项目部通过建设"学习型"组织，致力于打造一支具有开阔管理视野、专业技术能力，抗压高效的优秀团队。他们利用业余时间邀请合作单位、公司和事业部的有关专家、技术人员来传授相关专业知识和工作经验，业务骨干以一对一的方式传帮带，同时还不定期地组织交流座谈会、翻译沙龙等活动。团队成员也变压力为动力，几乎每个人在做好自身岗位工作的同时都承担了其他多重角色：项目经理带头下沉到施工最前沿，解决看似最不起眼却又制约项目进度的难题，与团队成员一同熬夜坚守；土建工程师加班会结束之后，马上赶赴控制室参加运行值班；商务人员同时在为HSE管理、QA/QC管理绞尽脑汁。

团队进场初期，施工现场尚不具备办公条件，先遣人员租用一节集装箱稍微改造作为临时办公室，面对马来西亚旱季里40℃的高温，他们激情不减。为尽快促进分包商进场开工，他们连续三个多月未曾休息一天，与当地政府、业主单位协调沟通，终于推动现场实体工程顺利开工。面对能力强、水平高的合作伙伴，他们不卑不亢，与国内专家就每一个项目难题反复分析、认真研究、科学解决，在管理水平和问题解决能力上从容占据制高点，并最终获得了业主、合作方和供货商的一致认可。

汽轮发电机组作为超临界百万千瓦电站的心脏，其土建基础施工标准要求近乎苛刻，业主及合作单位均对中国公司能否顺利完成这一单位工程表示担忧。为此，现场团队聘请具有丰富经验的德国专家作为技术顾问，前期多次举行技术专题会，形成了完备的施工方案。基础浇筑开始后，项目团队连夜值班坚守，紧张调度，连续浇筑30小时，德国专家对中机团队表现出的工作热忱和素养，多次赞叹、尤为敬佩。

出色赢得尊重，马来西亚曼绒项目执行四年来，每个成员均收获了历练与成长，一次次的较量过后，他们发现合作方一开始的"傲气"没有了，换来的是坦诚相见的"和气"，以及对这些中国年轻人打心眼儿里的"服气"。在业主满意度测评中，马来项目团队得到最高评级；在电厂倒送电、首次点火、并网等多个涉及全场的工程节点中，项目部成员扮演了重要的管理沟通角色，得到了包括阿尔斯通的高度赞扬。这背后，是四年来数万封公文函件、几千次大大小小的沟通协调会，以及团队成员超越自我的巨大勇气和牺牲。

2.跨国文化管理：1个团队，28个国家

在国际工程承包领域中，文化因素已经成为工程承包企业国际化经营所面临的众多风险因素中重要的一种。在本国化、区域化与全球化之间，在母国文化与东道国文化之间，寻求一种适度的跨文化平衡，已经成为中国企业在竞争中取胜的关键。曼绒项目具备高度国际化和多元化的特征，在项目一线施工现场，团队成员来自28个国家，地域上涵盖亚洲、美洲、欧洲、非洲、澳洲等，来自不同国家的穆斯林、基督徒、佛教徒将其打造成了多元文化的平台。

但这多元文化的平台也为曼绒团队的项目管理带来了巨大的压力：这些来自五大洲、28个国家的人员全部直接参与项目执行管理，每天都在上演着激烈的文化碰撞，每次现场会议都是一次小型的"国际峰会"；作为曼绒项目土建施工主力的印度工人，每天都要做礼拜，每年法定节假日多达上百个，为曼绒项目土建施工陡然增加了巨大的工期压力；占公司曼绒项目团队半数以上的马来西亚人，几乎都是穆斯林，每年斋月期白天禁止饮食，工作效率大打折扣，所有未完成的工作都由中方员工扛起……

面对上述在国内难以接触的困境，中机公司曼绒项目管理团队以包容开放的姿态正视团队存在的文化差异，竭力避免文化冲突的产生，并通过举办各种各样的趣味活动，从普遍性的角度着手，逐渐培养起团队成员的文化敏感性，并大胆提出了"One Team One Goal"（同一个团队、同一个目标）的口号，全力在曼绒项目营造互相尊重、互相理解、互相合作的工作氛围，促进相互间的文化融合，缩短彼此之间的文化距离，在多国员工中培育团结一致、和谐共赢、拼搏创新的团队精神和共同价值观，以此使团队成员由内而外对整个曼绒项目团队产生真正意义上的认同。

中机团队充分尊重各民族的风俗习惯和宗教信仰，在饮食、婚庆、丧葬、节日等方面严格遵循各国习俗。每逢马来西亚重要的民族节日和国家节日，公司都组织简单的庆祝典礼和联欢会，与业主和当地员工一起欢度。在马来西亚总理换届选举期间，为便于当地员工参加投票，曼绒项目部专门给当地员工放假一天，以表达对马来西亚政治信仰的尊重。2013年3月30日，曼绒项目部组织员工开展向当地医院献血活动，得到了项目业主、联合体伙伴以及各分包商的积极响应，共有近百名中外籍员工参加了献血，马来西亚华文报纸《星洲日报》等媒体对此进行了专题报道。在端午、中秋、元宵等中国传统佳节，中方员工都会把中国的节日美食带到现场，与外籍员工们一同分享，增进沟通和理解。公司还利用节假日组织郊游、体育比赛、联欢会等多种形式的集体活动，增强团队凝聚力和向心力。在这样一个多民族、多语言的团队里，大家相互尊重、相互欣赏、相互关爱，共同融入了一个团结和谐的大家庭。

正是这种细心细致、丰富多彩的团队建设，有效化解了曼绒项目不同背景、不同肤色、不同习惯所带来的差异与碰撞，成功打造了一支跨民族、跨地域、跨宗教、跨文化的高端国际化团队。中机公司在曼绒项目的成功实践，为中国企业海外项目国际化管理进行了有益探索，积累了重要的经验。

7.2.4 迈向国际一流企业

马来西亚是世界新兴的中等发达国家，而曼绒项目也是马来西亚乃至东南亚最重要电力项目之一，其多项指标和纪录开创中国企业海外工程项目的先河：它是中国企业第一次以总包模式在海外承揽的百万千瓦级别超临界电站项目，是东南亚地区第一台百万燃煤机组项目，是中国企业在马来西亚市场第一次获得的10亿美元级别的项目，是中国企业第一次联手阿尔斯通公司成功执行移交的项目，也是中国企业第一次由日本东京电力公司作为业主工程师的项目。曼绒项目从分包商选择到生产监造、土建安装以及最终调试移交，严格执行英国国家标准和美国机械工程师协会标准，核心施工工序均聘请国际知名咨询公司提供技术解决方案，核心系统和设备均采购自美国、欧盟、澳大利亚等发达国家市场。

2015年4月14日零点，伴着"倒送电"闪烁的红色点火花，随着机器设备欢快而又充满节律地跳动，曼绒项目顺利实现移交。这个里程碑，不仅代表着中机人四年多的磨砺、1474天的奋战画上了圆满的句号，更标志着20多年来三代中机人在国际工程领域奋勇拼搏、攻坚克难，实现了从低端市场1.0模式迈向高端市场2.0模式的历史性突破和跨越。曼绒项目先后荣获美国《电力》杂志颁发的"2015年顶级工业项目奖"和亚洲电力网2015年度"燃煤电力项目金奖"，以及2016年度PMI(中国)项目管理最高奖项——年度项目大奖；曼绒团队也在2014年荣获"中央企业青年文明号"称号，2015年作为中资企业海外团队中特别推荐集体荣获"全国青年文明号"称号。

在曼绒项目给予的经验、斗志和信心的基础上，2015年中机公司联合孟加拉西北电力公司以PPP模式合资启动了孟加拉PAYRA2×660MW燃煤电站项目这一孟加拉迄今为止最大的电力项目，成功开启了中机公司乃至通用技术集团国际业务的3.0时代。

7.3 打通任督：达成"投建营"一体化

7.3.1 红海市场中的投资尝试

自2000年我国实施"走出去"战略以来，境外工程承包业务呈现出持续快速发展的良好局面。2013年我国提出"一带一路"国际合作发展倡议，其中基础设施互联互通是"一带一路"建设的优先领域，这对我国境外工程承包业务来说，是非常难得的发展机遇。2006—2015年，中国企业在"国际承包商250强"榜单上榜数量从2006年的46家增加到2015年的65家，上榜数量居全球第一位。中国企业海外营业收入从2006年的100.7亿美元增长到2015年的895.5亿美元,占全球海外承包市场的份额从5.3%增长到17.2%,这一方面反映出中国企业作为一个整体在国际工程承包市场中竞争实力不断增强,逐渐成为国际工程承包的一支重要力量;另一方面也反映出国内越来越多的企业迈入国际工程承包领域,特别是在"一带一路"倡议出台后,"一带一路"沿线国家及亚洲区域国家的基础设施建设进入到新的高峰期,国际工程承包领域EPC甚至F+EPC项目的挖掘与开发也逐渐进入红海状态。

面对国际政治经济局势和国际工程承包市场的深刻变化,各大国际工程承包企业都开始积极主动地适应境外工程承包业务的未来发展趋势,寻求新的突破点:一是承包模式由低端向高端化发展。国际工程项目日趋大型化、复杂化且建设资金庞大,作为项目业主,越来越希望承包商能够提供一揽子服务且承担项目的建设管理风险;二是"投建营"一体化发展。境外有些国家基础设施匮乏,又没有足够的建设资金投入,同时基础设施建成后缺乏运营管理技术与人才。这个背景决定了各大企业需要适应目标国实际情况,适时采用投资、建设、运营一体化的建设管理模式参与境外工程项目。

"时来易失,赴机在速。"孟加拉政府在"孟加拉2021年远景规划"中提出,2021年要达到中等收入国家水平,对经济发展特别是基础设施建设等各方面也提出了具体目标。然而,孟加拉落后的基础设施建设已严重制约了经济发展,因此孟政府提出将基础设施建设列为优先发展的重要领域,不断加大对能源电力、交通等各类基础设施和工业项目建设的投资力度。一直以来,中机公司在孟开展EPC项目的同时,始终关注孟能源领域发展,并根据自主创新发展的要求寻找合适PPP项目。作为孟加拉西北电力公司的合作单位,中机公司与西北电力公司在希拉甘杰项目成功实施过程中,已建立起了深厚的友谊与信任,因此,当孟政府公布一大批IPP项目招标时(按孟加拉IPP电站规划,2013年至2017年将兴建6265MW的私人发电机组),中机公司通过创新经营模式以及与孟政府和西北电力公司多年来的深度合作与共赢发展,最终达成了1320MW燃煤电站的投资合作。

2014年,中机公司与孟加拉西北电力公司共同出资成立了孟中电力有限公司,以PPP的形式建设孟加拉PAYRA2×660MW燃煤电站项目。2016年10月在习近平主席访问孟加拉国期间,在孟加拉总理府与哈西娜总理共同见证了该项目EPC的开工奠基仪式,并见证了合资公司与中国进出口银行《孟加拉帕亚拉项目融资框架协议》的签署,该电站项目正式开工建设。2020年5月,项目1号机组获得孟政府商业运营许可证书并投入运营。12月,项目2号机组获得商业运营许可证书，标志着电站全面投运。2020年10月，孟加拉帕亚拉燃煤电站项目荣获国际特大型项目管理银奖，该奖项是2020年度IPMA能源行业的最高奖。帕亚拉燃煤电站是中国在孟加拉第一个远超世行排放标准的高效燃煤机组，也是孟迄今为止最大的发电站，项目总投资额约为24.8亿美元，采用先进、高效、清洁的超超临界技术，同时，全部采用中国的资本、标准、装备、技术和管理。该项目两台机组进入商运后，每年度可为孟提供85.8亿度稳定可靠的电力供给，预计占孟发电总量约10%，将极大缓解区域内电力供应紧张局面，为当地经济发展和人民生活水平改善提供有力保障。

帕亚拉燃煤电站项目的开发，是中机公司继成功开拓并移交孟加拉国巴拉普库利亚煤矿和电站项目和马来西亚曼绒项目之后，在海外工程承包市场上取得又一重大成果，标志中机公司转型升级战略成功迈入了从承包商转型投资商的新时代。只有尽早积累经验，才能在今后的国际市场的竞争中占得先机，也是有效突破高端市场和高端项目的途径。通过孟加拉国PPP模式建设，中机公司将有效盘活存量资金，带来长期稳定收益，极大提升公司核心竞争力和可持续发展的能力。

7.3.2 当业主大不易

2020年10月28日，新冠肺炎疫情在全球持续蔓延，孟加拉PAYRA2×660MW燃煤电站项目现场正在如火如荼地为1号机组启动做准备。运行人员做风机动叶活动试验时突然发现1号机B一次风机动叶卡涩在80%，导致风机无法启动。项目部马上把情况反馈给了厂家寻求解答，但由于疫情，厂家只能线上指导。排查了多个疑似问题后，项目部发现必须要将风机打开做深入检查，于是锅炉专业师组织安装单位手忙脚乱将叶片一个个拆卸下来，逐一排查，排除叶片卡涩的可能。10月31日再次开启油站试验液压缸，发现两套轮毂内有卡涩声音。

帕亚拉项目部立即召集各方人员召开远程专题会议，根据厂家指导，现场和国内联动，在排除了叶片开度调节机构轴承卡涩和叶片卡涩后，原因终于水落石出：B一次风机一、二级叶片推力盘处的推力杆两侧铜套磨损严重，需要厂家立刻补供4个铜套。但事情远比想象得要难。11月10日10点厂家反馈称"铜套无现货，需要重新加工，交货期为72小时，现已安排下单生产"。而项目部期望的是1天交货。虽然"中国速度"已经响彻世界，但是一天之内加工4个铜套，真的是需要拼一把，且更难的是如何将铜套及时运到现场。于是，当日14：30立即再一次举行了"两国三地会谈"，只为一个目标："确保11月12日前，铜套到场！""辛苦厂家车间加班赶进度，确保11月11日早上制成，剩下的事儿我们想

基础设施企业国际化战略再造：理论与实践

办法。"在项目部的多次要求下厂家终于松口,答应力争11日上午出厂。

天无绝人之路,紧接着项目部得知11日下午NEPC分包商同事乘坐航班20:55从广州出发前往现场。但铜套在启东,厂家在上海,去现场的人员从徐州启程经广州到孟加拉现场,于是,一场从启东工厂出发,途经上海虹桥机场和广州白云机场、抵达达卡国际机场、最终运到帕亚拉现场的"备件国际接力赛"拉开了帷幕。

国内设备部同志收到了这项艰巨的特急件派送任务,虽然疫情仍未平息,但他果断订下最早的机票,次日10点在上海虹桥国际机场着陆后,他马不停蹄与驱车两小时从启东赶来的人员碰面,10:35二人成功会面,两人都行色匆匆,但又郑重地交接了这一重要备件,会面的时间太短了,短到来不及问一下对方的姓名。此时航班因天气原因延误了近40分钟,原定飞行时间是14:40—17:05,如果选择继续乘坐此航班,肯定赶不上下一趟继续飞往广州的航班。了解到情况后,他立即将机票改签提早了2小时,火速跑向登机口并于12:30顺利登上了早一班的飞机。终于在15:30顺利和赴孟人员碰面,将设备转交,拜托对方带到现场。

当晚20:00航班顺利起飞,由于时差因素,到孟加拉达卡国际机场已是当地时间凌晨。孟加拉的道路十分崎岖,工作人员未做任何休整就起身行动了起来,颠簸10个多小时后,终于把铜套在12日中午准时送到了现场检修同事的手里。这沉甸甸的盒子,承载着满满的艰辛。11月11日北京时间早上8:00从北京出发,到帕亚拉项目现场是当地时间12日中午13:00,走完这几千公里仅仅用了31个小时,最后成功地出现在了帕亚拉现场,中机公司赢得了最终的胜利。

2014年帕亚拉燃煤电站项目立项以来,大大小小的问题和困难如影随形,像抢修风机这样的问题可以说是微不足道。所谓"投建营一体化"就是在国际工程承包过程中同时扮演了投资方、承建商、运营商三个角色。中机公司依托长期形成的商务集成优势,在孟加拉帕亚拉燃煤电站项目中从承包商转型为投资商,业务模式从单一的EPC向"EPC+投资+运营"转型,可以说从过去给别人打工的"雇员"摇身变为了给自己工作的"老板"。但同时,相比其他合作模式,"投建营一体化"模式运作的项目涉及的范围更广、周期更长、风险更大,其管理工作和合同安排都更为复杂,这就对中机公司的项目执行和管理提出了更高的要求。

7.3.3 "四有中机"

2018年中机公司的战略执行研讨会提出,要将公司发展成一个小的综合商社,其标志是"四个有",即有专业和核心主业,有可经营的资产,有造血功能,有自己的实业。综合商社是日本独有的企业形态，是一个以贸易为主体，多种经营并存，集贸易、金融、信息、仓储、运输、综合组织与服务功能于一体的跨国公司组织形式，是集实业化、集团化、国际化于一身的贸易产业集团。综合商社有着最典型的几个基本特点：一是立足全球，优化要素配置。既作为本国企业发展，也作为世界经济的组成部分；二是重视技术，及时推出新产品。国际化经营中迅速、准确地反映国际市场的需求动态，开发和设计出符合市场需求的新产品；三是投资海外，以资代货。以合资、独资等方式在海外还原为日货，扩大国际化经营；四是不图近利，谋求长远。在国际化经营中，始终把提高产品的市场占有率列为最优先的目标，以追求长远利益为目标，提高市场占有率。

作为一家传统的国有外贸企业，如何在市场职能逐渐丧失、生存空间逐渐缩小的情况下，从大胆承揽盂煤盂电项目到完成马来西亚曼绒电站项目，再到以PPP形式联合开发帕亚拉燃煤电站项目，中机公司一直以"摸着石头过河"的姿态顺利实现转型发展，并逐渐形成了具有"中机特色"的经验和理念。在这种条件下，将日本综合商社的特点和经营模式结合到中机公司的国际化经营当中，我们提炼出了要发展"国际化新中机"的奋斗目标，并为其赋予完善了内涵——成为有国际竞争力的核心主业，有全球范围布局的可经营的渠道、资产和实业，有绿地项目挖掘和国际资本运作能力，有海外区域经营中心和属地化团队的国际化企业。

1. 有国际竞争力的核心主业

没有专业化作为前提，多元化就会失去方向。李克强总理在2020年的《政府工作报告》中强调"国企要聚焦主责主业"，2020年召开的中央企业负责人会议中再次指出："使中央企业真正成为主责主业突出、功能作用显著、有力支撑经济社会发展的国家队"，这是坚持和完善基本经济制度的必然要求，是优化国有资本布局和配置的必然要求，也是推动国有企业高质量发展的必然要求。中机公司从过去承担单一进出口业务的传统外贸公司，发展到今天集国际工程服务和产能合作等多项业务为一体的国际化产业集团，在看到取得成绩的同时也清醒地认识到公司主业核心竞争力不强的局面尚未得到根本改变，因此打造具有国际竞争力的核心主业成为当下公司进一步发展的必然要求。

2. 有全球范围布局的可经营的渠道、资产和实业

一方面，国有企业可经营性资产主要包括用于经营盈利目的性质的土地、固定资产，国有企业用国家财政性资金形成的资产、国家调拨给国有企业的资产、国有企业按照国家规定组织收入形成的资产、国有企业接受捐赠和其他经法律确认为国家所有的资产等。对于国有企业而言，尤其中机公司这样的竞争性国企，其资产都应属于经营性国有资产的外延范畴，必须带来真实的经济利益流入，以及实现保值增值的底线目标。目前，中机公司的资产和营收规模均在百亿人民币量级，随着后续传统能源和新能源投资项目的投产运营，公司将形成一批经营期限长、现金流稳定的可经营性资产。如何进行资产运作，盘活存量资产，多元化获取投资收益，实现国有资产的保值增值，将是未来需要研究的重要课题。另一方面，实体经济是我国经济发展的根基，而国有企业是壮大综合国力、促进经济社会发展的重要力量，特别是在发展实体经济的过程中起着不可替代的压舱石作用。在尝试资产运作的过程中，中机公司必须着力聚焦主责主业、突出实业，进一步明确企业的发展目标和战略定位，严控非主业投资，来推动各类要素向实业集中、向主业集中，不断提升核心竞争力和盈利能力，防止经济运行"脱实向虚"，这是经济发展新常态下的必经之路。

3.有绿地项目挖掘和国际资本运作能力

对于任何企业来说，绿地项目挖掘能力以及国际资本的运作能力都具有十分重要的支撑作用，特别是在企业实施战略转型的过程中，更要高度重视这两方面的能力建设，确保企业战略转型拥有强大的基础。一方面，海外绿地项目的挖掘与投资能够使企业的国际化经营最大限度地保持垄断优势，充分占领目标市场，同时也能够在项目"投建营"过程中最大程度地把握风险、掌握主动权，因此，同中机公司这样以国际化经营为核心的企业必须从战略管理、内部资源整合、市场占有、获取项目资源、跨国经营管理、风险控制等各方面综合提升绿地项目挖掘能力，从单纯的工程和贸易向绿地开发、产业投资、提供服务与解决方案跨越发展。另一方面，通过提升资本运作与投融资能力建设，能够为企业实施战略转型创造更加多元化的机会。由于企业在实施战略转型的过程中需要大量的资金作为支撑，特别是对于那些朝着技术型、创新型转型的企业来说，对资金的需求量更加强大，只有实施更加科学、更加完善、更加高效的资本运作模式，才能使企业战略转型顺利实施，同时通过投融资管理工作的有效开展，使企业投融资效率大幅度提升。中机公司基于自身核心主业，积极探索和发挥资本纽带作用，在开展投资并购、拓展融资渠道、混合所有制改革等方面进行了多项探索，行业涵盖石油、电力、清洁能源、产业园区等，国别遍及欧洲、美洲、亚洲，投资模式包括新设、合资、并购、参股，融资渠道设计包括优先股、境外贷款、发债、基金、保理、上市等。

4.有海外区域经营中心和属地化团队

首先，属地化建设是市场竞争与发展的需要。当地雇员熟悉本地建设环境，有利于捕捉项目信息，同时具有先天的语言优势和相同的文化传统，熟悉当地的标准、规范以及设计习惯，比中方人员更善于与当地居民、地方政府、业主、监理等进行有效沟通和交流，有利于及时解决项目实施过程中遇到的问题。其次，属地化经营是提升企业形象的需要。项目所在国政府希望国际工程承包公司能够履行社会责任，为本地培养一批高水平的技术人员和管理人员，增加就业机会，提高当地人均收入水平，促进项目所在国经济社会的发展。最后，属地化管理有利于节省项目成本。人才属地化是一切属地化的核心。所有的属地化最终都需要本地人才来实施。大量资料表明：跨国公司外派人员的失败率很高，人力成本也越来越高，并且与当地雇员、业主存在沟通上的障碍。大胆使用当地员工，将大大节约公司的经营成本。目前，中机公司搭建了海外区域经营中心、国别经营中心、代表处/项目办、尖兵小组四级海外网络体系，已在南亚、欧洲、斯里兰卡、马来西亚、加勒比、土耳其、印度尼西亚、越南等区域或国别扎根布局，筑牢了公司国际化经营的"桩角"。

7.3.4 500万传统能源布局

21世纪以来，南亚、东南亚地区普遍面临着经济发展落后，石油、天然气等对外依存度过高，电力严重短缺与节能减排压力巨大等问题，这些国家和地区要想摆脱目前贫穷落后的状况，首先要解决电力短缺这个制约经济发展的瓶颈，未来，南亚、东南亚地区能源领域缺少整合的现状仍将持续，寻求与域外国家进行能源合作将仍是解决能源问题的主要出路。2016年170多个国家在联合国签署了《巴黎协定》，为2020年后全球应对气候变化行动做出安排，一些国家表示未来将减少化石能源发电项目的投资，不再新增以煤炭为基础的能源项目。但全球能源的全面转型并不是一蹴而就的，传统能源向清洁能源（新能源）转型必然要经历一个过程，传统能源发展清洁化则成为这一阶段的重要突破口。

传统能源项目在燃煤燃烧过程中所产生的废弃物、废水、噪声、粉煤灰渣等对大气、水源所造成了一定的环境污染，但中机公司始终本着践行中央企业社会责任的初心，通过和知名环评公司合作，采取一系列先进的环保技术，使得在手项目执行的整体标准高于当地环境标准，传统能源发展清洁化成为必由之路。以帕亚拉项目为例，其颗粒物、氮氧化物以及二氧化硫的最终执行排放标准分别为50mg/Nm³、350mg/Nm³、200mg/Nm³，均高于或依照世行标准，且远高于孟加拉当地标准。该项目两个机组的大气排放物性能试验指标也均优于合同约定值。

在全球能源迈向清洁化的过程中，中机公司将继续深耕南亚、东南亚等煤电规模仍有扩张需求的地区，在孟加拉及周边地区倾力打造500万kW传统能源布局，立足现有孟加拉PAYRA2×660MW燃煤电站项目一期、二期和帕亚拉

3600MW液化天然气联合循环电站项目（2018年中机公司与孟西北电力公司和德国西门子公司签署联合开发协议，建成后项目将成为孟加拉国装机容量最大的液化天然气联合循环电站项目）等清洁化石能源项目，加大海外优质资产投资力度，持续跟踪、挖掘更多"投建营"项目机会。同时，中机公司将进一步发掘孟加拉等南亚、东南亚地区电力建设提速后区域电力互联互通的后发需求，从成本控制和电力销售角度考虑，紧抓孟加拉帕亚拉输变电等电网类项目，参与能源产业链特别是原料和电网两端的"投建营"，充分释放公司能源国际工程承包领域的发展潜力。

7.4 双碳合璧：向更美好的未来进发

7.4.1 能源变革：碳中和按下"快进键"

当前，全球能源领域正经历前所未有的历史性变革，清洁、绿色、低碳成为能源行业的发展共识和包括中国在内各国政府的核心战略。2020年12月12日的联合国气候雄心峰会上，巴基斯坦总理宣布未来该国将减少化石能源发电项目的投资，不再新增以煤炭为基础的能源项目，同时，包括孟加拉国在内的大批发展中国家都在从国家战略层面引导能源清洁化。此外，美国也于2021年2月正式重返《巴黎协定》。压缩传统煤电等化石能源，大力提升清洁能源已成为不可扭转的全球大势。基于世界各国对气候变化的日益重视以及新能源技术的高速发展，全球能源转型正逐步提速。彭博新能源财经（BNEF）最新的长期预测《2021年新能源展望》显示，预计到2050年实现净零碳排放将需要多达173万亿美元的能源转型投资。2020年至今，新冠肺炎疫情在持续冲击各行业产业链、供应链的同时，也加速了全球能源结构的调整进程。相对于传统化石能源，清洁能源特别是光伏发电在电力就地消纳、不涉及大宗燃料采购、不受物流限制等方面具有显著优势；与此同时，清洁能源项目投资也因为建设周期短、可变现能力强等优势备受资本市场青睐。2021年9月21日，习近平主席在第七十六届联合国大会一般性辩论上的讲话中表示，中国将力争2030年前实现碳达峰、2060年前实现碳中和，中国将大力支持发展中国家能源绿色低碳发展，不再新建境外煤电项目。"双碳"目标远远超出了《巴黎协定》2℃温升控制目标下，全球2065—2070年左右实现碳中和的要求，这将使全球实现碳中和的时间提前5～10年，也将对全球能源变革起到关键性的推动作用。进入21世纪特别是近五年来，中机公司在长期开展"一带一路"沿线能源投资和建设过程中逐渐领悟到，无论从政治、经济和产业角度，清洁能源崛起并取代传统化石能源的拐点已经到来。

作为成立超过70年的国有企业和"一带一路"倡议的积极践行者，中机公司在全球持续推动绿色"一带一路"建设，在煤电等传统能源项目行业前景不断收缩的背景下，从环境、经济和社会三方角度考量，积极进行业务转型和模式创新，明确了将清洁能源作为国际工程服务板块的发展重点，致力于打造清洁能源产业，并在实践探索中确立了以"投建营退一体化"模式开展清洁能源业务的发展思路。2018年11月，首届中国国际进口博览会期间，中机公司与匈牙利合作伙伴签署战略合作协议，共同开发欧洲新能源市场。2019年4月，中机公司与匈牙利创新与科技发展部签署了总金额为10亿欧元的合作框架协议。经过两年的论证、跟踪和筹备，依托合作协议，中机公司投资兴建的匈牙利考波什堡100MW光伏电站正式破土动工。考波什堡光伏电站项目是中机公司以"投资、建设及运营一体化"模式在匈牙利投资建设的光伏电站项目，是匈牙利重要的可再生能源项目，并网运行后每年可发电1亿3千万度，节约4.5万t标准煤，减少12万t二氧化碳排放，可有利促进考波什堡市"重建绿色城市"的发展规划和匈牙利能源结构转型的发展目标。2021年1月，项目在考波什堡市并网发电，这个匈牙利乃至中东欧地区最大的光伏电站被列入匈牙利国家优先项目清单。作为中匈双边高度关注的清洁能源重点项目，该项目采用了真正意义上的项目融资，代表了中国最高水平绿色能源产品和技术与中东欧绿色能源需求的高度结合，2020年12月，匈牙利考波什堡100MW光伏电站项目入选《新时代的中国能源发展》白皮书典范项目并得到人民日报、新华社的连续追踪报道，2021年12月，项目故事《"鲜花之城"的绿色名片》成功入选由商务部组织编撰的《共同梦想》"一带一路"丛书，这张"绿色名片"为更多的中国企业"走出去"和讲好中国故事、传播好中国声音提供了有益借鉴。

7.4.2 双刃剑：新能源项目

当今世界正面临能源生产和消费革命，可再生能源替代化石能源已是大势所趋。通过提高可再生能源发电量在全社会用电量中的占比，逐步减少常规化石能源消耗，已成为全球范围内减少温室气体排放、应对气候变暖的重要途径。近年来，国内外的新能源市场已成为众所周知的"香饽饽"，世界各国在经济政策上大开方便之门，新能源市场不断扩大，越来越多的新能源项目吸引了来自各地的国际工程承包商与投资商。2022年是我国"十四五"规划落地实施、推进高质量发展的关键之年，"碳中和""碳达标"的提出更是对新能源发展注入了新的刺激。不可避免的是，白热化的市场必将掀起新的竞争狂潮，大量国际工程承包企业跑步进场，以EPC等方式拿到项目的同时，却不得不承受激烈竞争带来的利润压缩，也不得不去寻求新的承包方式，通过模式迭代升级来降低成本，在竞争中赢得头筹。随着新能源市场的发展，面对"群雄混战"的激烈竞争环境，中机公司新能源业务的发展也经历过路线选择、模式迭代升级等关键抉择。考波什堡100MW光伏电站项目作为中机公司第一个新能源"投建营一体化"项目，在开发初期也面临"以什么模式开发"的选择。

起初，公司对新能源投资还较为谨慎，希望以EPC工程承包为进入市场的切入点，以潜在承包商身份为开发商提供技术支持，帮助开发商寻找投资人，全过程没有资金投入，也不承担开发和投资风险。但是倘若以这种模式开发项目，公司的参与度将会大大降低，给开发商和投资人带来的价值回报也会大打折扣。投资人希望收益最大化，但中机公司贡献出的技术支持并不能确保公司获得这一项目承包机会。随后，中机公司尝试以小股权带动EPC模式，即公司少量参股参与项目投资，以获取这一项目工程承包业务。可以往的实践经验证明，假如选择这种模式，公司在开发和投资中就会失去决定权，对项目进展的控制力也会微乎其微，小股权参与所做出的贡献也不足以使大股东许诺公司承包这一项目。

在这种情况下，项目开发一度陷入僵局，开发商开始与其他潜在投资商进行接触。在中机公司首个新能源项目是否能够开局的关键时刻，公司领导带领各职能部门负责人奔赴匈牙利现场，对当地经营环境、法律框架以及项目情况进行了深入调研，最终确定了以"投建营一体化"参与项目的模式进行开发，由中机公司作为大股东收购项目，开展投资并进行后续建设和运维。"沉舟侧畔千帆过，病树前头万木春。"路线确定后，项目各方面关系可以说"豁然开朗"，各方面进展顺利，仅仅3个月时间，便完成了项目收购，随后也顺利完成投资和项目融资，项目也成功并网发电投入商业运营。

随着市场的发展和大量国际工程承包企业的涌入，考波什堡项目的收购项目牌照模式逐渐失去了竞争力，新能源项目价格不断上升，开发权溢价挤压投资收益，优质项目出现多家竞购局面，开发商要求必须在短时间内做出决策，这些都对刚刚进入新能源市场的中机公司提出了更高的要求。

因此，为了缩短决策时间，提高决策效率，中机公司应市场发展要求，主动将开发工作进一步前移，同时参与项目绿地开发。但问题在于，绿地开发与中机公司的传统业务模式相比存在很大不同，其中的变化也更加多端，这些都要求更高质量、更高效率的项目审核、评估和决策程序。

首先，参与绿地项目开发，多是在项目还没有形成资产时以收购项目公司的方式进行。作为一家国有企业，即使收购空壳项目公司，也涉及国资审批和处置流程，现有政策和规定不能完全适应业务发展；其次，绿地开发存在一定开发风险，而且要求前期的开发费用投入，与传统的项目开发方式存在较大区别；最后，公司与开发商的合作没有一定之规，不同市场、不同项目和不同的开发商都有不同的要求，交易结构复杂，又涉及股权合作，对于项目审批也有了更高的要求。

总而言之，在新能源项目开发过程中，国际工程承包企业的决策者特别是公司领导和业务管控部门要充分认识到企业决策链、决策时间和决策效率在新能源、清洁能源项目开发过程中的决定性作用，通过不断研究政策和法规要求，根据业务实际制定评审和决策流程，不断改进决策和审批程序，才能在瞬息万变的新能源市场抢抓机会，在白热化的激烈竞争中捷足先登，立于不败之地。

7.4.3 市场化的商业模式迭代

结合考波什堡项目的成功运作经验，中机公司对新能源发电业务建设周期短、可变现能力强、资本市场青睐度高、电力可就地消纳等诸多方面优势进行了深入研究，以持续不变的"改革创新"魄力，在国际工程承包业务和传统电站业务竞争不断激烈化，行业前景不断收缩的背景下，抢抓国际高端市场能源结构调整机遇，稳步扩大以欧洲市场为重点的全球新能源市场布局，明确提出了打造新能源产业集团的战略目标，积极进行业务转型和模式创新。2019年底与欧洲知名项目开发商在英国成立了新能源绿地项目发起平台ACI，正式涉足绿地开发领域，为中机公司在欧洲新能源市场的长远发展抢得先机。

依托ACI平台的搭建，项目团队克服项目所在国疫情及相关国别政策变化等不利因素，经1年多的不懈努力，在意大利和西班牙等重点国别市场形成超过3GW的项目储备，其中意大利锁定450MW项目，西班牙锁定350MW项目。2021年4月，ACI平台与意大利新能源技术咨询和项目开发领域头部企业GreenGo签订收购协议完成245MW光伏绿地项目的收购，并就后续1GW+新能源项目的合作开发签订框架协议。该项目的签约标志着中机公司与欧洲顶级新能源企业合作又迈上了一个新的台阶，为中机公司加速形成自身在欧洲新能源领域的规模、品牌和信誉有着重要的意义。该项目的实施，预计将减少86万t温室气体排放，为改善所在国能源结构及实现可再生能源利用目标发挥突出作用。

如果我们把考波什堡项目这种通过收购牌照公司实现项目的投资建设和运营的方式称为1.0模式，那么ACI平台这种与跨国企业组成联合体进行区域连片开发、绿地褐地投资的方式则可以定义为新能源项目2.0模式，下一步，中机公司正在与国际知名投行、险资等财务投资人深入探讨通过成立新能源开发基金获得更广泛的融资渠道和更高的杠杆率，在全球范围内成规模地开发新能源项目的3.0模式。

在全球化和国际化高度发展的当今，中国企业国际工程承包业务已经与最市场化的商业版图短兵相接，唯有在商业模式创新和迭代速度上跟上潮流，才可能在激烈的国际竞争中稳操胜券、进退自如。

7.4.4 新能源之路

中机公司将坚持"市场开发+资本运作+能力建设"的系统性谋划，牢固占据产业链优势环节，持续提升产业化发展能力。依托项目开发的国际化（包括运作经营的属地化），夯实在产业链优势环节的竞争能力。在此基础上，通过并购、合资等资本化手段，进一步提高对产业链高端环节（如核心技术、设计咨询）的把控能力。同时有效协同设备制造、施工等低附加值环节，保有对产业链低端环节的整合能力，实现集成化发展，进而形成"占据关键环节+控制全产业链条"的纵向一体化发展模式，构建中机公司新能源业务生态圈，提升全产业链整体竞争实力，为市场提供"一揽子综合解决方案"。

1.联合高端伙伴开发高端市场

以匈牙利考波什堡项目及ACI平台系列项目为基础，坚持"立足匈牙利、深耕中东欧、辐射西南欧"的市场开拓思路，同Alleans、GIG、GreenGo等合作伙伴共同开发第三方市场，以西班牙、意大利为重点市场实现率先突破，逐步向区域内周边市场延伸和辐射，从而使中机公司从单一市场的影响力扩展至欧洲和全球市场，推动实现国际知名光伏项目开发、投资建设商的发展目标。

2.联合国际资本打造投资平台

积极探索通过投资公司方式建立国际资本融通平台，发挥央企优势，拓宽融资渠道，降低融资成本，真正成为中机公司乃至通用技术集团全球绿地项目开发及投资带动EPC的资本引擎，为实现"多项目并进"提供资金保障。积极尝试联合国际组织、投行、险资等机构，共同出资设立"母基金"作为启动资金。以"母基金"出资，联合国际知名的、具有影响力的投资集团、工程企业、金融机构等经济主体，针对不同项目设立系列"子基金"，进一步放大权益型融资规模。以"子基金"作为项目资本金出资，依托项目进行债权融资，撬动社会资本，满足项目投融资需求。

3.通过技术提升掌控关键核心技术

通过战略联盟、并购、合资、独家授权等方式，获取新能源发电、储能、输送等国际先进、关键核心技术的使用权或知识产权。在业务逐步发展过程中，积极探索"物联网+"等数字信息技术的应用，打造全球新能源工程云网，全面提升项目精细化管理能力。

4.借助服务输出形成可复制的项目专业运营能力

以"投融建营一体化"模式开展项目，项目运营是产业链的重要一环，通过项目投资建设，打造项目运营团队，不仅可以保证投资项目的可靠运营带来稳定收益，在形成一定的规模和能力后，亦可将专业化的项目运营打造为一个专业版块。通过能力复制与服务输出，为更广泛市场中的新能源电力项目提供优质运维服务，从而获得稳定项目收益。

7.5 星辰大海：国际战略永无止境

中机公司是通用技术集团国际化经营的主要承担者和体现者，同时国际化也是公司差异化竞争的主要优势。"十四五"期间，中机公司将持续关注地缘政治风险和疫情带来的不确定性，充分发挥国际市场排头兵的带头作用，力争成为国内国际双循环的重要载体。业务方面，不断强化社会资源丰富和商务集成能力强的长板优势，把绿色低碳业务作为战略业务加快培育，以绿地开发能力为核心手段大力开拓清洁能源发电业务，以国内国外资源整合为主要抓手推动国际产能合作，充分发挥自身优势，形成以绿色发展为底色的国内国际双循环相互促进的新发展格局。此外，中机公司将围绕"工程服务"和"产能合作"两大领域构建具有"产业链、价值链"特征的发展主线，为建设"五个通用"、实现"国际化新中机"目标建立长期稳固的产业基础。

工程服务方面，中机公司将加强项目规划咨询、投融资、工程建设、项目管理等方面的能力建设，向集规划、投资、建设、运营、退出的一体化工程服务模式转型。以清洁能源为业务核心，以欧洲市场为切入点，通过自有资本、海内外基金、发行债券等融资手段，与国际伙伴共同推进第三方市场绿地项目开发，形成以新能源发电为核心，涵盖传统能源升级改造、输变电等多种业务组合的清洁能源业务体系；同时，参与、分享"一带一路"国家工业化和城镇化发展红利，持续提升工业和基建工程承包业务的规模和盈利能力。

产能合作方面，中机公司将以车辆业务为核心，会同国内厂商联合出海，打造汽车国际产能合作综合服务平台，拓展产业发展新空间；发挥贸易服务供应链优势，加强汽车供应链平台建设；通过新技术、新模式、新业态，积极探索创新业务，进一步丰富产业生态，满足客户一体化需求，提升综合服务能力。

未来，中机公司将进一步聚焦主责主业，坚持市场为导向，以资本为引领，以"专业化、属地化、协同化、滚动化"发展为核心，聚焦工程服务和产能合作，以清洁能源、泛交通基础设施、车辆业务国际产能合作为业务主支撑，以加快培育绿色低碳业务为转型方向，立足国际化定位，积极融入国内大市场，逐步形成以工程服务和产能合作两大主业为核心，以绿色发展为底色的国内国际双循环发展格局，努力打造具有"四有"特征的"国际化新中机"，为全球经济发展贡献中机智慧、中机方案、中机力量，成为"一带一路"繁荣共建者、全球资源配置参与者，为通用技术集团建设"具有全球竞争力的世界一流企业"做出更大贡献。

参考文献

[1] 沈传亮.中国对外开放战略的历史演进[J].辽宁师范大学学报（社会科学版），2014，37（2）：155-163.

[2] 李淑静，贾吉明，王秀丽."一带一路"背景下我国对外工程承包企业"走出去"研究[J].现代管理科学，2015（7）：15-17.

[3] 黎平，邓小鹏，李启明，袁竞峰.国际工程承包市场十年回顾：1997—2006[J].建筑经济，2008（3）：19-24.

[4] 肖军，刘玉明.我国国有企业从事境外工程承包业务的现状及发展趋势研究[J].建筑经济，2016，37（8）：15-19.

[5] 何伯森.培养国际工程管理人才：思路与途径[J].国际经济合作，2007（1）：45-49.

[6] 何伯森.国际工程管理人才的培养[J].天津大学学报（社会科学版），2002（4）：358-361.

[7] 沈文欣，唐文哲，张清振，王姝力.基于伙伴关系的国际EPC项目接口管理[J].清华大学学报（自然科学版），2017，57（6）：644-650.

[8] 雷小苗.正视文化差异发展文化认同——跨国公司经营中的跨文化管理研究[J].商业研究，2017（1）：13-18.

[9] 王鹏.日本综合商社模式分析及其对我国创业投资发展的启示[J].科技进步与对策，2010，27（18）：66-69.

[10]杨冬，方咏，刘国田.海外公路勘察设计属地化团队的建设[J].中外公路，2015，35（S1）：14-16.

作者简介

康虎彪，通用技术集团国际控股有限公司董事长。历任中机公司矿电公司副总经理、中机公司能源工程事业部总经理、中机公司总经理助理兼能源公司总经理、中机公司副总经理兼能源公司总经理、中机公司副总经理、中机公司总经理、中机公司董事长等职务。康虎彪自九十年代中期以来深耕国际工程承包领域，拥有丰富的项目管理经验和卓越的战略判断能力，是公司大型国际工程项目的指挥者和企业国际化经营的重要领导者。

第3部分

案例分析对标与展望

本部分在第1部分研究理论，及第2部分单案例分析的基础上，8.1节总结提炼了六家企业国际化战略中的闪光点。进而，8.2节探讨了基础设施建设在"一带一路"倡议中的重要角色，点明"一带一路"进入转型期，呼吁新政体系与投融资体系的建设。8.3节则强调投建营一体化作为"一带一路"建设的主流趋势，需要新的风险评估、管理体系，来抵消发展中国家及地区的未知风险。8.4节探讨了国内国外双循环发展格局下，海外基础设施建设与国际承包行业的发展趋势。最后，8.5节回扣本书主题，即国际化战略反思与再造，点明当前时期的迷茫、挑战，强调国际化战略的优先性，力争实现国际化发展理念、国际竞争力及战略的再造！

第8章 战略反思与再造：中国基础设施企业国际化

8.1 基础设施企业"走出去"的典范

中国基础设施行业和基础设施行业"走出去"是中国经济改革开放到高速发展的缩影。基于新中国建立的完善的工业体系，和中国经济高速发展"三驾马车"之一的投资，中国成为全球唯一具有基础设施全领域和全产业链能力的国家，成为外国人眼中的"基建狂魔"。和改革开放同步，中国工程承包企业开始"走出去"。从改革开放到2000年的20多年间，中国国际工程承包从无到有，从小到大。本世纪初之后，随着中国经济的高速发展和外汇储备的快速增长，中国加大了资金"走出去"的力度。中国资金"走出去"和基础设施"走出去"在海外实现了完美结合，2009年中国国际工程承包开始问鼎世界第一。中国基础设施的强大实力和在国际工程承包领域的良好表现，为"一带一路"倡议的提出打下了坚实的基础，"一带一路"建设又给作为"一带一路"基石的基础设施行业"走出去"开足了马力，造就了中国基础设施行业"走出去"的黄金十年和"一带一路"建设的第一个高峰期，基础设施"走出去"成为中国的大国重器。

随着国内外大形势的变化，大致从2018年开始，国际工程承包从黄金十年进入了迷茫期，国际工程承包F+EPC等老模式渐行渐远，新模式尚未形成主流；撒哈拉以南和周边国家等"舒适区"市场容量萎缩，竞争激烈；中高端市场受国际化能力限制，中国企业步履维艰；作为基础设施行业硬实力的国际工程承包居世界第一（营业额）已十年有余，而作为软实力的设计咨询尚处于"走出去"的初级阶段。海外基础设施绿地投资多集中在周边国家，个别国家扎堆风险显现；基础设施项目并购以欧洲和拉美最多，老项目并购由于难以拉动中国成分出口而缺乏可持续性。"一带一路"建设急需模式创新，急需建立投融资新体系，国际工程建设行业也急需核心竞争力再造，整个基础设施行业国际业务都面临着战略反思和战略再造。

本书选取了六家企业的国际业务作为案例，分别是中国电建、三峡集团、海油工程、招商局、华为和中机公司。六家公司案例分别从不同角度对其国际战略及国际业务进行总结、剖析和研究，希望能为中国基础设施企业国际业务走出迷茫期，进入新一轮发展时期，提供借鉴；为"一带一路"建设从"大写意"向"工笔画"转型，进入高质量发展新阶段，建言献策。

8.1.1 国际业务集团化管控模式的创新与引领者——中国电建

中国电建几乎和新中国同时成立，是中国建筑企业的缩影，作为全球最大的电力建设企业和全球最大承包商之一，在世界各地建设了诸多里程碑和地标式的项目，在境外13个国家以绿地投资方式投资建设拥有17座电站（6389MW）。2020年在全球国际工程承包领域排名第7（中国公司第2），国际设计咨询领域居全球第16（中国公司第1）。本书第2章全景式介绍了中国电建国际业务集团化管控的实践和探索，为大型工程企业提供了一个很好的借鉴。中国电建国际业务集团化管控主要特点包括以下几个方面。

（1）集团化管控基因。中国电建的主要组成企业中国水电的国际业务从一开始就强调集团化管控，并借助国际业务的集团化管控加强集团对成员企业的凝聚力。

（2）管控探索和实践。从以"四个统一"为核心的加强国际业务集团化管控的成功经验，到向成员企业国际经营放权的"自主营销"的探索，再到在更高层面上以"五个统一"为核心、管办一体的集团化管控的回归。中国电建国际业务集团化管控走在了同行业的前列。

（3）组织变革和探索。中国水电和中国电建国际业务组织架构经历了多次变化和探索，包括提高国际部（国际公司）层级，国际部（国际公司）的部门曾和集团部门一个级别；从管办一体的"一套人马、两块牌子"到海外事业部和海外投资公司分设的"去行政化"；从区域总部试点到海外设立以事业部制的"五个中心定位"的全球六大区域总部；从区域总部和专业部门的矩阵关系到国际公司和成员企业的立体营销体系建设等等，中国电建国际业务在组织结构方面也积累很多经验和教训。

（4）制度与文化建设。在制度和文化建设方面，中国电建也积累了很多成功经验，包括区域总部、专业部门和成员企业一体化的指标体系，财务和资金中心化管理，集团化管控风险，"战略＋关键要素"管控和成员企业对海外部/国际公司的反向考核等等。

8.1.2 可再生能源"走出去"的先锋——中国三峡

三峡集团是中国基础设施投资管理型企业的典型。2009年完工的长江三峡工程为三峡集团积累了丰富的经验、强大的团队和一流的资金实力。以10年左右的时间，三峡集团在海外已经拥有30座电站，装机超过1700万kW（可控装机1005万kW，权益装机714万kW），境外资产总额约1700亿元。三峡集团已经成为一家国际著名的大型可再生能源投资与电力运营公司。三峡集团的国际业务发展经验包括以下几点。

（1）依靠海外并购，加速国际化进程。三峡集团抓住金融危机的机遇，成功并购葡萄牙电力，成为葡电单一最大股东。遂借助葡电的国际化能力，以并购为主的方式快速向说葡语的巴西以及和葡语近亲的西语国家秘鲁等拉美国家扩展。具有丰富国际经验的中国水电对外总公司（CWE）在并入三峡集团之后，不但向集团贡献了许多国际化干部，还在国际工程建设和水电站绿地项目开发方面，为三峡集团做出了贡献。

（2）和IFC等合资，高起点进入南亚电力投资。三峡集团和世行旗下的国际金融公司（IFC）及丝路基金合作成立南亚公司，以高标准和项目融资投资开发建设巴基斯坦等南亚国家水电绿地项目，为中国公司和国际金融机构合作树立了典范。

（3）并购和绿地建设并重，打造发输配一体化国际电力公司。依靠自身大型水电站建设管理能力，进入电源领域；依靠葡电和长江电力在电网方面的经验，进入输电和配电领域；依靠CWE和三峡建设的能力，加强绿地项目的建设管理，三峡集团已成为一家国际著名的发输配一体化的电力公司。

（4）重视国际化人才使用。三峡国际和南亚公司等主要领导大多来自外部并购的小但具有丰富国际经验的中国水电对外总公司（CWE）。一个几百人的小公司进入一个大型集团，其干部团队得以重用，足以证明三峡集团对国际化人才的重视。

（5）注重境内外资本运作。从境内外成功发债到联合社会资本设立境外清洁能源投资基金，从项目融资到境外贷款，三峡集团都积累了丰富的经验。

8.1.3 中国海上油气工程的领导者——海油工程

海油工程是中国海洋工程的领导者，中国唯一集海洋石油、天然气开发工程设计、陆地制造和海上安装、调试、维修以及液化天然气、炼化工程为一体的大型工程总承包公司，也是亚太地区规模最大、实力最强的海洋油气工程EPCI（设计采办建造安装）总承包商之一。海油工程的国际化具有以下特点。

（1）具有国际化基因，起点高。改革开放之初，国家就决定将海洋石油工业作为特区，实行对外开放。中国海洋石油总公司成立之初便决定将老埕北油田封井停产，投入与日本石油株式会社的合作开发。此后又在国内油田和多家欧美石油巨头合作，学习和掌握了国际先进的装备和技术，建立了与现代海上石油建设开发相适应的管理体系和团队，在家门口打造出强大的国际化基础。

（2）集设计、制造、设备、技术和管理等于一身。全产业链发展，40多年的国际合作和近30年的国际工程经验，这在央企二级单位中是少见的。

（3）以母公司业务为基础。海油工程是中国海洋石油总公司（中海油）旗下唯一工程公司，有中海油的工程业务为基础，纵向一体化。手中有粮，心中不慌，拓展国际业务有底气。

（4）适应国际海油行业的竞合传统。国际海上油气工程行业具有竞争合作的传统，竞争对手清晰，合作渠道畅通，这和其他国际工程行业是个很大的区别。

（5）海上风电，潜力无限。海油工程丰富的海上施工经验和强大的海上设备能力，给进军海上风电打下了坚实的基础。

8.1.4 中国高科技和国际化经营的杰出代表——华为

自1996年提出全球化战略，经过25年的历程，华为已经成长为今天拥有19.4万员工，业务遍及170多个国家和地区，服务30多亿人口的行业全球领先企业。任正非以超凡的企业家能力，形成了华为一以贯之和与时俱进的战略和文化，形成了自成一体的企业家战略学派，走出了一条属于自己的国际化之路。以下做法值得有志国际化经营的企业参考学习。

（1）"农村包围城市"的国际化之路。华为走出了一条渐进式国际化道路，先进入技术壁垒较低的发展中国家，利用中国在发展中国家的影响力开拓市场，"以国家品牌提携企业品牌"，然后以合资和分享利益的方式进入中高端市场，最终成为高度本土化的本地企业，即华为所称的"土狼战术"。

（2）"三化理论"（先僵化，后优化，再固化）。"先僵化"是指向西方学习，同时改掉东方人不适合国际化的思维和文化；"后优化"是指管理上不能完全搬用西方模式，而是要结合实际情况，打造华为特有的模式；"再固化"则是指制度流程体系要规范化和标准化。

（3）使用外脑，再造战略和流程，塑造国际化观念和文化。自1996年起，华为先后邀请了IBM、埃森哲、普华永道、美国合益、日本丰田等多家国际知名咨询公司，帮助其构建研发、供应链、财经、市场以及人力资源等方面的管理体系。华为以大手笔构建了与西方公司十分接近的制度流程体系，为其立足于全球市场提供了根本性支撑，同时对建设开放的国际化企业文化起到了很好的作用。

（4）极具特色的管理与决策体系。华为借鉴西方政治制度中立法权、司法权和行政权相对独立的做法，形成具有华为特色的高效决策与权力制衡相结合的管理和决策体系。华为建立了轮值CEO制度，高层管理者轮流掌权，没有谁拥有绝对的职位。3级部门以上的组织均成立办公会议、行政管理团队以及跨部门委员会。办公会议负责部门日常业务运作，强调首长负责制，注重效率；行政管理团队主要负责人力资源相关工作，如干部任命等，强调集体决策，注重阳光和公平；跨部门委员会侧重于务虚，对重大决策有否决权，关注公司的未来发展方向。

（5）人才培养和文化建设。华为十分注重人才培养，不但以高薪和优渥的福利待遇招揽了大批行业精英，还给予优秀员工公司股权，提高员工的凝聚力，形成"荣辱与共"和"以奋斗者为本"的公司文化。目前华为98%以上的股份以激励的方式分配给了员工。同时，华为采取严苛的末位淘汰制，倒逼人才与时俱进，保持创新活力。

（6）高强度科研开发。2019年华为研发费用为185亿美元，营收占比15.3%，在全球排名第三。华为研发力度已经远远超出通常企业的技术研发，大规模进入基础研究领域，使其在5G等技术领域在全球处于领先地位。

8.1.5 做世界一流的港口综合服务商——招商港口

招商局是中国民族工商业的先驱，招商港口是招商局集团践行"一带一路"倡议和建设大湾区战略的实施主体。2007年底招商港口明确提出了海外业务发展战略，2010年成功并购尼日利亚庭堪国际集装箱码头（TICT），2011年投资建设斯里兰卡的科伦坡国际集装箱码头（CICT），2013年以4亿欧元收购法国达飞海运旗下全资子公司 Terminal Link 49%的股权（包括海外15个码头资产），2015年提出"成为世界一流的港口综合服务商"的发展愿景。秉承着"共商、共建、共享"的原则，近年来招商港口以其专业的国际化投资和管理经验，已迅速成长为世界一流的港口综合服务商。截至2020年，招商港口已投资布局六大洲，25个国家的50个港口，形成了全球化的产业网络，公司港口货物总吞吐量位居全球第一，集装箱权益吞吐量位居全球第二。招商港口的国际化经验可以概括为以下几点。

（1）国际战略清晰。由于港航业是个高度国际化的行业，招商港口的愿景是成为世界一流的港口综合服务商，招商港口建立清晰的国际化战略和全球布局。面对不同的区域市场，招商港口始终保持海外业务布局的前瞻性，并兼顾未来码头运营的协同和网络效应。始终跟随行业发展趋势，以经贸、客户和政策为导向寻求目标区域的业务拓展。

（2）绿地投资和并购并举。绿地投资以招商港口控股（85%）以BOT模式中标投资建设的科伦坡国际集装箱码头项目（CICT）为代表，并购项目则以收购法国达飞Terminal Link 49%的股权为代表。根据不同项目特点，灵活选取投资方式，使得公司更好地适应了国际市场的发展规律。

（3）秉承"共商、共建、共享"的原则。招商港口在国际化竞争合作方面，始终践行人类命运共同体理念，坚持市场化运作，力争实现多方共赢。正是基于"命运共同、融合共赢"这一理念，招商港口始终坚持用诚意和企业社会责任感与东道国形成利益共同体。在吉布提、汉班托塔、老挝等众多项目中，招商港口始终致力于为东道国打造产业"造血功能"，坚持"授人以鱼更授人以渔"的理念，充分考虑和维护东道国的利益。

（4）国际化的"港—产—城"综合开发能力。招商港口结合海外区域特点，积极开展海外综合开发业务，将"前港—中区—后城"模式成功移植海外。吉布提自贸区、斯里兰卡汉班托塔港临港工业区、老挝赛色塔等系列海外综合开发项目取得标志性进展，"前港—中区—后城"的蛇口发展模式走向了世界。

（5）坚持自主科技创新。在海外服务拓展延伸方面，"招商芯"是招商港口构建世界一流数字化体系打造的智慧信息业务平台，其系列产品涵盖集装箱、散杂货等TOS系统及园区运营管理系统，是全球先进的港口运营操作系统之一，先进的数字产业化技术，再加上全球港口网络布局，使得招商港口在全球运营中具有更加完善的港口生态。

（6）专业的建设运营能力。专业的基础设施建设能力是招商港口海外项目得以成功启动的重要基石，而高效的运营管理能力则是公司得以在海外取得成功的核心竞争力。

（7）健全的国际化公司治理机制。为更好地落实海外发展战略，有力地开拓海外业务，招商港口先后在总部层面成立海外业务部等职能部门，给予海外业务以组织上的保障。此外，招商港口以重点项目为载体设立了海外代表处，联合处理相关区域项目发展问题。除此之外，还构建了一套良好的海外公司治理机制，从决策、审议、运营、监督、廉政等方面，搭建了规范的国际化管理制度。

（8）注重海外员工激励关怀。在团队考核与激励方面，招商港口始终坚持目标责任导向。在考核方面，遵循"先予后取"的原则。在激励方面，完善海外外派人员的津贴补贴，协助海外项目实施项目激励方案，充分调动海外员工的积极性、主动性和创造性。在关爱海外员工方面，招商港口时刻关注员工需求，关爱员工身心健康，帮助员工平衡海外工作与生活，增强员工对公司的归属感。

8.1.6 窗口公司转型的典型——中机公司（CMC）

中机公司（CMC）是中国外经领域窗口公司的缩影，走出了从工程承包，到F+EPC，再到投资开发运营，实现由工到商的转变，从外经窗口到实体投资运营公司的转变。中机公司以下几点令人印象深刻。

（1）早期工程承包的成功。1994年成功签约孟加拉国第一座现代化煤矿——巴拉普库利亚煤矿工程（1.95亿美元），创造了中国对外承包的多个第一。施工完成后，又承接了该项目的运维。2011年与法国阿尔斯通公司组成联合体中标马来西亚曼绒100万kW超临界燃煤电站EPC合同（16亿美元）。该项目联营伙伴是法国阿尔斯通，土建分包是马来西亚MCB公司，设计为山西省电力院，安装为电建山东二公司，采购分包为美国Black & Veatch，运行为中国电力工程公司，业主工程师是日本东京电力。经过4年多的合作努力，项目顺利实现移交。

（2）加速向投建营一体化转型。2020年底与孟加拉西北电力公司联合投资的孟加拉帕亚拉2×660MW超超临界燃煤电站投入商业运营，成为中国在孟加拉第一个远超世行排放标准的高效燃煤机组。欧洲新能源成绩斐然，在匈牙利投建营一体化的考波什堡100MW光伏电站进入商业运行；联合欧洲公司，在意大利和西班牙分别锁定450MW和350MW光伏电站项目资源。

（3）国际化新中机。中机公司确定其核心产业为"工程服务"、"产能合作"和建立长期稳固的产业基础。在工程服务方面，向集规划、投资、建设、运营、退出的一体化工程服务模式转型。以清洁能源为核心，以欧洲市场为切入点，通过自有资本、海内外基金、发行债券等融资手段，与国际伙伴共同推进第三方市场绿地项目开发，打造以新能源发电为核心，涵盖传统能源升级改造、输变电等的清洁能源业务体系。在产能合作方面，以车辆业务为核心，会同国内厂商联合出海，打造汽车国际产能合作综合服务平台，拓展产业发展新空间。

六个案例中的六家企业是中国基础设施行业的典型代表。中国电建源于国家部委、后重组整合，是中国大型建设类企业的代表；三峡集团是改革开放和中国经济高速发展诞生的基础设施投资管理型企业的典型；海油工程是诞生于改革开放、进军国际海上油气工程市场的先锋；招商港口是中国民族工商业的代表，是中国布局全球港口和港口服务的榜样；华为是中国高科技企业和全球化经营的明珠，已成为中国民族工业的骄傲；中机公司既有厚重的历史，又能站立创新转型的潮头，是窗口公司转型的先行者。六家企业业务不同，国际化模式不一，案例也各有侧重。六个案例对中国基础设施企业国际化之路的实践、探索和经验进行总结，希望为中国基础设施企业国际化之路提供借鉴，更希望为中国基础设施行业建成世界一流企业添砖加瓦。

8.2 基础设施与"一带一路"

8.2.1 世界唯一具有基础设施全领域和全产业链能力的国家

经过几十年大规模基础设施投资和建设，中国已建成了世界上一流的基础设施。截至2020年底，中国高速公路总里程16.1万km，超过国土面积类似的美国的12.6万km，位居世界第一。全国铁路营运里程14.63万km，位居世界第二。高速铁路运营里程达3.9万km，占全球70%。中国电力装机20亿kW，远远超出世界排名第二的美国（11.2亿kW）。中国建成5G基站81.9万个，占全球的70%以上。2020年中国建筑业产值为26.4万亿元，占全球建筑业产值的1/3。在中国建成世界一流基础设施的同时，中国也成为世界唯一具有基础设施全领域和全产业链能力的国家。

中国基础设施行业"走出去"（国际工程）走过了40多年的历程，大致可分为三个阶段，1.0版时期（1979—2006年），2.0版时期（2007—2017年）和3.0版时期（自2018年起）。1.0版时期是国际中国基础设施行业"走出去"从起步到发展的阶段。1984年中国建筑率先入选ENR"国际承包商250强"榜单。2006年中国共有49家企业入选ENR"国际承包商250强"榜单，国际业务总营业额合计为163亿美元，占250强的7.3%，在美德法日之后居第五位，中国交建和中国建筑进入前20（分列14和18位）。1979—2006年间，我国对外承包工程累计完成营业额1658亿美元，小于2019年一年我国对外工程承包完成的营业额（1729亿美元）。1.0版时期的中国国际工程有以下几个特点：①以现汇竞标项目为主；②以亚洲市场为主；③核心竞争力以价格优势和吃苦耐劳为主；④员工对参与国际工程具有很高的积极性；⑤建筑类企业对国际业务的重视程度逐步提高，早期以窗口公司为主，实体公司逐步实现超越。

2006年11月中非第一次峰会在北京举行，中国加大了资金"走出去"的力度，标志着中国基础设施行业"走出去"（国际工程）进入2.0版时期。2.0版时期是中国基础设施"走出去"的黄金十年，国际工程也成了中国的大国重器。2007—2017年，我国对外承包工程完成营业额从406亿美元增长到1686亿美元，年复合增长率为16.5%。根据ENR"国际承包商250强"榜单数据，2007年我国入选企业54家，国际业务总营业额为227亿美元，占比7.3%，排名第7；2009年我国入选企业54家，国际业务总营业额为506亿美元，占比13.2%，第一次问鼎。2012年和2013年排名被西班牙和美国超过，此后，中国排名一直位居第1。2017年入选企业为69家，国际业务总营业额为1141亿美元，占250强的23.7%，入选企业国际业务总营业额是2006年入选企业的7倍，中国交建、中国建筑和中国电建进入前十。2007—2017年入选ENR"国际承包商250强"榜单中国企业国际业务营业额年复合增长率为19.2%。

国际工程黄金十年还是"一带一路"倡议的提出和第一个建设高峰时期，国际工程2.0版的后半段和"一带一路"建设1.0版时期重合。国际工程黄金十年，也是中国基础设施行业海外投资（特许经营）起步和发展的十年。中国基础设施海外投资分为两大类，第一类是以中国电建和中国交建为代表的建筑类企业以海外基础设施投建营一体化为主，第二类是以国家电网和三峡集团为代表的投资管理型企业则以海外项目并购为主。从地区上看，中国基础设施海外绿地投资项目集中在周边国家，以巴基斯坦、老挝、孟加拉国、缅甸、印度尼西亚、柬埔寨等国为主；并购项目则以拉美和欧洲为主，包括巴西、秘鲁、智利和欧洲多国。

2.0版时期的中国国际工程和1.0版的"一带一路"建设有以下几个特点：①中国资金在这个时期扮演着极其重要的作用，F+EPC模式成为主流。②随着中非金融合作的加强，非洲在2008年超过亚洲成为中国国际工程的最大市场。随着"一带一路"建设的深入推进，亚洲在2016年超过非洲，重回中国国际工程第一大市场地位。③由于中国资金不仅推动国际工程的高速发展，还给中国企业带来了良好的合同条件和难得的履约环境以及优异的经济效益。④融资能力和公关能力成为这个时期中国工程企业的核心竞争力。⑤建筑企业进入实施国际业务优先战略时代，基础设施投资类企业国际业务从起步到进入第一个高潮。

作为软实力的中国设计咨询行业"走出去"远远落后于作为硬实力的工程建设行业。从中国入选ENR"国际设计公司225强"的情况看，中国入选企业的国际营业额占比不足6%，远远小于工程建设的1/4的占比，唯一进入前20排名的中国企业是中国电建。中国设计咨询企业的国际业务主要有两类，中国EPC项目下的设计工作和设计咨询单位自己做EPC，为国际机构、项目所在国及外国企业等第三方所做的设计咨询工作很少。

除基础设施企业国际优先战略的实施和国际团队的努力外，成就中国国际工程黄金十年的主要原因包括以下两点。一是中国金融"走出去"和"一带一路"倡议。2005年政府工作报告中提出加大对企业对外投资和跨国经营的"信贷、保险外汇"等支持力度，进出口银行、中信保和国开行相继加大了对外贷款的力度，政府还专门制定了优惠贷款和优惠买方信贷政策和资金安排，金融危机后还及时推出了"出口信用保险支持成套设备出口"经济刺激计划和绿色通道机制，中国对外贷款快速增加。根据世界银行和波士顿大学的统计数据，中国进出口银行和中国国家开发银行两家政策性银行对外贷款在2009年达到第一个峰值620亿美元，在2016年达到第二个峰值750亿美元，远远超出世界银行集团当年贷款额。中国金融"走出去"和基础设施行业"走出去"实现了完美结合，国际工程（海外基础设施）成为大国重器。二是良好的国际环境。包括苏联解体后的这一轮全球化，全球经济增长，中国加入WTO，发展中国家进入新一轮借债高峰等。2008年的全球金融危机和此后的欧债危机造成了西方势力的弱化，也给中国企业和中国资金带来了机遇。

2018年，习近平主席在推进"一带一路"建设5周年纪念会上提出"一带一路"建设从"大写意"进入"工笔画"时代。这标志着"一带一路"建设开始进入2.0版时代，国际工程也开始进入3.0版时代。

8.2.2 "一带一路"建设成效巨大

1.基础设施行业的国际属性

发展中国家基础设施的严重短缺和发达国家基础设施的更新换代构成了基础设施的巨大市场，作为基础设施行业组成部分之一的建筑业是全球最大的行业。2019年全球建筑业GDP为11.4万亿美元，占当年全球GDP的13%。

基础设施行业具有如下特点：一是基础性和先行性。基础设施所提供的公共服务是现代经济和社会活动不可缺少的，而且应该先于其他行业。二是生产的当地性。基础设施工程必须在当地生产，无法通过贸易进口。三是配套完整性。通常情况下，基础设施只有达到一定规模时才能提供服务或有效地提供服务，比如电力系统至少包括发电厂、输电系统和输配网络等。

基础设施生产过程具有很强的本土性，同时还具有较强的国际属性。造成基础设施国际属性的原因，一是基础设施资金需要量巨大，一般超出发展中国家的能力，需要发达国家和国际社会资金介入。二是大型基础设施工程往往技术复杂，需要国际大公司参与投资和建设。三是不少基础设施是跨国和地区性，需要多国联合完成。

人类历史上，基础设施国际属性有两个著名案例：一是1947年美国发起的马歇尔计划（欧洲复兴计划），二是2013年中国发起的"一带一路"倡议。在马歇尔计划下，美国资金和企业大规模进入欧洲，帮助欧洲战后重建，尤其是基础设施的恢复重建，为欧洲战后经济恢复和发展发挥了重要作用，也加强了美国超级大国的地位，对美欧关系、东西方冷战和世界政治格局产生了深远的影响。"一带一路"倡议实质上是一个全球基础设施倡议，"一带一路"建设正在对全球经济和人类命运共同体建设发挥着重要作用，也在影响着全球地缘政治。随着世界进入百年未有之大变局，"一带一路"倡议在人类命运共同体建设和中华民族伟大复兴中将发挥更大的作用。

除"一带一路"倡议和马歇尔计划之外，和基础设施相关的全球性和区域性倡议还有不少，比如联合国《2030年可持续发展议程》，其17个发展目标中，有4项是基础设施方面的目标，有一半以上目标和基础设施直接相关。此外，还有欧盟"全球门户（Global Gateway）计划"，以及世界银行发起的"点亮非洲（Lighting Africa）"等。

多边开发性金融机构是"二战"之后建立的全球治理体系中的重要组成部分，如世界银行集团、亚洲开发银行、欧洲复兴开发银行、非洲开发银行和泛美银行等，其目的就是为改善民生、创造就业的项目提供融资支持，尤其是为各类基础设施项目提供金融支持。中国近年成立和牵头成立的新金融机构，如亚投行、新开发银行、丝路基金等，其主要任务更是聚焦于帮助发展中国家开发基础设施。

改革开放之前，中国工程建设管理体系是高度的计划经济，没合同、没业主、没监理，一切都是行政安排。改革开放后，随着世界银行资金的使用，在引入了国际通用做法的同时，逐步形成了具有中国特色的工程建设管理体系。水电站是中国利用世界银行资金的重要领域，包括鲁布革、二滩和小浪底水电站在内的世行资金项目都是西方公司牵头和中国水电建设单位合作建设，这些建设工地成了中国水电建设单位家门口的国际学校，为中国水电行业培养了一批国际化人才。1987年8月6日《人民日报》头版头条发表题为《鲁布革冲击》的长篇通讯，介绍了日本大成公司在鲁布革的表现对我国传统的投资体制、施工管理模式乃至国企组织结构等带来的挑战，对中国建筑业产生了巨大影响，拉开了中国建设管理体系和施工管理体系改革的大幕。

2. "一带一路"建设成效巨大

自习近平主席2013年提出"一带一路"倡议，已经经过了8年时间。短短的8年时间，"一带一路"建设取得了举世瞩目的成绩。一是政策沟通不断深化。中国已与138个国家和31个国际组织签署了201份共建"一带一路"倡议合作文件。二是设施联通成效巨大，"六廊六路多国多港"互联互通大格局初步形成。如，中老铁路成功通车运营，雅万高铁进展良好；瓜达尔港和汉班托塔港为当地和国际物流发挥着重要作用；一大批电站为当地社会经济发展提供源源不断的电力；2021年前三季度，中欧班列共开行1.13万列，发送109.3万标箱。三是贸易与产能投资合作不断深化。四是金融服务领域合作得到加强。中国金融机构和中国牵头成立了亚投行、新开发银行、丝路基金等一批新金融机构，为发展中国家经济和社会发展，尤其是基础设施建设，提供巨量的资金支持。五是增进民心相通。中国通过实施民生援助，加大人文交流、文化合作，形成相互欣赏、相互理解、相互尊重的人文格局，筑牢共建"一带一路"的社会基础。

正是由于"一带一路"建设取得丰硕成果的示范作用，也由于我们强有力的宣传工作，包括我们已经召开了两届"一带一路"峰会，多届中非峰会、中拉峰会和中国中东欧"16+1"峰会等，还有我国已经签订的201份双边和多边共建"一带一路"倡议合作文件，众多发展中国家对中国充满期待，对"一带一路"建设充满期待，对中国资金充满期待。

8.2.3 "一带一路"建设进入转型期

"一带一路"建设1.0版的主流商业模式是"主权借款（担保）+EPC"（F+EPC）。该模式的特点是项目所在国财政部作为借款人或担保人，中国金融机构（包括中信保）作为贷款人，中国工程企业作为项目EPC承包商。F+EPC模式有以下主要特点：一是两国政府主导项目的选择以及为该项目提供的贷款种类和贷款条件。二是中国企业承揽项目EPC建设，但不承担还贷责任，一般也不承担项目运行和维护责任。F+EPC模式的优点主要包括：一是效率高；二是对社会和民生项目的建设十分有利；三是对项目所在国社会和经济发展具有立竿见影的效果。

F+EPC模式在"一带一路"建设1.0版时期发挥了重要作用，为项目所在国的政治稳定、社会和经济发展起到重要作用。但该模式也具有局限性，缺乏可持续性，一是受到项目所在国主权借款能力的限制，也受中国资金能力和融资单一的限制。二是项目选择缺少保障项目经济效益的动力和机制。政府缺乏对项目经济效益的评判能力；承包商关注的是EPC效益，缺少关注项目经济效益的机制和动力；金融机构关注的则是借款国的主权安排和中国政治外交需要。无论是站在中国还是站在项目所在国角度看，F+EPC模式都难以大规模持续，无法继续担当"一带一路"建设的主流模式。我们急需找到能够满足中国和项目所在国实际和可持续的"一带一路"建设的新模式，推动"一带一路"建设从"大写意"进入"工笔画"高质量发展转型的新模式。

自2018年以来，中国国际工程行业的增速明显放缓，甚至下滑，这也和国内外政治经济大势密切相关。波士顿大学和世界银行的报告显示，中国进出口银行和国家开发银行两家政策性银行2019年对外融资40亿美元，是2016年750亿美元的1/20左右。2020年初突如其来的疫情对全球政治经济的影响更是始料未及，也严重影响着中国国际工程行业。2020年我国国际工程新签合同额同比下降1.8%，营业额同比下降9.8%。这个数据应该还是企业把历年的储备拿出来之后的结果。F+EPC的大幅减少等原因使中国国际工程进入了一个迷茫期，国际工程企业也期待着商业模式的创新和突破。

8.2.4 "一带一路"建设新政展望

在百年未有之大变局的今天，在"一带一路"建设环境日益复杂的同时，也有许多有利因素，一是基础设施对发展中国家是刚需，发展中国家对"一带一路"充满期待。二是基础设施对经济的拉动效应得到全球认可，后疫情时代，发展中国家将更加需要和欢迎"一带一路"建设。三是全球货币宽松政策，可以被我所用，在全球范围内实现中央要求的资金多元化。四是新一轮全球化将以区域化方式呈现，对区域内互联互通要求更加迫切。五是碳减排和碳交易提升基础设施的基础门槛，各国要求加大国家合作，"一带一路"建设会有更多机遇。

"一带一路"建设目前遇到的困难和挑战，很大程度是我们自身的问题导致的，是商业模式、风险理论、风控措施和金融政策方面存在的问题造成的。中央《"十四五"规划和2035年远景目标纲要》中提出"坚持以企业为主体、市场为导向，遵循国际惯例和债务可持续原则，健全多元化投融资体系"的要求为"一带一路"建设指明了方向，但急需将其落实到具体政策层面。预计"一带一路"建设新政将包括如下几个方面。

（1）建立以市场为导向，树立可持续的原则。市场导向就是由市场主体作为决策主体和风险主体。可持续原则应包括中国经济和金融可持续，项目所在国社会经济发展可持续，中国在项目所在国的影响力可持续。

（2）将"一带一路"建设项目分为政府间项目和商业项目两大类，政府和企业各司其职，互不越位。政府间项目（G2G），由政府独自决策，以政治外交为考量，不过多考虑经济效益，不受企业和利益集团影响。对于商业项目，政府仅提供金融支持政策，不参与项目决策，让企业和银行成为决策主体和风险主体，项目以盈利为原则，不过多考虑政治外交影响。

（3）建设符合中国实际和"一带一路"建设实际的风险理论和风控措施。以40多年改革开放数据为基础，建设具有中国特色、发展理念和符合"一带一路"实际的国家风险理论。在此基础上，金融机构和企业建立适应市场需求并具有自身特点的风控标准和风控措施。

（4）建立"一带一路"建设重点行业制度。中国没有能力包打天下，也没有必要包打天下，应该建立"一带一路"建设重点行业制度。"一带一路"建设重点行业应该满足以下要求：国际公认的亟需发展的行业，适合商业开发的行业，中国具有产业优势的行业。

（5）鼓励投建营一体化，减少海外项目并购。基础设施老项目并购，走出去的仅仅是中国资金，而且是外汇资金，应该鼓励绿地项目投建营一体化，带动中国成分出口，拉动中国经济发展。

（6）国资监管应该适应海外基础设施投建营一体化。举个例子，每一个海外投资项目一般都要成立一个项目公司，为了规避风险和便于股权转移和退出等考量，还要为投资项目设置不同层级的公司，但这和国资委严格限制公司个数的规定是相违背的。

8.2.5 "一带一路"建设投融资新体系建议

"一带一路"建设1.0版时期的融资体系以主权借款或主权担保为主，投资项目则以母公司担保为主。在国内外新形势之下，在"工笔画"高质量建设"一带一路"的今天，急需建设"一带一路"投融资新体系。前证监会主席肖钢在其2019年出版的《制度型开放：构建"一带一路"投融资新体系》一书中指出"一带一路"投融资新体系的建设存在"三个不可行"，即"仅靠中国方案不可行、西方方案也不可行、现行拖延做法更不可行"，中国过去的经验和西方主导的规则，都不能解决"一带一路"投融资所面临的障碍。该书还认为，"一带一路"建设投融资体系"由于缺少顶层设计，许多方案在实施中仍然存在种种障碍，问题久拖不决，致使资金运转与一些项目推进并不顺畅。大量事实证明，采用拖延的办法是行不通的，且有可能错过最佳时点，而当前开展的'一带一路'建设，为我国积极参与国际标准和规则的制定创造了最佳时间节点，错过这个时点，我们再想加入国际规则，或再想创设新的规则，将更难。因此，我们必须加快改革创新"。

笔者建议"一带一路"投融资新体系应包括以下几点：积极的出口信用保险政策+项目融资+非主权使用双优+人民币走出去+全球合作。

（1）出口信用保险是政府专门为鼓励出口和对外经济合作建立的符合WTO规则的政策措施，政府工作报告连续八年提到出口信用保险，要求"应保尽保"或"扩大出口信用保险覆盖面"。中国出口信用保险公司（简称"中信保"）是唯一办理出口信用保险的政策性金融机构，在"一带一路"建设中发挥着"带路先锋、保驾护航和信用引领"的作用，为中国基础设施行业"走出去"和"一带一路"建设发挥了重要作用，中信保最有条件引领"一带一路"投融资体系的创新和突破。但由于目前的风险理论、风控措施和监管限制，中信保需要中央给予政策支持。建议中央允许中信保适度亏损，为中信保建立高风险国家保费基金，允许投建营一体化项目突破国别限额，支持中信保将信保政策用到极致，发挥"带路先锋"的作用，真正落实"应保尽保"和"扩大出口信用保险覆盖面"，引领"一带一路"投融资新体系的建设和创新。

（2）项目融资是依靠项目资金流还款的无追索或有限追索的融资方式，是国际上基础设施项目通用的融资方式。无论是中信保还是银行，由于风险理论和风控措施等原因，在海外基础设施和"一带一路"建设中罕见项目融资，一般是母公司担保进行融资，或主权担保进行融资。而依靠主权担保和母公司担保进行融资的"一带一路"建设是走不远的，已无法满足新形势下的"一带一路"建设，亟需中央在政策层面引导、支持和督促金融机构尽快实现在项目融资方面的突破。项目融资还有利于国际金融合作，有利于实现"一带一路"建设融资渠道多元化。

（3）优惠贷款和优惠买方信贷（双优）是"一带一路"建设的重要融资产品，但仅可以用在主权借款或主权担保上。建议允许"双优"用于商业项目（非主权项目），既可以降低工程成本，提高项目收益，促进企业投资决策，还可以利用"双优"促进项目融资。

（4）中国人民银行近期表示，人民币国际化以顺应需求和"水到渠成"为原则，坚持市场驱动和企业自主选择。由于发展中国家的基础设施项目的中国成分均在50%以上，这些都可以用人民币支付，从而把"一带一路"建设与人民币国际化紧密结合起来，相辅相成，相互促进。

（5）加强与第三方合作，一是有利于提高项目所在国违约门槛，二是有利于分担风险，三是有利于使用国际资金和促进资金来源多元化。当企业和银行成为决策主体和风险主体，企业和银行会探索一切可能，扩大资金来源渠道，包括民间资金和国际资金。事实上，利用国际金融机构的担保机制和国际信用保险机构是控制海外基础设施投资风险的重要措施。

中国是世界唯一具有基础设施全领域和全产业链能力的国家，中国基础设施行业"走出去"也取得了很大的成就，中国国际工程承包业占全球国际工程25%左右的市场份额，十多年来稳居世界第一，中国也已成为全球海外基础设施投资最重要的力量之一。强大的基础设施能力和基础设施行业"走出去"取得的辉煌成就为"一带一路"倡议打下了坚实的基础，中国资金"走出去"和"一带一路"

建设又给基础设施行业"走出去"带来了巨大的动力。基础设施是所有国家国计民生的基础，参与一个国家基础设施投资和建设，就是深度参与这个国家的国计民生，基础设施的互联互通是世界经济发展的基础，"一带一路"是人类命运共同体建设之路。"工笔画"高质量建设"一带一路"就是要实现"一带一路"建设可持续发展，在为项目所在国社会经济发展做贡献的同时，将"一带一路"建设打造成中国经济的发动机，实现合作共赢模式。

8.3 投建营一体化将成为"一带一路"建设的主流模式

8.3.1 "一带一路"建设模式创新的方向和要求

习近平主席在第二届"一带一路"国际合作高峰论坛开幕式上的主旨演讲中指出"我们要努力实现高标准、惠民生、可持续目标，引入各方普遍支持的规则标准，推动企业在项目建设、运营、采购、招投标等环节按照普遍接受的国际规则标准进行，同时要尊重各国法律法规。要坚持以人民为中心的发展思想，聚焦消除贫困、增加就业、改善民生，让共建'一带一路'成果更好惠及全体人民，为经济社会发展作出实实在在的贡献，同时确保商业和财政上的可持续性，做到善始善终、善作善成"。中央《"十四五"规划和2035年远景目标纲要》也明确了"一带一路"高质量发展将"坚持以企业为主体、市场为导向，遵循国际惯例和债务可持续原则，健全多元化投融资体系"。

深刻理解习近平主席的指示和中央《"十四五"规划和2035年远景目标纲要》的要求，我们可以得出"一带一路"建设新模式和投融资新体系应该满足以下几点要求：一是可持续，包括中国经济和金融可持续，合作国社会经济发展可持续。二是市场化运作，企业和金融机构等市场主体要成为决策主体和风险主体，政府责任是政策制定和打造良好外交环境。三是遵循国际惯例，国际规则包括绿色低碳、开放透明、廉洁合规、重视ESG等。

8.3.2 发展中国家投建营一体化项目将成为"一带一路"建设的主流

投建营一体化是几年前中国商务部和进出口银行及建筑央企一起创造的一个新名词。狭义地看，投建营一体化就是建筑企业的海外绿地项目特许经营业务（BOO或BOT等）；广义地看，无论是建筑企业还是工程投资管理型企业的海外投资项目，只要由中国企业建设和运营，都是投建营一体化。

投建营一体化的第一个项目是中国电建在津巴布韦的旺吉火电站。旺吉火电站本来是一个F+EPC项目，为保证项目经济效益和资金安全，中国进出口银行（简称"口行"）要求中国电建参与投资和运营。由于这是第一个投建营一体化项目，如何投资？投资多少？如何将F+EPC转化为投建营一体化？如何说服津方接受这些变化？都是不容易的事情。通过使馆、口行、电建和津方共同努力，最终中国电建以EPC合同额的15%出资作为股本金（占股36%）参与投资，并负责EPC和运营，口行为该项目提供债权融资的方式完美结束。

投建营一体化的核心是中国企业参与项目的投资（控股或参股）、建设和运营，承担投资、还款、建设和运营风险和经营结果。

1. 投建营一体化几乎满足中国政府的所有关切

其一，投建营一体化是私人投资。尽管国有企业将发挥重要作用，但由于国有企业也是商业和市场主体，其投资也是私人投资。比如国有企业在国内参与的PPP（政府和私人伙伴关系）项目，国有企业就是私营方。投建营一体化属于私人投资的范畴是与"以主权借款+EPC"模式的根本区别。其二，它解决了项目经济效益和资金安全问题。对于投建营一体化项目，企业和银行是决策主体和风险主体。而企业和银行作为市场主体，企业和银行天生会高度重视项目经济效益和还款风险，从能力和机制上解决了项目经济效益和资金安全问题。其三，解决了以主权债务为主融资带来的诸多问题。由于投建营一体化项目是私人投资，一般是项目融资，极少会是主权借款，也极少有政府会为此类项目贷款提供主权担保，这就解决了项目所在国的债务问题，也避免了西方的诟病。其四，解决了"一带一路"建设资金的多元化问题。由于贷款主体是企业、项目在海外，企业和银行会利用国内国外各类渠道和资源解决融资问题。其五，解决了中国企业"建成走人"的问题。由于企业要为项目在整个特许经营期负责，解决了"建成走人"带来的诸多问题，做到了"善始善终、善作善成"。其六，拉动中国出口。由于投建营一体化是由中国企业负责采购和建设，这将带动中国成分出口，拉动中国经济发展。总之，投建营一体化可以满足了中国政府的所有关切。

2. 投建营一体化几乎满足项目所在国所有要求

其一，投建营一体化是外商直接投资。外商直接投资解决了所在国发展基础设施所需的资金问题，也避免了主权债务带来的一系列问题。其二，中国企业建设运营。中国在基础设施全领域和全产业链能力，解决了项目所在国所需的技术和管理能力不足问题，也解决了长期运营的问题。其三，促进当地就业和能力建设。投建营一体化的运营时间少则十年，多则几十年，中国投资者必须扎根项目所在国，雇佣当地人员，加强人员培训和技术转让，实现本土化建设，促进所在国就业和能力建设。其四，改善项目所在国基础设施条件，促进项目所在国社会和经济发展。

3. 投建营一体化是中国工程企业国际业务转型升级的必由之路

对于工程建设企业而言，由于全球基础设施开发模式完成了从政府主导到商业主导的改变，多数项目要求私人投资，投资（投建营一体化）已从备选项变成了必选项。向投资建设集团转型已是大型建筑央企的既定战略，投建营一体化是大型工程企业调整结构和业务转型的首选。

对于投资管理型企业而言，和中国工程建设企业一起做投建营一体化，充分发挥了中国建筑企业世界一流的EPC和EPC风险承担能力，在发展其自身国际业务的同时，还可以带动中国成分出口，拉动中国经济发展。同时，投资管理型企业还可以利用大型工程建设企业强大的市场网络和营销能力，实现强强联合和双赢。而并购老基建项目或做纯财务投资，走出去的仅仅是中国资金，无法带动中国成分出口。

4. 投建营一体化将倒逼中国金融机构提升国际化能力

银行是投建营一体化模式的发起方之一，投建营一体化模式将会给银行贷款和产品带来深刻的变革，因为投建营一体化一般要求无追索或有限追索的项目融资。项目融资是现代银行必备的能力，投建营一体化模式将促进中国金融机构"走出去"的转型升级。此外，由于投建营一体化资金来源的多元性，中国金融机构还必须和外国和国际金融机构合作，提升其国际化水平。

5. 发展中国家投建营一体化可以成为中国经济的发动机

海外基础设施投资怎么才能成为中国经济的发动机呢？笔者认为应该满足以下三个标准：一是项目有较好的经济效益，中国企业有合理的投资回报。二是项目能带动中国成分出口。三是项目风险可控，资金回收有保障。

（1）经济效益和投资回报问题。影响项目经济效益和投资回报的主要因素：一是项目本身。我们要选择项目技术经济指标好，有较好经济效益和投资回报的项目。由于企业和银行是市场主体，又是项目决策和风险主体，对项目的认识和选择能力好于任何其他机构。二是市场水平。发展中国家项目的盈利水平和投资回报要远远高于发达国家，通常资本金收益率在15%以上。以巴基斯坦电力项目为例子，项目股本金的法定收益率是17%，加之EPC利润，总收益率可能在20%左右。

（2）带动中国成分出口问题。对于基础设施项目而言，中国成分包括永久设备、施工设备、建筑材料、技术、管理、资金和利润等。由于发达国家大都具有较为完善的工业体系和建设能力，即便自身产业链不完整，但它具有很强的全球采购能力和议价能力，此外，发达国家严格的法律和制度体系，和对中国成分严重的隐形贸易壁垒，使得中国设备和材料进入困难，中国技术和管理进入难度更大，大部分项目EPC和运营需要由当地企业完成。因此，中国在发达国家的基础设施项目，即便是绿地项目，"走出去"的也主要是中国资金，拉动中国成分出口很少。发展中国家则不同，由于大部分发展中国家工业基础薄弱，技术与管理能力有限，而中国是全球唯一具有基础设施全领域和全产业链能力的国家，发展中国家基础设施项目所需的永久设备和施工设备、技术与管理、高端建筑材料都可以来自中国。根据项目性质不同，中国成分一般在60%～90%之间。公路项目由于以当地材料为主，中国成分在60%左右；而电力项目，尤其是新能源项目，由于设备占比很大，用工和当地材料用量少，中国成分可以达到90%。造成这种结果的原因并非中国企业有意为之，而是中国和发展中国家互补的经济结构，以及中国成分的国际竞争力所致。

（3）我们可以把发展中国家的基础设施投建营一体化和中国国内基础设施投资做个对比。国内有经济效益的项目已经很少，而发展中国家项目资本金收益率在百分之十几乃至20%以上；国内项目完全是中国资金，没有经济效益的项目会造成债务负担；海外投建营一体化资金是市场化运作，资金来源具有多元化和国际化特点；国内基础设施项目的中国成分是100%，发展中国家的中国成分是60%～90%；海外投建营一体化还可以带动人民币国际化。通过对比，我们可以得出如下结论：仅仅就对中国经济增长的好处而言，投资有经济效益的海外基础设施项目要远远好于以增加政府债务的方式投资国内没有经济效益的基础设施项目。

8.3.3 发展中国家投建营一体化项目的国家风险

发展中国家投建营一体化项目的国别风险是大家最为关注的投资风险之一。谈及发展中国家的投建营一体化项目，很多人首先想到的是国家风险，认为发展中国家大都是中高风险国家，在那里投资基础设施和推动"一带一路"建设风险很大，无法保障资金回收和实现预期效益。这种认识已很大程度上影响着政府政策制定、金融机构风控和企业投资决策。

1. 发展中国家投资风险高的原因

导致认为发展中国家投资风险高的原因主要有两方面：一是国家风险评级的结果；二是媒体宣传造成的印象。比如，从媒体上听到和看到的撒哈拉以南国家，大都是政变、恐怖活动、疫情等信息，很少听到和看到他们具有丰富的资源、淳朴的人民和增长的经济。

2. 和国家及主权相关的风险评级

中信保每年发布的《国家风险分析报告》对国家风险定义是"东道国特定的

国家层面事件通过直接或间接的方式，导致国际经济活动偏离预期结果造成的损失和可能性"，该报告从"政治风险""经济风险""商业环境风险"和"法律风险"四个维度评价东道国的国家风险并对国家风险评级。标普、穆迪和惠誉三大评级机构则仅对主权信用进行评级，其中标普定义"主权评级衡量的是一个国家对其商业债务违约的风险"。经济合作与发展组织（OECD）对国家风险进行分级，但其对国家风险的定义是"包括转移和兑换风险（即政府实施资本或外汇管制，阻止实体将本币兑换成外币和/或将资金转移给境外债权人的风险），以及不可抗力情况（如战争、征用、革命、内乱、洪水、地震）"，该定义可以简化为汇兑+政治不可抗力+自然不可抗力。对比中信保、三大评级机构和OECD和国家风险相关的评级，三大评级机构是针对主权债务进行风险评价，OECD对评定风险的界定也很明确，中信保的评级则更为全面，覆盖了政治风险、经济风险、商业环境风险和法律风险。

3. 国家风险评级与投建营一体化项目的关系

投建营一体化模式属于对外直接投资（OFDI），以项目融资为主要特征，不是东道国的主权借款，原则上不适用东道国的主权评级。那么综合性国家风险评级适用吗？笔者认为应该具体项目具体分析。

首先，投建营一体化项目的风险和投资主体关系很大。不同的投资主体，其风险偏好、对风险的容忍度和风险管控能力差别很大。例如，一个没有餐馆经营经验的外地人和一个具有丰富餐馆经验并且人脉资源广泛的当地人，在相邻的位置开餐馆。如果不考虑投资主体的差异性，直接进行风险评估，他们面临的风险是一样的，毕竟位于一样的位置，面临着一样的自然环境、政治经济法律和人文环境。但事实怎样呢？他们俩开餐馆的风险是天壤之别，因为禀赋优势不同。因此，离开投资主体谈国家风险，会造成很大偏差。

基础设施投建营一体化项目和制造业项目不同，基础设施建设和运营无法在车间甚至无法在围墙内完成，必须和政府、企业、工会、社区和居民等打交道。发达国家严格的法律法规、ESG规定以及对技术和管理的高要求，加之中国企业跨文化沟通能力的不足，对中国企业而言，发达国家的风险可能更大，中国企业更适应发展中国家的法律和人文环境。我们可以把国家风险评级最高的巴基斯坦和评级最低的英国的电力投资项目做个对比。其一，对中国企业而言，英国基本不存在投建营一体化，因为EPC要由当地企业完成，采购中国设备也会存在困难。其二，投资收益差别，巴基斯坦项目投资收益率约为20%，而英国投资收益率低于10%。其三，中国企业解决项目可能遇到的困难的难易程度差别很大。事实上，中国企业在巴基斯坦电力投资实践已经证明中国企业用脚投了票。

因此，笔者希望中国机构在对国家风险进行评级时，能有中国视角。

其次，投建营一体化项目的风险和项目本身关系很大，用国家风险评级来判断一个项目的风险会有很大误差。同一国家，行业不同的项目，风险差别很大；相同行业的不同项目，风险差别很大；相同项目，不同商业模式之间的风险差别也很大。比如，由于付费习惯和付费安排等原因，发展中国家电力项目的风险和交通项目的风险会有差别；由于技术经济指标、自然与人文环境的差别，不同水电站和不同公路项目之间的投资风险差别也很大。由于这些差别的存在，讨论项目的国家风险时，就很难用一个综合评级来衡量。以国内为例，2021年国务院国资委发文《关于加强地方国有企业债务风险管控工作的指导意见》认定国内PPP项目是高风险业务，显然，不能据此推导出我国是高风险的国家。同样，也不应该用国家风险评级认定某个投建营一体化项目的风险高低。事实上，高风险国家也有低风险项目，低风险国家也有高风险的工程。

以几内亚的铝矾土开发为例，几内亚铝矾土储量丰富、品位质量高，人所共知，西方企业在几内亚投资开发铝矾土也有很长的历史。几家央企和地方国企花了十多年时间研究勘探和开发方案，但因几内亚是国家风险评级最高的国家，没有实质性进展。而民营企业魏桥集团果断决策，迅速投资、建设、投产和运营，很快获得高收益。由于魏桥的成功，带动了多家央企和地方国企纷纷斥巨资开发几内亚铝矾土。显然，这些央企和地方国企投资开发几内亚铝矾土，并不是因为几内亚国家风险有所改善，国家风险评级有所降低，而是在民营企业成功经验的刺激下，对几内亚国家风险和项目风险的认识发生了变化。

4.政治风险及保险

和主权风险一样，政治风险也是国家风险的一部分。政治风险指一国因政治变革或不稳定而使投资回报可能遭受损失的风险。世界银行集团的MIGA和中信保都把政治风险都定义为政府违约、汇兑、征收、战争和内乱等四大风险。政治风险是可保险风险，除中信保这种很多国家都有的ECA机构可以投保政治险以外，全球还有不少政治险保险机构，如MIGA、英国劳合社和非洲的ATI等。此外，大部分多边金融机构还有担保产品，对政治风险和政府违约进行担保。不少多边机构还有针对战乱和经济脆弱国家有专门的产品和机制。需要注意的是，政治风险绝不是发展中国家所特有的，从中国在美国的一些投资实践中可以发现，发达国家的政治风险不一定比发展中国家低。

5.发展中国家私人投资基础设施和我国对外直接投资分布情况

根据世行报告，2020年全球私人投资基础设施项目（PPI）数量为252个，分布于44个国家，投资额457亿美元，其中：拉美和加勒比地区以140亿美元高居之首，然后是南亚地区的102亿美元，东亚和太平洋地区位居第三，95亿美元，然后，依次是撒哈拉以南地区63亿美元，欧洲和中亚地区46亿美元，中东和北非地区12亿美元。这些国家大部分都是发展中国家，且多数是中高风险国家。

中国海外投资做得较好的几家央企的海外投资情况大致为：中石油在26个国投资油气田，主要国家为乍得、赤道几内亚、伊拉克、伊朗、利比亚、毛里塔尼亚、蒙古、缅甸、尼日尔、尼日利亚、苏丹、叙利亚、委内瑞拉等；中石化在全球24个国家投资46个油气项目，在埃及、厄瓜多尔、巴西、安哥拉、俄罗斯等取得油气成果；北方工业海外投资国别为刚果金、伊拉克、苏丹、缅甸、津巴布韦、老挝、孟加拉、哈萨克、克罗地亚等国；中国电建海外投资的国家为老挝、巴基斯坦、柬埔寨、尼泊尔、刚果金、印尼、孟加拉、津巴布韦和澳大利亚；三峡集团海外绿地项目在巴基斯坦、老挝、几内亚、秘鲁等国，并购则以欧洲和巴西为主。从上述数据看，中国对外投资目的地以发展中国家为主，而且以中高风险国家居多。

根据印度政府高级经济顾问和基础设施专家Kumar·V·Pratap对世界银行数据库（PPI.worldbank.org）的统计，1990年至2020年间，发展中国家共有入库PPP项目8295个，其中292个失败，失败率为3.5%；以投资额计，1.99万亿美元总投资中，失败项目为710亿美元，失败率为3.6%。可见发展中国家PPP项目的失败率远远低于整体企业失败率。综上分析，在评判发展中国家的投建营一体化项目的风险时，笔者希望各相关方能够针对具体项目进行具体分析，不要简单粗暴地用国家风险评级或主权评级乃至用对一个国家的印象来决定一个项目的生死，也希望评级机构能够有中国视角，考虑中国海外投资和"一带一路"建设的实际情况。

8.3.4 打造中国基建投资新发展格局

基建投资是中国经济增长的重要引擎。较长一段时间内，中国基建投资保持两位数高增速，但自2018年以来，基建投资增速快速下滑至个位数，2020年受疫情冲击，全年基建投资增速仅为0.9%，2021年基建投资增速也继续低迷，预计全年增速不超过2%。中信证券研究认为，我国整体固定资产投资对经济增长的边际拉动不断下滑，截至2017年末，单位全社会固定资产投资对GDP总额的拉动作用已降至1.27。在固定资产投资拉动作用减弱的大环境下，作为其重要组成部分的基建投资也难以独善其身，单位基建投资对GDP增长的拉动已由2004年的9.30降至2017年的4.69，缩减幅度近50%。根据公开报道，中国收费高速公路整体处于亏损状态；中国铁路集团2021上半年亏损是507亿元；2020年全国火电设备平均利用小时为4216小时（利用率为48%）；前财政部长楼继伟提出5G存在三大问题：技术很不成熟、运营成本极高、不易消化成本。

在经过几十年大规模的基础设施建设，国内具有经济效益的项目越来越少，基础设施投资对经济的拉动作用也逐渐减弱。没有经济效益的基建项目投资将带来债务可持续问题，中央已经清醒地认识到了这个问题，出台文件规范PPP工程融资，控制高铁和地铁建设，国务院国资委以文件的方式将国内PPP项目定位为高风险业务。显然，国内基础设施投资处在一个两难局面，一方面基础设施投资对中国经济增长仍不可或缺，另一方面本身有经济效益的基础设施项目已经很少，基建投资的边际效益在递减，政府和企业都面临债务可持续问题。

根据前面分析，发展中国家基础设施投建营一体化完全可以成为中国经济的发动机，成为"一带一路"建设的主流模式。在国内难以持续大规模进行基建投资的状况下，完全可以将国内基建投资的一部分投向海外基础设施投建营一体化，打造基础设施行业以国内大循环为主体、国内国际双循环相互促进的新发展格局，落实"一带一路"高质量发展。

那海外基础设施投建营一体化需要多大投资呢？我们可以做个简单估算。"一带一路"建设第一个高峰期（2015—2017年）中国对外工程承包完成年营业额大致在1600亿～1700亿美元之间。这期间，使用中国资金最好的一家建筑央企，其高峰年份中国资金项目在其营业额的占比为35%。我们统一按此比例推算，"一带一路"建设第一个高峰期对外基础设施投融资额在每年600亿美元以内。中国2020年建筑业总产值为26.4万亿元，折合4万亿美元，600亿美元是4万亿美元的1.5%。也就是说，每年仅需拿出国内建筑业总投资额的1.5%（600亿美元）用于海外投建营一体化项目，就可以达到和超过2008年金融危机之后中央出台的各类刺激出口政策的效果，就可以再造"一带一路"建设辉煌。当然，投建营一体化是私人投资，而过去的经济刺激政策和"一带一路"建设"大写意"时期的金融政策是以主权借款为主，一个是市场经济机制，一个是具有强烈计划经济色彩，这是一个本质的区别。

"一带一路"建设"大写意"时期（1.0版）的主流模式是具有计划经济色彩的F+EPC模式，它有效率高等诸多优点，为"一带一路"建设很快进入第一个高峰期发挥了重要作用。现在"一带一路"建设处在从"大写意"到"工笔画"高质量发展的转型期，急需找到"一带一路"建设"工笔画"高质量发展时期新的主流模式。新主流模式必须满足中央关于"一带一路"建设可持续、市场化和遵循国际惯例的要求，同时新主流模式还要能够成为中国经济增长的发动机。综合这些标准，发展中国家投建营一体化成为最佳选择。对于"一带一路"建设，发展中国家才是主战场。"一带一路"建设应该采取"农村包围城市"的战略，因为只有发展中国家对中国资金、产品、技术和管理有强烈的需求。全球基础设施投资和中国企业海外实践都证明了发展中国家是海外基础设施投资的重点国家，但当前风险理论、风险认知和风控措施存在许多误区，对发展中国家的投建营一体化项目有很多偏见，急需建立具有中国特色和符合"一带一路"建设实际的新的风险理论和风控措施。以发展中国家投建营一体化为主流模式，就可以实现中外共赢的可持续发展，实现"一带一路"建设的高质量发展。

8.4 基础设施国际市场展望

8.4.1 全球海外基础设施投资行业展望

2017年7月由20国集团（G20）旗下全球基础设施中心（GIH）与牛津经济研究院联合发布的《全球基础设施展望——2040年基础设施投资需求》（Global Infrastructure Outlook—Infrastructure investment Needs：50 Countries，7 Sectors to 2040）对2040年全球基础设施投资需求进行全面分析和预测，报告认为：①2016—2040年间全球基础设施投资需求将达到94万亿美元，全球投资缺口为19%，美洲和非洲投资缺口最大，分别为47%和39%。②电力和公路是最重要的两个基础设施部门，共占全球投资需求的三分之二之多。公路部门投资缺口最大，港口和机场的投资缺口也相对较大。③实现联合国可持续发展目标，2030年前全球基础设施投资还要再增加3.5万亿美元。

英国研究机构CDP最新研究认为：①垄断地位、高进入壁垒和运维费用低等特点保证了基础设施的长期稳定的现金流。因此，基础设施被称为"防御性资产"，其收益波动性普遍低于大盘股，收益率较高，这些属性将吸引更多的投资者。②疫情后，主要国家实施巨额财政和货币刺激计划以及维持利率长期走低，这些资金的很大一部分会集中在全球基本基础设施投资上，包括能源转型。③由于人口增长、城镇化、环境保护和基础设施更新换代等，全球基础设施投资将保持持续增长，为投资创造了一个非常有吸引力的长期主题。④基础设施对疫情后经济复苏和社会恢复正常具有不可或缺性，没有公路、铁路、管道、输电网络、通信、港口和机场，就没有全球经济复苏。事实上，疫情成了强化和增强基础设施投资的驱动因素。英国巴克莱银行认为海外基础设施投资是2030年150个全球投资热点之一。

8.4.2 中国海外基础设施投资行业展望

未来2～3年的中国海外基础设施将位于低潮，造成这种现象的主要原因包括：一是风险理念和风控措施的问题，企业和金融机构控风险的愿望大于海外发展的愿望。二是政策和监管需要突破，包括急需建立"一带一路"建设投融资新体系，解决国资监管相关制约问题。

预计在2～3年后，中国海外基础设施投资将进入一个新的高潮，并将以发展中国家投建营一体化的方式为主流模式实现。这种判断主要基于以下几点：一是预计1～2年内中央将出台"一带一路"建设新政（包括投融资新体系），促进"一带一路"建设进入新一轮高质量发展时期。二是疫情后全球基建市场的巨大需求以及全球流动性过剩和低利率等因素，对有志于打造世界一流企业的中国大型基础设施企业创造难得的机遇。三是风险理论和风控措施回归理性，发展中国家基础设施投建营一体化将成为"一带一路"建设和拉动中国经济增长最好的结合点。

8.4.3 全球国际工程承包市场展望

基础设施是建筑业的产品，建筑业是基础设施的生产过程。建筑业是世界第一大行业，建筑业具有一定国际属性，但更是一个本土化的行业，留给外国企业做的国际工程有限。根据ENR"国际工程承包商250强"榜单中国入选企业的营业额和中国对外工程承包总营额之比，可以大致推断出近2～3年全球国际工程的年总营额不足7000亿美元。也就是说，全球建筑业近12万亿美元的产值中，只有大约7000亿美元是由外国公司完成，国际工程占比约6%。ENR国际工程承包商250强国际营业额在2013年达到峰值，为5438亿美元，此后呈波动下降趋势。用上述方法推断2013年全球国际工程总营业额大约9500亿美元。另据Statista统计结果，2014到2019年全球建筑业年均复合增长率为3.71%。推断2013年全球建筑业产值约9.5万亿美元，当年国际工程占比约10%。这组数字至少可以反映三个问题：一是全球国际工程并没有随全球建筑业的增长而增长，实际呈下降趋势。二是国际工程在全球建筑业所占比例在下降，说明国际工程行业的难度在加大。三全球国际工程行业的峰值诞生在2013年，近几年下滑。

笔者将1993年以来ENR"国际承包商250强"榜单数据进行了统计，并和这期间全球GDP、美元指数、石油价格及全球化等数据进行了比较分析。得出影响全球国际工程行业总体规模的主要因素包括：一是全球化。全球化表现越好，全球国际工程业务越好。二是美元指数和大宗商品价格。美元指数走低和大宗商品价格走强的时候，是全球国际工程表现好的时期。三是全球经济增长。全球经济增长越好，国际工程行业越景气。四是全球经济刺激政策。五是大国海外政策，比如我国的"一带一路"倡议等。

由于逆全球化和疫情肆虐等原因，给全球国际工程带来很多困难，但国际工程也面临着许多有利因素：一是基础设施对经济增长的拉动效应得到全球认可，后疫情时代各国将更加欢迎外国投资本国基础设施。二是全球货币宽松政策，经济刺激计划，会有大量外来资金进入基础设施领域，外来资金将带动国际工程规模扩张。三是新一轮全球化将以区域化的方式呈现，区域化互联互通项目将增加。四是美元指数下跌、大宗商品价格上涨，这些都是国际工程的有利因素。五是中美欧等对碳排放达成一致，碳减排和碳交易给各行各业带来深刻影响，给国际工程带来重大机遇。六是建筑行业工厂化和数字化革命大幅度推高行业门槛，拉动国际工程规模。七是帮助发展中国家建设基础设施成为国际社会共识，诞生诸如"一带一路"、B3W和"全球门户"等以基础设施建设为核心的区域化和全球化倡议，将大大促进国际工程行业的发展。

笔者认为未来几年全球海外基础设施会成为投资热点，2025前后全球国际工程承包有望恢复到2013年的峰值。未来几年全球国际工程的增长重点包括：一是能源转型和碳减排带来相关领域的增长。二是建筑工厂化和数字化带来的增长。三是城市化导致的交通增长和全球性缺水导致水工程领域的增长。

8.4.4 中国国际工程承包行业展望

现在及未来一段时间的国内外大形势，显然有许多不利于中国国际工程承包行业的因素：一是苏联解体后这一轮全球化的衰败，很多分析认为下一轮全球化将以区域化为特征，这将严峻考验中国工程企业的本土化建设能力。二是美国和西方势力联手打压中国。近期一个由一家伊斯兰基金和挪威一家电力公司联合控股投资、非洲三个国家政府参股和使用多边金融机构资金的一个非洲水电站项目招标，明确不允许中国国有企业参与，这显然是针对中国，投资方很清楚排除中国国有水电承包商，将大大降低项目的竞争性。这样一个由多边金融机构、伊斯兰基金、非洲政府和欧洲投资商共同参与、高度国际化的一个项目，竟在排除中国国有企业方面达成高度一致。三是全球基础设施项目将以商业开发（私人投资）为主，这将严重考验中国基础设施企业的投资和融资能力，考验中国金融支持力度。四是由于中国企业的国际化能力不足，疫情过去后的疫情善后处理会遇到很大难度，将有可能对中国国际工程乃至"一带一路"建设产生长期不利影响。五是中国金融机构对国际工程的支持力度大幅下滑，急需建立"一带一路"投融资新体。

预计未来2～3年将是中国国际工程企业的困难时期，一是市场和商业模式方面，传统的撒哈拉以南和周边国家等中国国际工程"舒服区"的市场萎缩，现汇项目竞争惨烈，融资项目难度继续加大，投资项目步履维艰。二是国际工程项目盈利大幅下滑，亏损项目和亏损额大幅增加。三是中国国际工程业务进入转型期，包括商业模式和市场转型，企业国际化和本土化能力提升，国际业务管控和组织升级等。但显然不是每个企业都能做这几点。四是疫情的影响要在疫情后才能真正显现出来，索赔、沟通和应变能力不足不但导致企业亏损严重，还可能导致市场环境严重恶化，还存在海外工作积极性大幅降低的可能性。未来几年是中国国际工程行业大浪淘沙的时期，预计中国国际工程企业数量大量减少。中小型国际工程企业的选择有三种选择，真正本土化或被兼并重组或退出国际市场。建议平台公司选择弃工从商，转型为海外投资和运营公司，也可以将工程业务委托央企二级单位。大型工程集团国际业务则必须度过艰难的转型期。

预计2～3年之后，中国国际工程将进入复苏期，进入新一轮发展时期，将诞生若干国际化和本土化能力很强的企业，国际业务管控和组织架构将发生较大变化，集团将设法解决子企业国内外混业经营问题，国内国际业务双总部有可能成为现实。在经营理念和商业模式方面，将以法国万喜为榜样，实现由工到商、由建设到经营的转变。企业将更加重视技术的重要性，抓住能源革命、碳中和、工厂化和数字化等技术变革带来的机遇。企业将深度开发传统市场，实现本土化，与所在国社会和经济共成长，成为发展中国家战略合作伙伴。企业还将扩大新兴市场业务规模，开始进入高端市场，重视海外并购对进入中高端市场的作用，逐步发展成为发达国家的主流承包商。预计未来几年会产生自发的民间行业组织，维护行业整体利益，将中国的产业链优势打造成国际竞争优势。

受疫情后的全球经济刺激计划和货币政策的推动，以及基础设施对全球各国经济和民生的重要作用凸显，全球基础设施投资将进入一个高增长时期，海外基础设施成为投资热点之一。由于基础设施行业技术进步，包括能源革命、碳减排、工厂化和数字化等，也由于包括"一带一路"倡议在内的全球多个基础设施倡议及大国对外金融政策的作用，全球国际工程承包也将进入新一轮高增长时期。由于"一带一路"建设和中国基础设施企业国际化均处于转型期，未来2～3年将是中国基础设施国际业务的艰难时期，预计一批国际工程企业将退出国际市场。由于"一带一路"建设的重要性，中国基础设施企业的巨大能力和打造世界一流企业的雄心，可以预期2～3年后，将诞生若干国际化和本土化能力很强和对国际市场有良好适应能力的企业，中国基础设施行业的国际化将进入新一轮高质量发展时期。

8.5 战略反思与再造

8.5.1 国际工程市场的变化

美国GE公司前CEO韦尔奇在其《赢》一书中提出可以使企业战略切实可行的五个步骤，步骤一是深刻认识当前的市场形势，步骤二是深刻认识近期的市场变化，步骤三是深刻认识自身近期的情况，步骤四是预测未来竞争可能的变化，步骤五是规划你的制胜措施。正确认识市场和竞争形势是战略再造的基础。

中国国际工程企业已经感受到的市场变化包括：一是中国金融支持政策的变化，金融机构以控风险控制为主，海外业务开拓大幅收缩。二是部分发展中国家债务触顶，要求债务重组，甚至个别国家出现违约，以及G20倡议的减债和缓债等，主权贷款或担保项目变得非常困难，F+EPC项目大幅减少。三是由于F+EPC项目的快速减少，现汇竞标项目成为主体，项目盈利难度陡增，亏损项目和亏损额大幅增加。在中国国际工程企业感受到的明显变化之外，全球国际工程市场正在发生着深刻的变化。

全球基础设施开发模式完成了从政府主导到商业主导的转变。过去很多国家基础设施开发以政府或国有公司为主进行开发，主权借款或主权担保，业主筹资并雇佣咨询完成可研和设计，招标选择承包商。现在几乎所有国家的工程开发都要求采用BOO或BOT等模式。所不同的是，政府能力较强的国家会有健全的PPP法律体系，政府承担其应该承担的责任，有较为合理的风险分担机制；能力较差的国家，项目开发条件的好坏，很大程度取决于开发商的沟通和议价能力。项目开发模式的变化，迫使大型承包商进入特许经营领域。

合同条件及承包商风险的恶化。由于银行希望确定工期和工程造价，开发商希望尽可能多地将风险转移给承包商，导致EPC合同模式的流行。承包商风险的恶化，很大程度是由于EPC合同造成的，深刻理解EPC的合同风险对承包商至关重要。此外，招标过程不再注重程序正确，而转向目标导向，承包商生存环境日益恶化。更有甚者，一些不少无良开发商针对中国企业国际化程度不高、急于扩张和内部竞争的特点，设计好充满陷阱的合同结构和合同条件诱捕中国企业，再加上超低的价格，一次又一次地割中国承包商的韭菜。

全球建筑业产能严重过剩，竞争急剧恶化。由于施工设备和施工技术的进步，全球工程建设能力大幅提升。由于建筑业门槛较低，仍有连续不断的企业进入建筑领域。两者结合，导致全球建筑业产能严重过剩，竞争形势急剧恶化。

基础设施项目投资竞争日益严峻。由于越来越多的资金青睐收益长期稳定的项目，新兴国家和发达国家的基础设施项目，尤其是稳定资金流的项目，投资竞争也日益恶化。比如欧洲和中东的新能源项目投资竞标，竞争十分残酷，中国企业很难有竞争力。即便是撒哈拉以南国家新能源投资项目的竞争已经开始，预计2～3年后，竞争也会进入白热状态。

客户和竞争对手的变化。客户正在从政府向私人开发商转变，而这两种客户的理念和做法差别很大，对承包商的能力要求也发生很大变化。对于中国承包商而言，变化就更大，营销对象从营销政府和金融机构到营销私人开发商，竞争对手从以中国企业为主，变化到了要面对全球对手，包括本土、新兴国家和发达国家竞争对手。客户和竞争对手的变化直接导致对企业竞争力要求的变化。

技术变得日益重要。基础设施及其相关行业碳排放占人类碳排放的70%，碳减排、工厂化和数字化正在酝酿着基础设施和建筑业的技术革命。以电力行业为例，有机构认为现在电力系统和未来电力系统的差距，就如同有线电话和互联网的差距。技术革命对于国际工程企业而言是双刃剑，一是提高工程建设门槛，更有利于大型国际承包商。二是要求承包商更加注重技术领先和技术创新能力，技术落后的企业就会被淘汰。

从HSE向ESG的变化。HSE是指健康、安全和环境，主要体现在工程管理层面。ESG是指环境、社会和公司治理，是一种关注企业环境、社会、治理绩效而非财务绩效的企业评价标准，已成为投资商和金融机构是否为企业和项目提供投资和融资的重要标准，正在对企业战略和企业治理产生深刻影响。

中国企业生存环境的变化。目前逆全球化和极端民族主义盛行正在恶化国际工程环境。对于中国企业而言，外交环境的恶化也开始对国际业务的营销和履约产生不利影响。在国内，由于对以国内大循环为主，国内国外双循环新发展格局的误解，对中国基础设施行业的国际化进程也有不利影响。

疫情导致的困难和变化。疫情直接影响包括人员流动困难，生产要素大幅涨价，工期拖延，造价超支严重。但疫情的影响要到疫情结束才会真正显现出来，处理不当不但会造成企业严重亏损，而且企业的市场环境会恶化。疫情对许多国家的产业链政策和贸易政策等会产生深刻的影响，进而影响全球国际工程市场。

国际业务吸引力降低。由于国内外收入差距的缩小甚至倒挂，年轻一代世界观的变化，国外疫情的恐怖和回国艰难等导致国际业务对员工，尤其是对年轻一代的吸引力大大降低，一流的国际公司已经很难招到一流名校毕业生，国际业务员工向国内业务回流现象逐步严重。此外，以国内大循环为主、国内国外双循环新发展格局让部分国际业务干部产生误解，认为国际业务前途暗淡，对国际业务职业前景的信心降低。

8.5.2 国际工程企业处于迷茫期

根据世界银行和波士顿大学的统计数据，中国进出口银行和中国国家开发银行两家政策性银行对外贷款在2016年达到750亿美元和2017年为近500亿美元之后，急剧减少，2018年降为不足120亿美元，2019年则更降至40亿美元。我们无法判断这些数据的准确性，但我们可以感受到2018年中国银行突然收紧了对外贷款。正是由于银行对外贷款力度的急剧收缩，使中国国际工程行业从2.0版时代仓促进入3.0版时代。2.0版时代中国资金大规模"走出去"造就了中国国际工程的黄金十年，中国国际工程企业市场份额大幅上升，连续多年保持世界第一，但中国国际工程企业的国际化和本土化能力并没有随市场份额的快速上升而上升，实际上是远远落后于市场规模的扩张。2.0版时代的仓促结束和企业能力进步的严重滞后，导致了中国国际工程企业面对不期而至的3.0版时代，面对全球国际工程市场的深刻变化，普遍感到迷茫。

国际业务战略定位的迷茫。受国内外大形势的影响，中国资金"走出去"力度的大幅度收缩，以及新冠疫情对本已处境艰难的国际工程业务的重创，国际工程业务越来越难，盈利越来愈少，风险越来越大，国际业务能给企业带来的利益和风光越来越少，加之对以国内大循环为主体、国内国际双循环下新发展格局的误解，如何定位国际业务，是否坚持国际业务优先战略，甚至是否继续做国际业务，许多企业处于迷茫状态。

国际业务总部管控的迷茫。2007—2017年是中国国际工程的"黄金十年"，由于中国资金项目占比较高，项目效益好、风险小、履约相对容易很多，对总部管控能力要求不高，企业总部自然而然地统管国内外业务。而当今世界正面临百年之未有大变局，中国资金项目大幅减少，国际工程遭遇着前所未有的困难，国际工程市场对总部管控能力要求骤升。经历了40多年的国企改革，为国内业务量身定制的企业总部，其对国际业务的管控能力正遭遇严峻挑战。未来谁来做国际业务的总部？国际业务总部该具备怎样的能力才能应对目前严峻的国际市场？这可能是在战略定位之后，第二重要的问题。

国际业务管控模式的迷茫。几乎所有的大型工程企业的国际业务管控模式都经历过多次变革和探索，但如何管控国际业务似乎仍处在迷茫状态。集团化管控还是群狼战术？国际业务管控在集权和放权方面该如何平衡？集权给谁？放权给谁？

国际业务组织结构的迷茫。随着管控模式的变化，甚至在管控模式没有变化的情况下，大型企业集团国际业务的组织架构也一直处于变化和调整之中，调整国际业务组织机构成了许多新领导必做的工作。运管一体还是运管分离？国际业务单一平台还是多平台？一个集团该有多少独立的国际实体和品牌？国际平台公司定位以及和子企业关系？区域总部的定位及管理？本土化该如何建设？

国内国外混业经营的问题。除国际公司外，大型工程集团的成员企业都是国内国外业务混业经营。由于调动了成员企业国际业务的积极性，这种模式在国际工程发展历史上起到了很好的积极作用。随着央企打造具有全球竞争力的国际一流企业，随着区域化的进展，随着企业被迫进入中高端市场，国际业务难度大幅增加，成员企业国内国际混业经营还能持续吗？如何适应国际业务区域化布局？该怎么解决混业经营的问题？西门子、GE和东芝这些国际化程度最高的企业都进行了拆分上市，放弃了集团大一统的管控模式，应该对我们有所启发。

国际业务商业模式的迷茫。竞标、融资和投资构成了国际工程的三大基础设施商业模式。现汇竞标拿标难，履约难，盈利更难，路在何方？融资项目，从企业到金融机构，更是充满着迷茫。投资或投建营一体化被认为是"一带一路"建设的主流模式，但投不投？投什么？投哪里？投多少？谁来投？如何投？从政策到监管、从风险理论和风控标准、从金融机构到企业公司，也充满着迷茫。

中国设计咨询行业的迷茫。中国工程设计咨询行业有全世界最多的工程师，在很多领域都设计建设了世界上最大和最难的项目，但中国设计咨询的国际化之路步履维艰，设计咨询企业的国际业务该向工程公司转型？还是坚守设计咨询业务为主？是行业先"走出去"，还是中国标准规范先"走出去"？也是充满迷茫。但无论怎样，没有设计咨询"走出去"的中国国际工程行业，很难走得更远。

国际业务干部团队的迷茫。由于长期的海外工作及以及和外国人打交道，国际业务团队形成了独特的、有别于国内的国际文化，而这种国际文化往往会被认为不成熟和情商低。加之在国外工作和从事国际业务，导致和国内干部打交道机会减少，国际干部在干部评比、考核中往往不占优势。此外，即便是国际业务最好的建筑央企，其国际营业额也就是占总营业额的20%左右，难成主流。因此，国际化干部的职业通道较窄和晋升机会较少，难以进入决策层。由于这次海外疫情严重，海外工作员工回国困难，国际业务员工继续从事国际业务和新员工加入国际业务的积极性大受挫折。国际化文化的生存环境和员工参与国际业务的积极性，需要企业高层高度重视。

国际业务核心竞争力的迷茫。早期（2006年之前）的中国国际工程（1.0版）

的核心竞争力是价格优势+吃苦耐劳，黄金十年（2007—2017年）的中国国际工程（2.0版）的核心竞争力是融资能力+公关能力，现在和未来若干年中国国际工程（3.0版）的核心竞争力该是什么呢？这是我们应该回答的一个问题。

8.5.3 国际工程企业迷茫的原因

对金融支持力度变化的不适应。随着国内外大环境的变化，中国金融机构加大了防范金融风险的力度。中国对外贷款力度的变化，让中国国际工程行业很不适应。对于中国国际工程企业而言，生存和发展靠的应该是自身在国际市场的竞争能力，政府对外金融支持政策应该是锦上添花，而不应该成为依靠。事实上，中国"一带一路"建设政策并没有改变，只是转换了方式和方法，从"大写意"进入了"工笔画"高质量发展时代，从F+EPC进入了投建营一体化时代，从大型巨型项目进入了"小而美"时代。中国国际工程企业不应沉浸在对过去的回忆之中，而是应该认清事实，认清市场，改变自己，适应市场。

对良好外部环境逝去的不适应。成就中国国际工程"黄金十年"的另一个重要因素是良好的国际大环境。20世纪末，苏联解体，冷战结束，全球化进入了黄金时期，"世界是平的"，发展中国家也进入新一轮发展时期和借债高峰，给中国资金"走出去"和"一带一路"建设提供了良好的国际环境，中国资金"走出去"和中国工程行业"走出去"在海外实现了完美结合。这个时期，还有诸如安哥拉和委内瑞拉这种石油资源丰富，项目集中爆发，环境友好宽松的国家。但随着英国"脱欧"、川普上台，逆全球化盛行，疫情成了压倒苏联解体后这一轮全球化的最后一根稻草。更加之以美国为首的西方势力开始以各种方式打压中国，中国外交环境急剧恶化。中国国际工程的外部环境在很短时间内发生了很大的变化。

中国国际工程行业大而不强。中国国际工程一直以发展中国家市场为主，早期以亚洲市场为主。在中国资金的作用下，2009年非洲市场成为第一。由于"一带一路"建设高峰，亚洲市场在2016年重返第一。撒哈拉以南和亚洲邻国是中国国际工程的"舒适区"，也是中国国际工程的粮仓。北非、中东和拉美，对中国企业而言，进入不难，但盈利不易。欧美国际工程市场很大，但标准很高，对中国企业而言，进入难，生存也难。北大张维迎教授认为中国制造业也是大而不强，"大"靠的是"套利"，"强"要靠"创新"。中国国际工程业的大而不强，"大"早期靠的吃苦耐劳，后来靠的是中国金融支持政策和良好的外部环境，"强"要靠什么呢？这是我们必须要解决的问题。

监管、理念和文化等的不适应。和制造业相比，基础设施行业"走出去"的难度要大很多，其主要差别是制造业可以在中国生产，出口海外，即便在海外生产，也是在工厂和车间内完成，而基础设施行业的生产过程必须在海外，而且无法在工厂和围墙内完成。这就迫使中国国际工程行业必须在和中国差别巨大的环境和要求中进行项目建设，必须和当地政府机构、非政府机构、社区和民众等打交道，这需要企业有很强的跨文化交流能力，而跨文化交流正是中国企业的阿喀琉斯之踵。而对长期工作在国内环境的企业决策层和上级监管部门而言，真正认识和理解国际业务就更加困难，往往会用管理国内业务的理念和方法去管控国际工程业务。

疫情是雪上加霜。疫情对各国国际工程项目的影响是类似的，但由于文化和国情的差别，疫情对中国国际工程企业的影响要远大于西方国家企业。但疫情的真正影响要待疫情结束后才会真正显现出来，"出水才见两腿泥"。国际工程企业在抗疫和履约的同时，应该尽早开始为疫情的善后做准备，要努力避免亏算、市场环境恶化和团队涣散等多重损失叠加。

8.5.4 中国国际工程企业的特殊困难

原则上，所有行业的国际业务都要比国内业务困难，因为国际业务的客户或者业务环境和母国有很大的不同。换言之，所有行业的国际业务都需要克服母国的影响，努力适应业务所在国的环境和文化。在所有行业中（文化产业除外），工程行业的国际业务可能是最难的。一是国际工程的生产过程必须在国外，要在一个和母国差别巨大的环境下生产，这和制造业在国内生产、向国外出口差别很大。二是工程行业的生产无法在车间和围墙内完成，必须和当地各类机构和人员打交道，这和曹德旺在美国的工厂差别很大。三是工程行业生产过程长，施工期一般要几年时间，运行期则要几十年，受所在国乃至全球的宏、中、微观因素影响大。当然，对于所有国家的国际工程企业而言，上述困难都是要遇到的。但由于不同国家的文化和体制不同，不同国家企业国际业务的困难程度会有较大差别。和很多国家企业相比，中国企业国际业务的难度要更大。

一是文明和文化的差别。国际工程的游戏规则和主流文化仍然由西方文明把控，技术规范、合同法律、建管模式等对于我们而言都是舶来品。中华文明是世界唯一延续没有间断的古代文明，也就是说中国文化是受外界影响最小，和西方文明差别最大。而眼下担当中国国际工程主力骨干的人员大都是中国大学自己培养的人才，语言功底和跨文化交流能力存在天然缺陷，文化深处的差异更是难以逾越。

二是技术规范体系的差别。按道理讲，最不应该有差别是技术体系，但中国的技术体系是以苏联体系为基础建立的，后来逐步形成注重实践和经验的具有中国特色的技术体系，这和西方注重理论和计算的技术体系有很大差别。有人说"中国的设计规范和标准图集把中国设计工程师害惨了"，笔者深有同感。

三是国际化文化的窘境。做国际业务，就要入乡随俗。国际工程企业就是要尽可能摆脱固有文化的影响，打造国际化的文化和适应国际市场的体制机制。而中国的国际工程业务大多都是历史悠久的大型工程企业所为，国内业务仍是企业主流业务，企业的文化、体制和机制也几乎完全按照中国文化和政治经济环境打造的，这就造成了国际业务文化和企业主流文化的差别。如果企业主流文化是宽容的，可以接受甚至鼓励不一样的国际化文化，这个企业的国际业务就具有了良好发展的基础。其实做到这一点并不容易，国际文化也许会被认为是异类，国际团队会被认为不成熟和情商低，企业会用国内体制和机制去管控国际业务，这类企业的国际业务发展会很不易。

四是总部的不适应。中国国企的总部都是随四十多年改革开放和依据中央对国企改革的要求，为适应国内政治经济环境和国内业务需要量身定做的。1.0版时期的国际业务，由于体量小和处于发展早期，总部管理对国际业务没太大问题，一般在总部设置国际部以弥补企业总部在国际业务管理方面的不足。2.0版是国际工程的黄金时期，由于以F+EPC为主，履约难度不大，盈利好，企业总部对国际业务的管理也没太大问题，一般成立独立核算的国际公司和总部一起管理国际业务。现在不同了，国际业务体量大了，国别多了，难度和风险大大增加了，企业总部对国际业务的管理也进入了一个高度困难时期。看看建筑央企大致相同的总部，但差别很大的国际业务组织结构和翻烧饼式的变化，以及对集团和放权的纠结，对"管办一体"及"管办分离"的纠结，就知道企业总部对国际业务的管理面临的困难有多大。

五是国际化能力不足。具有基建狂魔之称的中国工程企业的国际化能力和全球国际工程市场份额25%的第一位置很不相符。国际化能力体现在企业的思维和理念、体制和机制、沟通和交流、竞争和风控等方面与国际市场的适应能力。企业的国际化能力不仅体现在国际业务团队，更体现在企业决策层乃至监管部门的国际化能力和国际化意识。

六是"出口"的国际业务。我们做国际工程的通常方法是，从中国派团队去投标，中标后从中国派项目部履约，从中国某个城市向亚非拉辐射，要求国际工程采取国内管理制度，采购也大都来自中国。因此，我们是在"出口"国际工程，是工程"走出去"。大多西方企业的做法则有很大不同，他们往往是让企业深度本土化或干脆就是并购当地企业，用当地资源做当地工程。西方企业通过深度本土化和当地并购，把国际工程变成了国内业务，把文化和法律等不同导致的风险和困难降至最低。

8.5.5 国际业务的必要性

国际工程业务这么难，中国基础设施企业可以不做国际业务吗？回答这个问题需要从两个方面考量，一是国家层面，二是企业层面。从国家层面看，海外基础设施业务的必要性是毋庸置疑的。一是"一带一路"倡议实质是共建全球基础设施的倡议，而"一带一路"建设是写进党章的全党必须完成的任务，而基础设施是"一带一路"的基石。因此，从国家层面看，中国企业积极参与海外基础设施投资和建设的必要性是毋庸置疑的。

从企业层面看，显然不是所有的中国工程企业都要做国际业务，是否做国际业务取决于企业自身条件和企业战略。许多工程企业可以不做国际业务，中国工程企业没必要都做国际业务，国际工程市场也很难容下几千家中国工程企业。但以下三种工程企业必须做国际业务，一是大型企业，二是争创世界一流的企业，三是具有国际化战略的企业。

大型工程企业为什么必须做国际业务？因为中国建筑业的蛋糕不会一直这么大，更不会持续增长，中国无与伦比的建设能力的出路在国际市场。在经历了40年高速发展并建成世界一流基础设施后，如果未来某个年份，中国建筑业总产值占GDP的比例（2020年是26%）回归到基础设施急需更新换代的美国的水平（6.5%），中国建筑业总产值会是多少？即便中国建筑业占GDP比例回归到世界平均水平14%（这个数字是被中国推高的），中国建筑业总产值也会大幅度滑坡，更不用说增长。

争创世界一流的工程企业为什么必须做国际业务？因为没有国际业务的工程企业，是不可能成为世界一流企业的。党的十九大明确提出全面建设社会主义现代化国家，实现民族复兴，必须有一批能够体现国家实力和国际竞争力的世界一流企业做支撑。何为世界一流企业？国资委将其概括为"三个领军、三个领先、三个典范"。"三个领军"是要成为在国际资源配置中占主导地位的领军企业，引领全球行业技术发展的领军企业，在全球产业发展中具有话语权和影响力的领军企业。"三个领先"是指效率领先、效益领先和品质领先。"三个典范"是要成为践行绿色发展理念的典范、履行社会责任的典范、全球知名品牌形象的典范。一个企业没有国际业务，是否可以成为世界一流企业？这取决于行业特性。某些行业，比如航天、农业和科技等，没有国际业务，企业照样可以成为世界一流企业，因为这些行业无需同台竞技，也具有很好的可比性。但工程行业则不同，没有国际业务，不在国际市场上同台竞技，是无法成为世界一流企业的。工程企业是否是世界一流，取决于它在全球工程市场所占份额和盈利能力、在国际资源配置中的地位，在能否引领全球行业技术发展以及在全球产业发展中的话语权和影响力。因此，没有世界一流的市场份额和影响力，工程企业是不可能成为世界一流企业的。

现在国际工程行业这么难，那么企业可以暂时退出国际业务，待市场转好时再进入吗？未来几年的确是中国国际工程的困难时期，这里强调是中国国际工程的困难时期，因为未来几年是全球国际工程的上升期。因此，未来几年中国国际工程企业的困难不是由于市场的变化造成的，困难来自于我们的国际化能力不适应变化了的市场，困难来自于未来几年我们需要追赶和提升自己，这个过程显然不会容易。未来的几年即便你在学习和追赶，但也不一定家家都能成功地在国际市场生存下来。你如果停下步伐，等待和观望，你一定会被变化了的市场和滚滚向前的洪流所抛弃。所以说，未来几年一定是中国国际工程企业大浪淘沙的几年，将有不小比例的中国工程企业退出国际工程市场，而且这次退出基本是永久退出，以后很难有机会再回到国际工程市场。只有在未来几年能够保持战略定力，坚定不移走国际化之路，并且在战略、理念和能力等方面上一个大台阶的企业，才能在国际市场站稳脚步，才能进入国际业务新的发展时期，真正成为世界一流企业。

8.5.6 持续坚持国际优先战略

从公开资料看，建筑央企最早提出国际优先战略的应该是中国电建（当时为中国水电）。以水电站建设为主业的中国水电，较早认识到中国水电资源的有限性，2006年就提出了国际优先战略。此后，中国能建在2016年提出优先发展国际业务战略，中国交建在2017年提出国际优先战略，中国铁建在2018年提出海外优先战略，中国建筑2018年提出海外优先战略，中国中铁2019年提出海外业务优先与优质发展的"双优"发展战略，国际化战略是中国化学三大战略（专业化、多元化、国际化）之一。在中国国际工程的迷茫期，各建筑央企是如何看待国际业务呢？是否继续坚持国际优先战略了呢？对比一下各家在2019年和2022年度工作会议的官宣涉及国际业务的内容变化，可以看出企业对国际业务态度发生了一定的变化，更加强调稳健。除此之外，似乎还可以看出2022年的建筑央企对国际业务存在些许的迷茫。

一个企业为什么要把某项业务确定为优先呢？一是该业务对企业发展至关重要，二是这项业务发展难度较大。前面几节已经论证了国际工程对大型建筑央企的战略重要性和当前和未来几年的发展难度，这就构成了大型建筑企业实施国际优先战略的充分必要条件。

国际优先到底优先什么？从可获得的资料看，以中国铁建的定义最为完整和清晰，即"思想优先、资源优先、政策优先、保障优先"。"思想优先指树立国际视野，全球思维，改变以国内思维从事海外业务的传统习惯，真正从思想、行动上体现对海外业务的重视。资源优先指把资金、人才、设备等最好的资源投向海外，整合企业内外、国内国外等各类优质资源为我所用。政策优先指在企业负责人年度考核、领导职数设定、岗位晋升、职称评定、在京落户等政策上向海外倾斜，体现海外优先。保障优先指在薪酬待遇、休息休假、境外安保、境外党建、群团工作等方面为海外员工提供保障，解决海外人员的后顾之忧"。

什么时候实施国际优先战略呢？是国际业务高速发展并给企业带来无限风光的时候（2.0版），还是目前遭遇困难，行业普遍迷茫的时候（3.0版初期）呢？显然应该是后者。企业对待关乎自己生存和发展的关键，不应该是锦上添花，而应该是雪里送炭。但可能有人会说，国际优先可以啊，那你先做出成绩啊。也可能有人会说，国际业务占比这么小，为什么要优先。企业优先发展某项业务，不就是因为其不可替代的战略意义和发展壮大遭遇困难吗？当一项业务发展顺利，也就无需优先了。

海外基础设施和"一带一路"建设是机遇不是负担。未来二十年，由于发展中国家的严重缺乏和发达国家更新换代，全球基础设施市场规模将达到近百万亿美元，这是全球经济发展中一块巨大的"蛋糕"，"一带一路"建设和中国基础设施行业"走出去"恰逢其时，应运而生。在中央明确"一带一路"建设坚持市场化导向的高质量发展时期，只要模式得当，"一带一路"建设和海外基础设施将是中国经济的增长点和发动机，不是中国经济和金融的负担，我们不能错过这个机会。

当然，国际工程行业正处在一个迷茫时期，如何发展国际业务本身就是一个难题，有些许迷茫和纠结是难免的。目前建筑央企国际业务占比都不大，规模无法和国内业务相比，总体而言，企业距离世界一流企业还有一定差距，无论是从企业生存和发展，建设世界一流企业建设，还是从完成"一带一路"建设这个写进党章的任务考量，国际业务都需要企业投入更大的精力和更多的资源，坚定战略定力，持续实施国际优先战略。

8.5.7 加速提升企业国际化能力

什么是大型工程企业的国际化能力呢？我们可以把国资委对世界一流企业

定义的"三个领军、三个领先、三个典范"作为企业国际化能力的最高目标。波士顿咨询公司全球CEO Rich Lesser指出，中国企业国际化过程必须要具备六大能力，即战略规划、治理与管控、人才管理、品牌管理、风险管理以及社会责任。中科院科技战略咨询研究院研究员王晓明等人认为企业的国际化能力包括：一是合规经营能力，所谓合规经营，就是企业通过完善公司治理，使其经营管理行为符合有关法律法规、国际条约、行业准则、商业惯例、道德规范的要求；二是数字化能力；三是可持续发展能力。

2019年4月，习近平主席在第二届"一带一路"国际合作高峰论坛主旨演讲中明确要求"我们要将绿色发展和可持续发展理念融入共建'一带一路'项目选择、实施和管理"，"我们要努力实现高标准、惠民生、可持续目标，引入各方普遍支持的规则标准，推动企业在项目建设、运营、采购、招投标等环节按照普遍接受的国际规则标准进行，同时要尊重各国法律法规。要确保商业和财政上的可持续性，做到善始善终、善作善成"。上述要求可以概括为四点，一是绿色与可持续发展，二是引入各方普遍支持的规则标准，三是全过程执行普遍接受的国际规则标准，四是遵守各国法律法规。这四项要求还准确地指出了我们存在的短板。在当前国内外形势变化的今天，中国国际工程企业需要抓紧补上短板，落实习主席的要求。

哈佛大学教授巴特利特在其《跨国管理》一书中强调"如果你要做跨国公司，你的思想和行动必须从国际的观念出发，就意味着你要向已有的体制挑战"。"必须注意，除非具备某些足以克服自身的母国性质倾向的独特能力，否则跨国公司难以期望在国际化环境中取得成功"。巴特利特教授这本书是写给西方企业的，面对由西方主导打造的全球化和主流政治、经济和法律体系，西方企业尚且需要"向已有的体制挑战"，而且"必须具备足以克服自身的母国性质倾向的独特能力"，方能成为跨国企业。中华文明是和西方文明差距最大的文明，而国际工程各个方面的游戏规则是以西方文明为基础，并由西方在过去几百年间打造而成。在当前和未来一段时间内，国际工程企业必须接受和适应西方制定的游戏规则。相比其他国家，中国国际工程企业接受和适应西方制定的游戏规则的难度更大。那对于作为后来者以及和西方文化差距最大的中国企业而言，"向已有的体制挑战"和"必须具备足以克服自身的母国性质倾向的独特能力"就更为重要。一位建筑央企董事长对国际业务提出"削足适履"的要求，笔者非常赞成。只有这样，我们才能做到"引入各方普遍支持的规则标准，推动企业在项目建设、运营、采购、招投标等环节按照普遍接受的国际规则标准进行"。

笔者曾和美国前贸易副代表有过一次对话，她以居高临下的口气要求中国企

基础设施企业国际化战略再造：理论与实践

业加强社会责任，我则讲了中国企业在马里一个电站工程的故事。在马里内战期间，项目上的西方监理都离开了马里，中国员工则和当地员工一起完成了工程建设。内战结束时，当其他项目在讨论如何复工，中国企业却在举行竣工典礼。我问她，这难道这不是最大的社会责任吗？她很受感触，说这的确是最大的社会责任，但中国公司应该学会用别人听得懂的语言，把这种故事讲出去。笔者最失败的一次会谈是和秘鲁利马大区政府主席，一个多小时的会谈，我不知道他在讲什么，我相信他也不知道我想说什么。这里面固然有翻译的问题，但更多是文化和思维方式等深层次的原因。国际沟通能力，也就是跨文化沟通能力，是中国企业的最大短板。这里有语言的问题，但文化、观念和思维方式等深层次的问题更大。在"一带一路"建设高质量发展的今天，在我们面对全方位竞争的今天，中国国际工程企业急需尽快提升跨文化交流能力。美国学者戴维·A·利克斯认为大凡跨国公司大的失败，几乎都是仅仅因为忽视了文化差异这一基本的或微妙的理解所招致的结果。

由于中国企业独特的文化背景以及国际工程游戏规则仍有西方把持的事实，中国工程企业的国际化能力实质是融入国际市场，被国际市场所接受并具有竞争力的能力。工程企业国际化能力核心内容包括，一是引入并全过程执行各方普遍接受的国际规则标准，这就需要"向已有的体制挑战"和"必须具备足以克服自身的母国性质倾向的独特能力"，也就是"削足适履"的勇气和能力。二是大幅度提升跨文化沟通能力，除了提升语言、知识和规则层面的基础能力外，更需要的是观念的转变和文化的认同。

8.5.8 打造3.0版时代核心竞争力

笔者认为，中国国际工程1.0版时代的核心竞争力是"吃苦耐劳+价格优势"，2.0版时代的核心竞争力是"融资能力+公关能力"。由于人口红利时代的逝去和中国金融机构对外贷款的大幅收缩，已有的竞争力正逐步成为过去式，打造中国国际工程企业在3.0版时代的竞争力迫在眉睫。

由于国内外大形势的变化，以及全球国际工程市场的深刻变化，中国国际工程3.0版时代的核心竞争力将不再反映在某一个方面，而将以综合竞争能力体现。笔者认为，中国国际工程3.0版时代综合竞争能力应该包括以下几个方面：一是成为发展中国家战略合作伙伴的能力。发展中国家是中国国际工程的主战场，中国国际工程企业已经在发展中国家形成较强的竞争优势，下一步中国企业应该深度开发发展中国家市场，改变"出口型"的国际工程，做一个深度本土化的企业，打造与所在国社会经济发展共成长的能力。二是打造新兴国家市场的履约和盈利能力。新兴国家应该成为中国国际工程下一个主战场，这需要我们的国际化和本土化能力再上一个台阶，需要产业链上下游中国企业能够形成产业链竞争力。三是技术领先的能力。基础设施及相关行业的碳排放量占全球排放量的70%，碳减排和数字化正在酝酿着建筑业的一场革命，这场革命将以低碳化、数字化和工厂化为特征，这场革命是中国工程企业实现弯道超车的绝好机遇。四是产业链竞争优势。中国具有基础设施领域最完善的产业链能力，但要将产业链能力打造成国际竞争优势，这需要产业链上下游企业加强合作。五是国际合作能力。国际合作是中国工程企业的短板，在全球基础设施领域严酷竞争的今天，企业必须加强全球合作能力，包括和本土企业以及第三国企业的合作，和本土和国际金融机构的合作，还包括和竞争对手的合作能力。六是国际设计和咨询能力。打造3.0版时代中国国际工程核心竞争力，离不开设计咨询业务的国际化能力。七是海外并购与管理能力。海外并购是进入中高端市场的重要方式，也是最彻底的本土化方式和本土化建设的捷径。在过去十年，中国工程企业在海外并购做了许多尝试，但也遇到很多困难，这和我们跨文化沟通能力和管理能力有关，也和我们对并购企业多重目标有关。

8.5.9 再造国际业务战略

战略是什么？管理大师德鲁克认为，战略就是通过最有效的管理，用最小的资源达到最大回报的过程。战略营销家Jack Trout认为，企业战略就是让你的企业和产品与众不同，形成核心竞争力。战略应该具有以下特点：一是战略是一种从全局考虑、谋划实现全局目标的规划；二是战略必须解决两个问题，目标和实现目标的措施。世界正经历百年未有之大变局，"一带一路"建设处于由"大写意"向"工笔画"转型期，中国基础设施企业正处在迷茫期，过去的核心竞争力已不复存在或无法适应现在和未来的国际市场。有志于国际化的中国基础设施企业都需要战略反思和战略再造。笔者认为中国基础设施企业国际化战略再造应主要关注以下几个方面。

（1）继续坚持国际优先战略。参见8.5.6节。

（2）再造国际业务总部。在《在没有国界的世界进行管理》一文中，日本著名学者大岛健在评价跨国企业的总部职能时认为，"高层经理们总是不乐意承认问题的责任在于总部，或问题出在他们自己身上。当全球性的缺陷表现在地方性症状时，他们更不乐意这样承认。他们对于全球性经营的承诺本身就不是完全彻底的，很难设想会有任何行动。总部的心态主要表现在管理的短视，这对于全球市场的等距视角是不共戴天的敌人"。法国Vinci集团CEO Xavier Huillard说"我一直在努力与公司总部变得更加扩张和技术化的趋势作斗争。总部的人常常对远离现场发生的事情感到内疚，并试图通过增加流程、指令和数据报告的数量来使自己变得有用。这些笨拙的尝试往往是无用的，只会削弱该领域团队的创新活力"。高度国际化的法国Vinci尚且如此，而中国基础设施央企和国企以40年国企改革为主线，按照中国国情，结合国内工程建设管理体制，以如何有效管理国内业务为目的，为国内业务量身定制的企业总部，就更难适应国际市场竞争的要求。建议中国大型工程企业成立国际业务集团，建立国内国际双总部。只有国际化的总部，才能制定出适合国际市场和企业实际的企业国际化战略，才能管控好企业国际业务，建设世界一流国际业务。看看德国西门子、美国GE和日本东芝这些已经高度国际化世界一流企业近期的机构变革，我们可以得出一个结论，那就是单一总部管理国内国外和多行业业务的时代过去了。

（3）再造集团化国际业务组织体系。新领导上任，往往要调整国际业务的组织结构，但不少情况下是在翻烧饼。再造集团化国际业务组织体系，应解决以下几个问题：一是要正确理解国际市场的变化和国际业务的内在规律。二是谁来做国际业务总部以及打造怎样的国际业务总部。三是国际业务分布在几十个和一百多个国家，大型基础设施企业国际业务又几乎都是基础设施领域全覆盖，需要妥善解决管理幅度太大的问题。四是一个集团的国际业务往往分布在十几个乃至几十个子公司，而且这些子公司都是国内国际业务混业经营，要解决既要管控得力、又要调动子公司积极性问题，解决一个子公司归属国内国外两个总部管理的问题。五是区域化管理是大趋势，要解决好区域机构定位和授权，解决区域机构能力建设问题，解决区域总部本土化建设问题。

（4）突破本土化建设的瓶颈。由于基础设施项目的特性和逆全球化的兴起，本土化建设对于基础设施企业国际业务的生存与发展尤为重要。对中国企业而言，本土化建设是中国企业的最重要短板之一。西方承包商的本土化建设以并购本土企业为主，中国企业显然很难走这条路。笔者认为中国大型工程企业的本土化建设从以下两点入手，一是建设充分放权的区域总部，二是加速国别机构的实体化建设。通过组织机构和决策的本土化，促进企业本土化建设。

（5）高度重视合规建设和ESG。合规风险是基础设施国际业务重大风险之一，巴西石油弊案导致巴西顶级工程企业群体覆没，我们必须高度重视。ESG（环境、社会和公司治理）已引起投资领域和金融领域高度关注，中国基础设施企业应高度重视ESG和加强ESG能力建设。

（6）建设企业国际化文化。无论是哪个国家的企业，即便来自当今世界主流文化和游戏规则的缔造者的西方国家的企业，如果决心做跨国企业，它也必须对自己的观念、制度和能力进行改造，必须避免自身"惯性"，否则跨国公司难以期望在国际化环境中取得成功。由于中国传统文化更加封闭，对于立志跨国经营的中国企业而言，对企业原有的观念、制度和能力进行改造，建设适合国际环境的国际化文化就更有必要。

作为中国经济"三驾马车"之一基础设施投资，作为基建狂魔的中国建筑业和作为大国重器的中国国际工程业，在中国经济40多年的高速发展和"一带一路"建设的第一轮高峰中，已经在人类历史上写下了浓墨重彩的一笔。我们已经走向国际舞台中央，但我们需要提升国际舞台的表演和掌控能力，我们更需要一大批具有国际经验的导演、编剧、演员和工作人员。世界百年未遇之大变局，"一带一路"和人类命运共同体建设，中华民族的伟大复兴，这是中国基础设施行业的重大机遇。中国基础设施企业任重道远，企业原有的观念、能力和制度难以适应国际市场的要求，国际化和本土化能力不足导致难以在中高端市场竞争，企业需要深刻认识国际市场和国际竞争，认识自身的问题和不足，在此基础上进行战略反思和战略再造。有正确战略指引，有世界唯一的基础设施全领域和全产业链能力，有写进党章全党必须完成的"一带一路"建设，中国基础设施企业应该树立坚定的信心，坚定国际优先战略不动摇，打造具有全球竞争力的世界一流企业，引领全球基础设施的开发和建设，做"一带一路"建设的先锋队，走在实现中华民族的伟大复兴洪流的前列。

作者简介

宋东升，正高级工程师，国务院特殊津贴专家，中国国际工程咨询协会顾问，天津大学国际工程学院兼职教授，北京仲裁委员会/北京国际仲裁中心仲裁员，上市公司独董，独立咨询。曾任中国电建国际公司总经理、中国水电建设集团总经理、中国水电国际公司董事长、中电建贸易服务总公司董事长、国际新能源解决方案平台理事长和中国国际承包商会副会长等职。

感谢很多同事和朋友对本文提供的大力帮助和支持。